Mit jedermann sprechen

Den Code des Small Talk knacken, Ihre sozialen Fähigkeiten verbessern und sofortige Sympathie wecken

© Copyright 2024

Alle Rechte vorbehalten. Kein Teil dieses Buches darf in irgendeiner Form ohne schriftliche Genehmigung des Autors reproduziert werden. Rezensenten dürfen in Besprechungen kurze Textpassagen zitieren.

Haftungsausschluss: Kein Teil dieser Publikation darf ohne die schriftliche Erlaubnis des Verlags reproduziert oder in irgendeiner Form übertragen werden, sei es auf mechanischem oder elektronischem Wege, einschließlich Fotokopie oder Tonaufnahme oder in einem Informationsspeicher oder Datenspeicher oder durch E-Mail.

Obwohl alle Anstrengungen unternommen wurden, die in diesem Werk enthaltenen Informationen zu verifizieren, übernehmen weder der Autor noch der Verlag Verantwortung für etwaige Fehler, Auslassungen oder gegenteilige Auslegungen des Themas.

Dieses Buch dient der Unterhaltung. Die geäußerte Meinung ist ausschließlich die des Autors und sollte nicht als Ausdruck von fachlicher Anweisung oder Anordnung verstanden werden. Der Leser / die Leserin ist selbst für seine / ihre Handlungen verantwortlich.

Die Einhaltung aller anwendbaren Gesetze und Regelungen, einschließlich internationaler, Bundes-, Staats- und lokaler Rechtsprechung, die Geschäftspraktiken, Werbung und alle übrigen Aspekte des Geschäftsbetriebs in den USA, Kanada, dem Vereinigten Königreich regeln oder jeglicher anderer Jurisdiktion obliegt ausschließlich dem Käufer oder Leser.

Weder der Autor noch der Verlag übernimmt Verantwortung oder Haftung oder sonst etwas im Namen des Käufers oder Lesers dieser Materialien. Jegliche Kränkung einer Einzelperson oder Organisation ist unbeabsichtigt.

Inhaltsverzeichnis

TEIL 1: WIE SIE MIT JEDEM REDEN KÖNNEN 1
  EINLEITUNG 2
  KAPITEL 1: SMALL TALK; DIE WICHTIGSTE SOZIALE FÄHIGKEIT 5
  KAPITEL 2: WAS SIE ALS ERSTES ÜBERWINDEN MÜSSEN 17
  KAPITEL 3: SMALL TALK-TRICKS FÜR INTROVERTIERTE MENSCHEN 29
  KAPITEL 4: AUSPROBIEREN: DIE BESTEN SMALL TALK-THEMEN 40
  KAPITEL 5: VERMEIDEN: DIE SCHLIMMSTEN SMALL TALK-THEMEN 52
  KAPITEL 6: LERNEN SIE, MIT WIRKLICH JEDEM ZU SPRECHEN 63
  KAPITEL 7: 50 NARRENSICHERE FRAGEN, DIE SIE JEDEM STELLEN KÖNNEN 77
  KAPITEL 8: BLICKKONTAKT UND HACKS FÜR DIE KÖRPERSPRACHE 90
  KAPITEL 9: 5 GEHEIMNISSE ZUM BEHERRSCHEN ALLTÄGLICHER SOZIALER FÄHIGKEITEN...104
  BONUS: CHECKLISTE FÜR SMALL TALK..116
  FAZIT 126
TEIL 2: WIE SIE MENSCHEN DAZU BRINGEN, SIE ZU MÖGEN 128
  EINFÜHRUNG 129
  KAPITEL 1: SOZIALE KONTAKTE: WARUM SIND SIE SO WICHTIG? 131
  KAPITEL 2: WIE SIE EINEN GUTEN ERSTEN EINDRUCK HINTERLASSEN 142

KAPITEL 3: KÖRPERSPRACHE VERSTEHEN UND EINSETZEN 152

KAPITEL 4: WIE SIE SELBSTVERTRAUEN GEWINNEN UND SICH RESPEKT VERSCHAFFEN 162

KAPITEL 5: STEIGERN SIE IHR CHARISMA UND ZIEHEN SIE DIE BLICKE AUF SICH! 176

KAPITEL 6: 14 PSYCHOLOGISCHE TRICKS UM ANDERE ZU BEEINFLUSSEN 186

KAPITEL 7: DIE KUNST DES UNVOREINGENOMMENEN ZUHÖRENS 197

KAPITEL 8: STELLEN SIE DIE RICHTIGEN FRAGEN ZUR RICHTIGEN ZEIT 209

KAPITEL 9: ZWÖLF WEGE, INTERESSANTER ZU WIRKEN 218

KAPITEL 10: TIPPS UND TRICKS, WENN ES DARUM GEHT, GEMOCHT ZU WERDEN 228

FAZIT 240

HIER IST EIN WEITERES BUCH VON ANDY GARDNER, DAS IHNEN GEFALLEN KÖNNTE 242

REFERENZEN 243

BILDQUELLEN 251

Teil 1: Wie Sie mit jedem reden können

Alles, was Ihnen nie über Small Talk, soziale Kompetenz und darüber, wie man mit anderen Menschen spricht, beigebracht wurde

Einleitung

Fällt es Ihnen häufig schwer, mit anderen Menschen zu kommunizieren? Fühlen Sie sich beispielsweise jedes Mal nervös oder ängstlich, wenn Sie ein Gespräch mit einer neuen Person beginnen müssen? Möchten Sie Ihre Kommunikationsfähigkeiten verbessern, wissen aber nicht, wo Sie anfangen sollen? Machen Sie sich keine Sorgen! Dieses Buch kann zu Ihrer Geheimwaffe werden!

Die Kommunikation mit anderen Menschen ist überlebenswichtig und bildet die Grundlage für den Aufbau und die Pflege von Beziehungen im Leben. Mit den richtigen Kommunikationsfähigkeiten kann sich sogar eine zufällige Begegnung mit einem Fremden zu etwas Bedeutungsvollem entwickeln. Wenn Sie noch nicht sehr gut darin sind, mit anderen Menschen zu kommunizieren, machen Sie sich keine Sorgen; jeder Mensch kann sich weiterentwickeln. Sie können die Situation unter Kontrolle bringen.

Sie fragen sich vermutlich häufig: *Wie machen manche Menschen das nur?* Wie können sie mit anderen kommunizieren, ohne sich dabei besorgt oder ängstlich zu fühlen? Was wäre, wenn Sie dasselbe tun könnten? Alles, was Sie dazu brauchen, sind ein wenig Hingabe und Arbeitswillen.

In diesem Buch lernen Sie alles, was Sie über den Umgang mit Menschen wissen müssen. Das Buch dient Ihnen als Schritt-für-Schritt-Anleitung zur Überwindung dieser Hürde und lehrt Sie die Kunst, solide Beziehungen zu anderen Menschen zu pflegen.

Der erste Schritt besteht darin, dass Sie Ihre Mentalität *positiv* verändern. Negatives Denken hindert Sie daran, Fortschritte zu machen und in Ihrem Leben voranzukommen. Die Entwicklung Ihrer Kommunikationsfähigkeiten ist einfacher, wenn Sie negative Gedanken, die mit sozialen Begegnungen verbunden sind, erkennen und schnell überwinden. Menschen können unbewusst eine Reihe von unerwünschten Verhaltensweisen entwickeln, die ihre sozialen Beziehungen oft behindern. Diese Tendenzen müssen vermieden werden, egal ob es sich um den Wunsch handelt, andere ständig zu korrigieren, sich ablenken zu lassen oder über andere zu sprechen. Es ist ganz einfach, diese ungesunden Verhaltensweisen frühzeitig zu erkennen. Sie werden lernen, wie Sie diese schlechten Gewohnheiten durchbrechen und mit etwas bewusster Arbeit und Geduld bessere Gewohnheiten aufbauen können. Letztendlich werden sich dadurch werden auch Ihre Beziehungen zu anderen Menschen verbessern.

Kommunikation ist mehr als nur die Worte, die Sie sagen. Die nonverbalen Signale, die Sie anderen Menschen geben, sind genauso wichtig. Wenn Sie Ihre Körpersprache verbessern, nachdem Sie ihre Bedeutung erkannt haben, ist es schnell weniger schwierig, ein Gespräch mit einem Fremden zu beginnen. Dieses Buch bietet Ihnen eine umfassende Auswahl von Strategien, um ein Gespräch mit Fremden zu beginnen. Wenn Sie Schwierigkeiten damit haben, ein Gespräch zu beginnen oder kleine Plaudereien zu führen, können Sie das schnell verbessern! Außerdem lernen Sie, wie wichtig es ist, dass Sie ein *aktiver Zuhörer* sind, der anderen die Tür zu bedeutungsvollen Gesprächen und Verbindungen öffnet.

Sie können keine produktive Beziehung führen, wenn Sie nicht mit Ihren Mitmenschen kommunizieren können. Eine gute Beziehung beruht auf offener und ehrlicher Kommunikation.

Dieses Buch enthält unkomplizierte Übungsschritte, vom Gespräch mit einem Fremden bis zur Entwicklung einer dauerhaften Freundschaft. Es hilft Ihnen dabei, sinnvolle und dauerhafte Beziehungen in Ihrem Leben aufzubauen und zu pflegen. Befolgen Sie unsere praktischen Tipps, um konstruktive Gespräche mit Ihren Mitmenschen zu führen und schädliche Beziehungen zu vermeiden - Ihr soziales Leben wird dadurch schnell eine neue Richtung einschlagen.

Sind Sie daran interessiert, mehr über gute Kommunikation zu erfahren? Möchten Sie Ihre verbalen und zwischenmenschlichen

Fähigkeiten verbessern? Möchten Sie wissen, wie Sie mit jedem ins Gespräch kommen können?

Es gibt keinen besseren Zeitpunkt, um etwas über exzellente Kommunikation zu lernen, Ihre verbalen und zwischenmenschlichen Fähigkeiten zu entwickeln und die Schlüssel für ansprechende Gespräche mit jedem zu entdecken. Sie sind nicht allein, und Sie *sind* in der Lage, Ihre Ziele zu erreichen.

Dieses Buch erklärt Ihnen Schritt für Schritt, was notwendig ist, um die Kommunikation mit anderen zu meistern. Sind Sie ganz begierig darauf, neue Menschen zu treffen und sich mit ihnen zu unterhalten? Wenn ja, lesen Sie weiter.

Kapitel 1: Small Talk; die wichtigste soziale Fähigkeit

Ganz gleich, ob Sie Kontakte knüpfen, mit einem potenziellen langfristigen Kunden sprechen oder einen neuen besten Freund gewinnen möchten, Small Talk ist in jedem Fall eine wichtige Fähigkeit, die es sich zu beherrschen lohnt. Viele Menschen glauben zwar, dass diese Fähigkeit manchen Menschen einfach angeboren ist, aber tatsächlich ist dieses Kommunikationsvermögen *erlernbar*. Small Talk kann für viele eine nervenaufreibende Erfahrung sein, aber mit den richtigen Tipps und Tricks werden Sie ihn schnell wie ein Profi meistern.

Man muss sich auf Small Talk einlassen, da sich so im Gespräch mit anderen das Eis brechen lässt.[1]

Was ist Small Talk?

In seinem Essay *„The Problem of Meaning in Primitive Languages"* (Das Problem der Bedeutung in primitiven Sprachen") prägt Bronisław Malinowski den Begriff „phatische Kommunikation", um das Konzept des Small Talks zu beschreiben. Die Möglichkeit, diese Art von Konversation zu führen, ist eine soziale Fähigkeit, die oft dazu dient, eine Beziehung zu anderen aufzubauen oder sich bei einer anderen Person beliebt zu machen, bevor man sich inhaltlichen Themen zuwendet. Einige Wörterbücher definieren Small Talk als eine kurze, meist bedeutungslose Unterhaltung. Andere Definitionen geben ihm jedoch mehr Gewicht. Während einige den Small Talk als eine unwichtige Aktivität betrachten, die das Schweigen überbrückt und Unannehmlichkeiten vermeidet, halten andere ihn für eine notwendige Strategie, um mit anderen Menschen in Kontakt zu kommen. Betrachten Sie Small Talk als eine Art „Übergangsverhalten", das Ihnen über peinliches Schweigen oder Unbehagen hinweghelfen kann. Small Talk gibt Menschen die Möglichkeit, sich miteinander vertraut zu machen und sich in einem gemeinsamen Gespräch wohler zu fühlen. Oft kann man Small Talk auch im Alltag beobachten, beispielsweise beim Warten in einem Aufzug oder in der Schlange an der Supermarktkasse.

Die Wichtigkeit von Small Talk

Im Silicon Valley in Nordamerika arbeiten einige der innovativsten Menschen der Welt. Gleichzeitig ist es auch ein Ort, an dem die Menschen oft sehr technikaffin und auf ihre Karriere fokussiert sind, aber welche Bedeutung hat das für den Small Talk? Im Silicon Valley resultiert die Innovation aus einem komplexen Netz sozialer Interaktionen. Der neue Google-Campus wurde beispielsweise so gebaut, dass zufällige Begegnungen zwischen den Mitarbeitern gefördert werden, um neue Interaktionen zu unterstützen. Der Gigant der sozialen Netzwerke, Facebook, hat sogar einen kilometerlangen Raum gebaut, um darin mehrere tausend Mitarbeiter unterzubringen. Zu den Plänen für eine innovative Architektur gehört die Gründung großer Außenbereiche zwischen den Stockwerken, die die Mitarbeiter in den öffentlichen Raum locken und dadurch das Zusammentreffen von Menschen mit unterschiedlichen Berufen fördern sollen. Die neuen Räume fördern den Small Talk, der wiederum ein Katalysator für Innovationen und neue Ideen ist.

Untersuchungen der Harvard Business School zeigen, dass zufällige Gespräche mit Kollegen die Kreativität und die Leistungsfähigkeit bei der Arbeit verbessern. Viele Menschen sagen, dass sie sich durch Small Talk angeregt fühlen und das Gefühl haben, dass ihre Anwesenheit anerkannt wird.

Small Talk hat auch außerhalb des Büros viele Vorteile. Die Psychologin Elizabeth Dunn fand heraus, dass kurze, scheinbar belanglose soziale Interaktionen mit dem Personal in einem Cafe und mit den anderen Kunden – wie beispielsweise Small Talk über das Wetter oder der Austausch von Namen - zu einem Gefühl der Zugehörigkeit und zu einem erhöhten Glücksempfinden führen können. Allein das Lächeln, der Blickkontakt und das kurze Gespräch mit einem Mitarbeiter während der Kaffeebestellung resultierten in gesteigerten Glücksgefühlen.

Small Talk ist ein wirkungsvolles Instrument, mithilfe dessen Verbindungen zwischen Menschen initiiert werden können. Er vermittelt den Menschen das Gefühl, sozial vernetzt und mit anderen verbunden zu sein, was wiederum die allgemeine Zufriedenheit erhöht.

Hier sind einige der Vorteile von Small Talk:

- Er verbessert die Kommunikationsfähigkeit.
- Er fördert das Selbstvertrauen.
- Er hilft beim Kennenlernen neuer Kontakte.
- Er gibt Ihnen neue Ideen für Gesprächsthemen.
- Er hilft Ihnen dabei, die Zeit effektiver zu verbringen.
- Er zwingt Sie dazu, in öffentlichen Situationen unbeschwert zu sprechen.
- Er ermöglicht es Ihnen, andere Menschen kennen zu lernen.
- Er macht es Ihnen leichter, eine Gemeinsamkeit mit anderen zu finden.
- Er gibt Ihnen ein Gefühl von Zugehörigkeit und Gemeinschaft.

Ziele des Small Talks

Auch wenn er Ihnen trivial erscheinen mag, hat Small Talk zahlreiche zwischenmenschliche Funktionen, vom Aufbau einer Beziehung bis hin zur Etablierung Ihres Platzes in der sozialen Hierarchie. Er kann Ihnen (und Ihren Mitmenschen) helfen, die Art Ihrer Beziehungen zu bestimmen, auch wenn diese neu sind oder sich noch ändern.

Gesprächsbeginn

Wenn sich zwei miteinander unbekannte Menschen treffen, beginnen sie das Gespräch oft mit Small Talk, was darauf hindeutet, dass sie freundlich sind und sich eine positive Interaktion wünschen.

Bei einem Geschäftstreffen hilft es den Leuten, die Stärken und das Fachwissen des anderen kennenzulernen. Nehmen wir an, zwei Personen sind bereits miteinander vertraut. In diesem Fall dient der Small Talk als Einleitung für die ernsteren Themen, die folgen sollen.

Gesprächsabbrecher

Ein abruptes Beenden eines Gesprächs könnte den Eindruck erwecken, dass Sie die Gedanken der anderen Person nicht zu schätzen wissen. Mit Small Talk können Sie ein Gefühl der Ablehnung abmildern, Ihre Wertschätzung für die Beziehung zu Ihrem Gesprächspartner zum Ausdruck bringen und so die Möglichkeit für einen zukünftigen Kontakt offen halten.

Raumfüller

Small Talk bietet Ihnen eine gute Möglichkeit, unangenehme Pausen mit etwas zu überbrücken, über das man nicht lange nachdenken muss. Wenn Sie nicht wissen, was Sie sagen sollen oder nervös sind, kann Small Talk die Situation entspannen. Außerdem können Sie mit Small Talk vermeiden, dass Sie zu lange bei einem Thema hängen bleiben.

Die Macht des Small Talks nutzen

Small Talk ist nicht nur eine Art soziales Schmiermittel, sondern auch ein Mittel zur besseren Kommunikation. Wenn Sie Small Talk üben, lernen Sie gleichzeitig, selbstbewusster in der Öffentlichkeit zu sprechen und bessere Kommunikationsfähigkeiten zu entwickeln. Sie lernen, sich klar und prägnant auszudrücken und gleichzeitig das Interesse an dem, was Ihr Gegenüber sagt, aufrechtzuerhalten. Sie lernen, genauer zuzuhören und Fragen zu stellen, die Ihnen die gewünschten Informationen liefern können. Diese Fähigkeiten helfen Ihnen nicht nur bei Alltagsgesprächen, sondern verbessern auch Ihr Berufsleben. Wenn Sie einen Job haben, bei dem Sie mit Kunden oder Klienten zu tun haben, kann die Fähigkeit, Small Talk zu führen, den Unterschied zwischen einer guten und einer ausgezeichneten Geschäftsbeziehung ausmachen.

In der Geschichte der Wirtschaft sind viele großartige Partnerschaften und dauerhafte Beziehungen auf der Grundlage eines zwanglosen Small Talks entstanden. Ben & Jerry's wurde durch ein zufälliges Treffen gegründet, das zu einer lockeren Unterhaltung führte. Die Geschäftspartner entdeckten, dass sie viele Gemeinsamkeiten hatten; der Rest ist Geschichte. Damit sich Small Talk auszahlt, müssen Sie aber kein Eiscreme-Mogul sein. *Zeigen Sie Ihren Gesprächspartnern lediglich, dass Sie sich für das interessieren, was sie Ihnen erzählen.*

Ohne Bill Fernandez gäbe es keine Apple Produkte wie iPhones, Macbooks und mehr. Fernandez war ein gemeinsamer Freund von Steve Jobs und Wozniak, und beide besuchten dieselbe Junior High School. Jobs und Wozniak trafen sich zum ersten Mal, als sie einander durch Fernandez vorgestellt wurden. Fernandez hatte Wozniak draußen beim Waschen seines Autos gesehen und brachte Jobs zu ihm - und die beiden verstanden sich auf Anhieb. Sie sprachen über Technologie und Elektronik und beschlossen schließlich, gemeinsam an einem Projekt zu arbeiten. Das Ergebnis war Apple Computer, Inc. und wurde zu dem weltberühmten Unternehmen, das heute jeder kennt.

Ohne Small Talk gäbe es zahlreiche Start-ups und Unternehmen also gar nicht. Wenn Sie das nächste Mal in der Stimmung für Small Talk sind, denken Sie an Steve Jobs, Wozniak und die anderen Unternehmer, die ihren Erfolg einer einfachen lockeren Unterhaltung verdanken.

Das Üben von Small Talk kann entmutigend sein, wenn Sie nicht sicher wissen, wo Sie anfangen sollen. Im Folgenden finden Sie die wichtigsten Grundsätze des Small Talk, die Ihnen den Einstieg erleichtern können.

Zeigen Sie echtes Interesse

Die Konversation mit anderen ist eine *Kunstform*. Wenn Sie sie beherrschen wollen, müssen Sie sich von dem Gedanken verabschieden, dass Small Talk im Leben keine Rolle spielt - denn das tut er sehr wohl.

Wenn Sie zum ersten Mal Menschen treffen, dienen gemeinsame Gespräche dazu, Ihre Kommunikationsfähigkeiten zu verbessern. Wenn Sie also das nächste Mal Angst davor haben, ein Gespräch mit einer neuen Person zu beginnen, gehen Sie es stattdessen *mit Begeisterung* an. Sie können nicht einfach nur die immer gleichen Fragen stellen und auf eine Antwort warten. Sie müssen ein echtes Interesse an dem zeigen, was die andere Person sagt, indem Sie Fragen stellen, die mehr als nur Ein-Wort-Antworten erfordern. Fragen Sie zum Beispiel statt „Was machen

Sie beruflich?" lieber „Wie sind Sie zu Ihrem Beruf gekommen?" Wenn Sie eine echte Verbindung zu jemandem aufbauen möchten, fragen Sie ihn nach etwas, das ihn begeistert, und hören Sie ihm bei der Antwort genau zu.

Konversation ist eine Kunstform.[2]

Legen Sie Ihr Telefon weg

Der Augenkontakt mit Ihrem Gesprächspartner ist wichtig. Es ist leicht, auf Ihr Telefon zu schauen oder sich im Raum umzusehen, während jemand spricht, aber derartige Verhaltensweisen können signalisieren, dass Sie nicht daran interessiert sind, was Ihr Gesprächspartner sagt. Wenn Sie Ihrem Gesprächspartner in die Augen sehen, weiß er, dass Sie ihm Ihre volle Aufmerksamkeit schenken. Das trägt dazu bei, dass er sich in Ihrer Nähe wohler fühlt und sich noch mehr öffnet.

Es ist leicht, während eines Gesprächs Ihr Telefon zu zücken und Ihre Nachrichten zu überprüfen, aber vermeiden Sie dies, es sei denn, es handelt sich um einen Notfall. Fragen Sie zuerst um Erlaubnis, wenn Sie während eines Gesprächs eine SMS schreiben oder soziale Medien abrufen möchten. Wenn die Person nein sagt, tun Sie es nicht. Die Person wird sich ignoriert fühlen und es könnte Ihrer potenziellen Beziehung schaden.

Haben Sie keine Angst, über sich selbst zu sprechen

Wenn Sie sich im Small Talk üben, kann es schwierig sein, sich in die Geschichte oder das Gespräch eines anderen einzuschalten. Vielleicht haben Sie etwa das Gefühl, dass Sie stören oder dass Ihr Beitrag nicht wertvoll genug ist, um eine Antwort zu rechtfertigen. Machen Sie sich jedoch keine Sorgen. Es ist in Ordnung, wenn Sie über sich selbst sprechen. Solange Sie nicht egozentrisch oder unhöflich sind, werden die Menschen Ihre Worte leicht nachvollziehen können.

Seien Sie bereit, Informationen über sich preiszugeben, aber vermeiden Sie es, kurzgebundene, verschlossene Antworten zu geben. Anstatt mit einem einfachen Ja oder Nein zu antworten, nutzen Sie Ihre Antwort, um Ihrem Gesprächspartner zusätzliche Details zu liefern. Auf diese Weise hat Ihr Gegenüber mehr Material, mit dem er arbeiten kann, und kann das Gespräch fortsetzen, ohne dass er das Gefühl hat, Sie dabei zu verhören.

Zum Beispiel:

Frage: „Wie ist es Ihnen in letzter Zeit ergangen? Was ist in Ihrem Leben so los?"

Kurze Antwort: „Mir geht es gut. Ich habe gerade mein Semester beendet."

Bessere Antwort: „Es geht mir gut. Ich bereite mich gerade auf meine Reise nach England vor, die ich zum ersten Mal in diesem Teil der Welt machen werde. Ich freue mich schon darauf, echten englischen Tee zu trinken."

Anstatt das Gespräch abrupt zu beenden, haben Sie Ihrem Gesprächspartner etwas gegeben, mit dem er arbeiten kann, und das Gespräch dadurch in Gang gehalten.

Frage: „Wie läuft die Arbeit?"

Kurze Antwort: „Es ist viel los."

Bessere Antwort: „Ich habe eine Menge Projekte am Laufen. Aber ich bin bereit für eine Pause. Wir haben vor, uns über die Feiertage eine Auszeit zu gönnen. Wie geht es Ihnen?"

Indem Sie eine Frage stellen, lenken Sie das Gespräch wieder auf die andere Person zurück und erlauben ihr, über sich selbst zu sprechen. Mit einer Ein-Wort-Antwort wie „Gut" können Sie so etwas nicht erreichen.

Wenn Sie über sich selbst sprechen, bietet Ihnen dies einen hervorragenden Katalysator, um das Gespräch in Gang zu halten. Es ist wichtig, dass Sie sich darüber bewusst sind, wie viel Sie über sich selbst sagen. Oft sprechen Menschen nur über sich selbst, weil Sie gerne über sich selbst sprechen wollen. Dadurch können sie schnell selbstverliebt oder narzisstisch wirken. Das ist für die meisten Menschen uninteressant.

Wenn Sie sich bewusst sind, was Sie sagen wollen, können Sie dies verhindern.

Stellen Sie Fragen mit offenem Ende

Offene Fragen können nicht mit einem einfachen Ja oder Nein beantwortet werden. Sie erfordern mehr als Ein-Wort-Antworten und ermutigen die Menschen dazu, über sich selbst zu sprechen. Sie geben Ihnen mehr Informationen darüber, was im Leben der Menschen vor sich geht, und helfen Ihnen, sie als Individuen besser zu verstehen. Offene Small Talk-Fragen ermutigen die Person dazu, sich zu öffnen und anderen ihre Ideen, Gefühle oder Erfahrungen mitzuteilen.

Sie können offene Fragen auf verschiedene Weise stellen. Fragen Sie Ihre Mitmenschen Dinge über ihr Leben, ihren Beruf oder ihre persönlichen Interessen. Oder fragen Sie sie, was sie von einem Ereignis aus den Nachrichten halten oder sogar etwas Unbeschwerteres, wie etwa, was sie am Wochenende erlebt haben. Sie könnten zum Beispiel fragen: „Was halten Sie von dem neuen Facebook-Update?" oder „Haben Sie gehört, dass im Dezember ein neuer Star Wars Film herauskommt?"

Geschlossene oder kurz gefasste Fragen sind das Gegenteil. Sie sind in der Regel sehr prägnant. Sie können Ihnen eine gute Möglichkeit bieten, die Aufmerksamkeit einer Person zu erregen oder sie dazu zu bringen, über etwas zu sprechen, das ihr Spaß macht, aber sie geben Ihnen in der Regel nicht viele Informationen über die Person als Individuum preis. Offene Fragen ermöglichen es Ihnen, eine gemeinsame Kommunikationsbasis zu finden. Sobald Sie etwas haben, mit dem Sie arbeiten können, stellen Sie kurze Fragen, um das Gespräch zu vertiefen.

Zum Beispiel:

Sie: „Was sind Ihre Hobbys?"

Gesprächspartner: „Ich spiele gerne Videospiele, lese und wandere."

Sie: „Was ist Ihr Lieblingsbuch?"

Gesprächspartner: „Ich liebe Harry Potter."

Sie: „Ja. Ich habe auch alle Bücher gelesen. Haben Sie die Filme gesehen?"

Small Talk bietet Ihnen eine großartige Möglichkeit, das Gespräch in jede beliebige Richtung zu lenken. Sie könnten über Ihre Lieblingsfiguren sprechen, darüber, wie J.K. Rowling Sie inspiriert hat, oder darüber, wie oft Sie jeden Film gesehen haben. Manchmal funktionieren kurze Fragen nicht so gut wie offene Fragen, daher ist es wichtig, den Unterschied zu kennen. Wenn Ihnen jemand erzählt, dass er einen neuen Welpen hat und wissen möchte, welches Hundefutter er am besten kaufen sollte, werden Sie mit der Frage, ob der Welpe auf den Teppich kackt, nicht sehr weit kommen. Fragen Sie ihn stattdessen, was seine Lieblingshunderasse ist oder ob er noch andere Haustiere hat. Es gibt keine strengen Regeln für die Konversation mit Fremden. Denken Sie daran, dass Ihr Gesprächspartner sich auch amüsieren möchte. Wenn Ihr Gegenüber etwas Interessantes sagt, fragen Sie nach mehr Details.

Aktives Zuhören üben

Es ist oft schwierig, den Schwung des Gesprächs aufrechtzuerhalten, wenn Sie kein aktiver Zuhörer sind. Wenn eine andere Person spricht, schenken Sie ihr Ihre *Aufmerksamkeit,* denn das zeigt ihr, dass Sie sich für das interessieren, was sie sagt. Sie können dies tun, indem Sie nicken, lächeln und während des gesamten Gesprächs Augenkontakt halten. Indem Sie aktiv zuhören, verfolgen Sie, worauf Ihr Gesprächspartner hinauswill, und machen es ihm dadurch leichter, weiter zu sprechen.

Engagement ist der Schlüssel zu einem guten Gespräch, und aktives Zuhören ist eine großartige Möglichkeit, um zu zeigen, dass Sie engagiert sind. Außerdem können Sie durch aktives Zuhören Hinweise aufgreifen, die Ihr Gesprächspartner fallen lassen, könnte. Dies ist ein wesentlicher Bestandteil des Gesprächs, denn er hilft Ihnen zu verstehen, was die andere Person mag und was nicht; es macht es ihr außerdem leichter, mit jemandem zu sprechen, der dieselben Interessen teilt. Die folgenden Tipps zeigen Ihnen, wie Sie zu einem besseren aktiven Zuhörer werden können:

1. Unterbrechen Sie nie jemanden, während er spricht, und bereiten Sie Ihre Antwort erst vor, wenn die Person zu Ende gesprochen hat.
2. Bieten Sie nie unaufgefordert Ratschläge, Vorschläge oder Lösungen an.
3. Achten Sie auf die nonverbalen Hinweise eines Sprechers, wie z.B. dessen Tonfall, dessen Gesichtsausdruck und die Körpersprache, um die Bedeutung seiner Worte genauer zu bestimmen.
4. Lassen Sie sich nicht von Ihren Gedanken oder Bedenken ablenken. Denken Sie nicht darüber nach, was Sie sagen wollen, während Ihr Gesprächspartner spricht. Konzentrieren Sie sich stattdessen auf das, was er sagt.

5. Seien Sie dazu bereit, neue Ideen zu akzeptieren und Ihre Vorurteile zu überwinden.
6. Stellen Sie Fragen, um zu zeigen, dass Sie zuhören.
7. Wiederholen Sie, was die Person gesagt hat, in Ihren eigenen Worten, um zu bestätigen, dass Sie alles richtig verstanden haben.

Enthusiasmus zeigen

Enthusiasmus ist ein wirksames Mittel, um anderen zu zeigen, dass Sie zuhören und sich auf das Gespräch einlassen. Das geht schon durch ganz einfache Gesten, wie etwa ein Kopfnicken oder ein Lächeln, wenn jemand sagt, dass ihm etwas wichtig ist, z.B. *„Ich liebe meinen Job"* oder *„Meine Familie ist das, was mich im Leben am glücklichsten macht."*

Enthusiasmus ist aber nicht auf verbale Antworten beschränkt. Er kann auch durch Ihre Körpersprache ausgedrückt werden. Wenn Ihnen zum Beispiel jemand von seinem Urlaub auf Hawaii erzählt, können Sie sich mit Interesse vorlehnen und dabei leicht nicken, um dem Sprecher zu zeigen, dass Sie an dem, was er sagt, interessiert sind und noch mehr hören möchten. Zeigen Sie dem Sprecher außerdem auch durch Ihre Mimik, dass Sie zuhören. Ein Lächeln oder ein leichtes Lachen im richtigen Moment kann Ihnen dabei helfen, das Gespräch in Gang zu halten.

Vermeiden Sie nonverbale Signale, die Desinteresse signalisieren könnten, wie z.B. das Rollen Ihrer Augen oder das Verschränken Ihrer Arme. Wenn es Ihnen schwerfällt, sich für das, was jemand sagt, zu begeistern, konzentrieren Sie sich auf die Fakten und übergehen Sie Ihre ersten Reaktionen. Sie können den Schwerpunkt des Gesprächs verlagern, indem Sie Fragen zu dem stellen, was der Gesprächspartner gesagt hat, oder indem Sie durch einen Kommentar ausdrücken, inwiefern dessen Anekdote Sie an etwas ähnliches erinnert.

Vorteile von Small Talk

Small Talk hilft Ihnen dabei, sich zu entspannen

Wenn Sie sich in einer ungewohnten Situation befinden, z.B. wenn Sie neue Leute treffen oder in der Öffentlichkeit sprechen, ist es normal, dass Sie zunächst nervös sind. Small Talk kann diese Nervosität lindern, weil er Ihnen etwas Vertrautes bietet.

Durch Small Talk üben Sie für wichtigere Gespräche

Wenn Sie Small Talk machen, trainiert das Ihr Gehirn. Daher können zwanglose Gespräche mit Fremden Sie auf spätere, bedeutungsvollere Gespräche vorbereiten (was Ihnen zum Beispiel unangenehme erste Dates erleichtern kann).

Sie gehen etwas aus sich heraus

Das Gespräch mit einer anderen Person zwingt Sie, sich auf das zu konzentrieren, was diese Person sagt, anstatt über Ihre Probleme nachzudenken. Daher kann Ihnen Small Talk helfen, eine Art emotionalen Kater zu überwinden, der gegebenenfalls durch ein Ereignis am Vortag entstanden ist. Die unbeschwerten Gespräche können Sie außerdem für eine Weile ablenken.

Es macht Sie sympathischer

Menschen interagieren gerne mit Mitmenschen, die sie grüßen, Fragen stellen und ihnen ein gutes Gefühl geben. Bemühen Sie sich daher, mit anderen in Kontakt zu treten, indem Sie Augenkontakt herstellen und lächeln, wenn sie an Ihnen vorbeigehen. Diese einfachen Gesten können viel dazu beitragen, den Menschen das Gefühl zu geben, dass Sie sich für sie als Person interessieren.

Small Talk macht Sie zu einem besseren Zuhörer

Wenn Sie sich dafür interessieren, was jemand anderes sagt, fühlen Sie selbst sich dadurch ebenfalls gut und lernen etwas Neues dazu. Eine Sache, die Ihnen helfen kann, im Leben erfolgreich zu sein, ist es, gut zuzuhören und die Sichtweisen Ihrer Mitmenschen dadurch besser zu verstehen.

Es macht Sie einprägsamer

Wenn Sie sich für andere Menschen und das, was sie sagen, interessieren, können Sie einfacher einen guten Eindruck hinterlassen. Menschen erinnern sich oft an diejenigen, die sich für das interessieren, was sie zu sagen haben. Sie können also einen bleibenden positiven Eindruck hinterlassen, indem Sie Fragen stellen und aktiv zuhören, anstatt stets nur darauf zu warten, dass Sie wieder an der Reihe sind zu sprechen.

Small Talk hilft Ihnen, sich anderen gegenüber einfühlsamer zu verhalten

Wenn Sie sich die Sichtweise einer anderen Person genau anhören, können Sie viel darüber lernen, was die andere Person einzigartig macht und wie sie die Welt sieht. Wenn Sie sich die Zeit nehmen, einer anderen

Person wirklich zuzuhören und ihre Sichtweise zu berücksichtigen, können Sie besser verstehen, woher deren Sicht der Dinge kommt. Dies kann besonders hilfreich sein, wenn Sie mit Menschen aus anderen Kulturen, mit einem anderen sozioökonomischen Hintergrund oder anderen Werten als Ihren eigenen arbeiten.

Small Talk zeigt, dass Sie sich um andere kümmern

Das bewusste Zuhören bietet Ihnen eine großartige Möglichkeit, um anderen zu zeigen, dass Sie sich für ihre Gefühle und Meinungen interessieren. Wenn Sie jemandem aufrichtig zuhören, zeigt das, dass Sie das, was er sagt, wertschätzen und daran interessiert sind, mehr zu erfahren. Das kann Ihre Beziehungen zu anderen stärken und ein positiveres Umfeld für Sie schaffen.

Das Zuhören kann Ihre Beziehungen zu anderen verbessern

Wenn Sie gewissenhaft zuhören, hilft Ihnen das dabei, stärkere Beziehungen zu den Menschen um Sie herum aufzubauen. Die Menschen fühlen sich immer dann wertgeschätzt und respektiert, wenn sie wissen, dass ihnen jemand wirklich zuhört. Das gute Zuhören schafft ein Umfeld, in dem sich jeder wohl fühlt, weil er seine Gefühle, Gedanken und Ideen offen äußern kann.

Small Talk hat viele Vorteile, vom Erwerb wichtiger sozialer Fähigkeiten bis hin zur Entwicklung zu einer Führungspersönlichkeit mit großen Geschäftschancen. Verbessern also auch Sie Ihre Small Talk-Fähigkeiten und entdecken Sie neues Selbstvertrauen in allen Bereichen des Lebens.

Kapitel 2: Was Sie als Erstes überwinden müssen

Viele Menschen haben Schwierigkeiten mit Small Talk. Manchmal fühlt es sich unangenehm an, ein Gespräch mit jemandem zu beginnen oder mit einem völlig Fremden über das Wetter zu reden. Introvertierte Menschen und Menschen mit sozialen Ängsten, mangelnder sozialer Kompetenz und geringem Selbstwertgefühl können Small Talk als schwierig und manchmal als *überwältigend* empfinden. Glücklicherweise können in solchen Fällen jedoch bewährte Techniken und Tricks angewandt werden, um die Furcht und Angst vor Small Talk zu überwinden.

Soziale Ängste sind ein echtes Problem, das Sie davon abhalten kann, gesunde Beziehungen zu anderen Menschen einzugehen.[8]

Haftungsausschluss zum Thema psychische Gesundheit: Einige der hier angesprochenen Probleme erfordern gegebenenfalls eine Behandlung durch einen Mediziner. Sprechen Sie mit einem Psychotherapeuten, wenn Sie Ihre Ängste oder andere Probleme nicht alleine in den Griff bekommen.

Soziale Ängste

Eine soziale Angststörung oder soziale Phobie drückt sich aus, indem bei den Betroffenen durch soziale Situationen ein überwältigendes Unbehagen, Nervosität oder Angst entsteht. Dies zeigt sich meist in jungen Jahren und kann das ganze Leben lang soziale Interaktionen mit anderen Menschen beeinträchtigen. Manche Menschen verwechseln Schüchternheit mit sozialer Angst, aber letztere zeigt sich durch viel schwerere Symptome. Wenn Sie unter Panikattacken, Schweißausbrüchen, Übelkeit, Erröten, Verlegenheit oder Steifheit leiden, soziale Situationen meiden, Blickkontakt vermeiden, sich vor Kritik fürchten, sich oft unsicher fühlen oder sich Sorgen machen, während Sie versuchen mit anderen ins Gespräch zu kommen, neigen Sie wahrscheinlich zu sozialem Angstempfinden.

Aber für jedes Problem gibt es auch eine Lösung. Sie können Ihre sozialen Ängste mit ein paar bewährten Techniken schnell in den Griff bekommen.

Ändern Sie Ihre Einstellung

Das klingt leichter gesagt als getan, aber eine Änderung Ihrer Gedanken und Ihrer Einstellung kann Ihnen wirksam dabei helfen, soziale Ängste zu bewältigen. Gedanken wie „Ich bin in sozialen Situationen unbeholfen" oder „Ich bin langweilig" halten Sie davon ab, auf andere zuzugehen und ein Gespräch mit Ihnen zu beginnen. Sie müssen verstehen Sie, dass diese Gedanken nicht hilfreich sind. Ihr Verstand spielt Ihnen einen Streich, indem er Ihnen negative und verzerrte Vorstellungen von sich selbst vermittelt. Seien Sie also freundlicher zu sich selbst, üben Sie Selbstmitgefühl und ändern Sie Ihre Gedanken in positivere und realistischere Formulierungen um. Sagen Sie sich stattdessen: „Ich bin ein interessanter und freundlicher Mensch. Bei mehr als einer Gelegenheit habe ich festgestellt, dass andere meine Gesellschaft und meine Gesprächsfähigkeiten genießen." Oder: „Die meisten Menschen konzentrieren sich auf das, was ich sage, und bemerken meine Ängstlichkeit kaum. Niemand kümmert sich um mich oder verurteilt mich, weil ich mir Sorgen mache. Diejenigen, die andere wegen ihrer sozialen Ängste verurteilen, sind diejenigen, die das wirkliche Problem haben. Jeder kann unter sozialen Ängsten leiden."

Vermeiden Sie temporäre Lösungen

Ein Freund ruft an und lädt Sie zu seiner Geburtstagsparty ein. Aber Sie wollen sich nicht dem unangenehmen Small Talk bei der Party aussetzen, also gehen Sie nicht hin. Das Vermeiden gesellschaftlicher Verpflichtungen wird Ihre Ängste aber nicht beseitigen. Stattdessen handelt es sich lediglich um eine vorübergehende Lösung, denn Sie können soziale Kontakte nicht für immer vermeiden. Wenn Sie sich mit anderen Menschen treffen und Small Talk führen, können Sie üben, wie man Gespräche anfängt, soziale Fähigkeiten entwickelt und an Selbstvertrauen gewinnt. Je mehr Sie mit anderen interagieren und das Gespräch auf natürliche Weise ablaufen lassen, desto leichter fällt es Ihnen, diese negativen Gedanken zu unterdrücken.

Es gibt zwei Vermeidungsstrategien. Die erste ist die offene Vermeidung, hier meiden Sie Situationen, in denen Sie sich unwohl fühlen, z.B. wenn Sie ein Gespräch mit jemandem beginnen oder an einer lustigen Veranstaltung oder Aktivität teilnehmen. Die zweite ist die verdeckte Vermeidung, bei der Sie sich scheuen, Ihre Meinung vor anderen zu äußern, ein Gespräch abzubrechen oder nicht viel über sich zu erzählen. Es gibt auch körperliche Verhaltensweisen, die mit der verdeckten Vermeidung zusammenhängen, wie z.B. das Verschränken der Arme, das Vermeiden von Augenkontakt, der Blick auf Ihr Telefon und das Sprechen mit leiser Stimme. Menschen mit sozialen Ängsten wenden diese Verhaltensweisen bewusst oder unbewusst an, um im Hintergrund zu bleiben und die Aufmerksamkeit anderer Menschen zu vermeiden.

Das Erste, was Sie tun müssen, ist, mit dem Vermeiden aufzuhören. Tun Sie einfach das Gegenteil von dem, was Ihre Angst Ihnen vorschreibt. Machen Sie kleine Schritte und verlassen Sie allmählich Ihre Komfortzone. Wenn Sie mit jemandem sprechen, sollten Sie sich nicht in Ihren negativen Gedanken verlieren. Konzentrieren Sie sich stattdessen auf das Gespräch und Ihren Gesprächspartner. Üben Sie das Gespräch nicht im Voraus, sondern seien Sie Sie selbst und sagen Sie, was Sie denken. Hören Sie aktiv zu, was Ihr Gesprächspartner sagt, und beteiligen Sie sich an dem Gespräch, indem Sie Fragen stellen oder dessen Kommentare erwidern. Sagen Sie nicht einfach nur das, was Ihr

Gesprächspartner hören möchte, sondern äußern Sie auch Ihre eigenen Gedanken.

Nehmen wir beispielsweise an, Sie unterhalten sich mit jemandem über das Wetter, während Sie beim Arzt im Wartezimmer sitzen. Ihr Gesprächspartner sagt Ihnen, dass er den Sommer nicht mag und das kalte Wetter vorzieht. Stimmen Sie ihm nicht einfach aus Prinzip zu. Wenn Sie kein Fan des Winters sind, lächeln Sie stattdessen und antworten Sie: „Ich bin ein Sommermensch." Dieses Eingeständnis kann ein Gespräch in Gang bringen, in dem Sie als Nächstes über Ihre liebsten saisonalen Aktivitäten plaudern. Wenn es eine Lücke im Gespräch gibt, wechseln Sie einfach das Thema.

Es kann sein, dass Sie bei Gesprächen mit anderen üblicherweise mit kurzgebundenen Aussagen reagieren, weil Sie befürchten, dass andere Sie sonst verurteilen könnten, weil Sie sich frei äußern. Machen Sie es sich zur Gewohnheit, *Ihre Antworten* immer zu *erweitern*. Das ist gegebenenfalls Neuland für Sie und erfordert mehr Anstrengung Ihrerseits, aber es wird das Gespräch im Gang halten.

Stellen Sie sich zum Beispiel vor, jemand fragt Sie, wie Ihr Tag war. Anstatt einfach „gut" zu sagen, sollten Sie Ihrem Gegenüber mehr Details mitteilen. Sagen Sie beispielsweise: „Mir geht es gut, aber ich habe diese Woche so hart gearbeitet, dass ich das Wochenende kaum abwarten kann. Ich werde mir am Mittwoch meine Lieblingsserie ansehen und vielleicht ein Buch lesen." Durch diese Aussage haben Sie nun einige neue Themen in das Gespräch eingebracht, wie z.B. Ihre Arbeit, eine Fernsehsendung und ein Buch. Das gibt der anderen Person die Möglichkeit, Ihnen weitere Fragen zu stellen, damit Sie sich besser kennenlernen und eine engere Verbindung aufbauen können. Am Anfang kann es natürlich vorkommen, dass Sie sich ängstlich fühlen, aber mit der Zeit werden Sie feststellen, dass andere Ihre Gesellschaft genießen und dass Sie ein guter Gesprächspartner sind.

Es ist nicht leicht, diese Lösungsansätze auszuprobieren und der Versuch kann - zumindest anfangs - Ihre Angst ein wenig verstärken. Beginnen Sie daher erstmal mit ein paar kleinen Änderungen und überfordern Sie sich nicht sofort. Mit der Zeit werden Sie sich immer wohler fühlen, vor allem, wenn es Ihnen zunehmend leichter fällt, ein Gespräch mit anderen Menschen zu beginnen und sich auf sie einzulassen.

Das Gespräch ausgleichen

Vermeiden Sie es, ein entspanntes Gespräch in eine Art Interview zu verwandeln, indem Sie Fragen stellen, die die stets Aufmerksamkeit von Ihnen selbst ablenken. In jedem Gespräch sollte es ein gesundes Gleichgewicht geben, in dem beide Parteien reden, sich gegenseitig zuhören, und sich besser kennenlernen können. Setzen Sie sich also das Ziel, so viel über sich selbst zu erzählen, wie Ihr Gegenüber von sich preisgibt. Fragen Sie ihn nach sich selbst, aber ermöglichen Sie es ihm auch, Ihnen Fragen zu stellen, damit Sie selbst ein gleichwertiger Teil des Gesprächs sein können. Denken Sie daran, dass die Kommunikation zwischen Ihnen ausgeglichen sein sollte.

Durchatmen

Atmen Sie vor sozialen Interaktionen ein paar Mal tief durch. Das Atmen kann Ihre Angst lindern, indem es Ihren Herzschlag verlangsamt und Ihre Nerven beruhigt, während Sie sich bei Stress meist permanent auf das konzentrieren, was schiefgehen kann, und sich selbst und Ihre Fähigkeiten in Frage stellen. Wenn Sie atmen, sind Sie sich des gegenwärtigen Augenblicks bewusst und konzentrieren sich explizit auf das Gespräch. Wenn Sie während eines Gesprächs nervös werden oder wenn Ihnen jemand eine Frage stellt, nehmen Sie sich erstmal einen Moment Zeit zum Atmen, denn so können Sie sich neu konzentrieren und sich eine angemessene Antwort überlegen.

Hören Sie auf, übervorsichtig zu sein

Menschen mit sozialen Ängsten überlegen sich Dinge oft zweimal, bevor sie etwas laut sagen. Da sie sich ständig Sorgen darüber machen, wie andere sie wahrnehmen, gehen sie auf Nummer sicher. Manche Menschen würden lieber schweigen oder soziale Kontakte meiden, als etwas zu anderen zu sagen und damit zu riskieren, dass man sie verurteilt oder ablehnt. Es kann vorteilhaft sein, ab und zu vorsichtig zu sein und Sie davor bewahren, etwas Falsches zu sagen. Wenn Sie jedoch immer vorsichtig sind, werden Sie sich dadurch ängstlich fühlen und verhindern, dass andere Sie besser kennenlernen.

Lassen Sie los und seien Sie ganz unbeschwert. Das kann sehr beängstigend klingen, könnte für Sie aber sehr befreiend sein. Üben Sie zunächst mit Menschen, in deren Gegenwart Sie sich wohlfühlen. Seien Sie ganz Sie selbst, versuchen Sie nicht, sich zu verstellen und denken Sie nicht zu viel über alles nach, was Sie sagen. Wenn Sie mehr Selbstvertrauen gewonnen haben, können Sie versuchen, diese Taktik im

Gespräch mit Fremden oder mit Ihren Kollegen anzuwenden. Sie werden dadurch tiefe Verbindungen zu anderen aufbauen, weil Sie soziale Risiken eingehen und in Gegenwart anderer ganz Sie selbst sind. Andere Menschen merken, wenn Sie sich verstellen oder nicht authentisch Sie selbst sind.

Wenn Sie sich unbeschwerter verhalten, wird Ihr Selbstvertrauen dadurch gestärkt. Wenn Sie sehen, wie die Menschen auf Sie reagieren und Ihre Gesellschaft genießen, werden Sie immer mehr an sich und an Ihre sozialen Fähigkeiten glauben. Sie werden zunehmend verstehen, dass Sie nicht immer perfekt sein oder immer das Richtige sagen müssen, damit andere Sie mögen. Niemand erwartet von Ihnen, dass Sie perfekt sind. Wenn Sie etwas Dummes sagen, lachen Sie einfach darüber, und wenn Sie jemanden versehentlich beleidigen, entschuldigen Sie sich aufrichtig und machen Sie der Person deutlich, dass Sie nicht die Absicht hatten, sie zu beleidigen. Denken Sie daran, dass Sie diese Taktiken gerade erst lernen, also seien Sie nicht zu hart zu sich selbst.

Schlechte soziale Fähigkeiten

Viele Menschen träumen davon, auf jemanden zugehen und ein unbeschwertes Gespräch beginnen zu können, ohne dabei etwas zu vermasseln oder das Falsche zu sagen. Schlechte soziale Fähigkeiten können diesem Traum jedoch im Weg stehen. Niemand ist von Geburt an sozial oder charmant veranlagt, aber Sie können an sich arbeiten und diese Fähigkeiten fördern.

Praxis

Denken Sie, man kann Klavierspielen lernen, ohne zu üben? Um soziale Fähigkeiten zu entwickeln, müssen Sie ständig an sich arbeiten, um Ihre Fähigkeiten zu verbessern und immer mehr Selbstvertrauen zu gewinnen. Fordern Sie sich selbst heraus und verlassen Sie Ihre Komfortzone. Beginnen Sie ein Gespräch mit dem Personal in einem Cafe, wenn Sie sich morgens Ihren Kaffee kaufen, sprechen Sie mit Ihrem Uber-Fahrer, dem Bankangestellten oder der Kassiererin im Supermarkt. Fragen Sie sie nach ihrem Tag oder machen Sie einen Kommentar über das Wetter. Üben Sie bei jeder Gelegenheit, die sich Ihnen bietet, mit Ihren Mitarbeitern, Nachbarn oder im Gespräch mit Fremden im Bus. Selbst wenn Sie dabei hin und wieder einen Fehler machen oder etwas Falsches sagen, können Sie es am nächsten Tag gleich noch einmal versuchen. Sie können sich durch die Fehler verbessern und aus Ihren Fehltritten lernen, um Ihre Fähigkeiten zu verbessern.

Blickkontakt herstellen

Fehlender Augenkontakt ist häufig ein klares Zeichen dafür, dass Sie nervös sind oder sich unwohl fühlen. Eine der effektivsten sozialen Fähigkeiten, die Sie beherrschen sollten, ist das Herstellen von Augenkontakt. Laut einer Studie der Psychologin Thalia Wheatley weckt der Augenkontakt die Aufmerksamkeit beider Personen während eines Gesprächs. Stellen Sie sich beispielsweise vor, Sie führen ein Gespräch mit jemandem, der die ganze Zeit auf sein Telefon schaut. Sie werden schnell das Gefühl haben, dass er nicht wirklich aufmerksam ist. Der Augenkontakt zeigt, dass Sie Ihr Gegenüber respektieren und dass Sie ihm Ihre Aufmerksamkeit schenken.

Wenn Sie lernen, Augenkontakt herzustellen, fühlen sich die Menschen wohler in Ihrer Gegenwart.⁴

Nehmen Sie sich vor, den Augenkontakt zu 70 % der Zeit zu halten, während Ihr Gesprächspartner spricht, und zu 50 %, wenn Sie sprechen. Wenn Sie schüchtern sind oder mit Ihrem Selbstvertrauen zu kämpfen haben, könnte es sein, dass Ihnen der Augenkontakt unangenehm ist. Fangen Sie klein an, indem Sie ein paar Sekunden lang Augenkontakt mit Ihrem Gesprächspartner herstellen und dann wegschauen. Steigern Sie die Dauer des Blickkontaktes jedes Mal, bis Sie sich wohlfühlen. Wenn Sie sich bei direktem Augenkontakt unwohl fühlen, schauen Sie stattdessen auf die Augenbrauen Ihres Gegenübers.

Nutzen Sie Visualisierung

Die Visualisierung ist eine wirkungsvolle Taktik, die Menschen dazu bringt, an sich selbst zu glauben und so die eigenen Fähigkeiten zu verbessern. Schließen Sie jetzt die Augen und stellen Sie sich vor, Sie seien in einer sozialen Situation. Was sehen Sie vor Ihrem geistigen Auge? Wahrscheinlich sehen Sie sich selbst in einer Ecke sitzen, weil Sie den Leuten aus dem Weg gehen oder etwas sagen, um die Situation zu vermasseln und sich zu blamieren. Denken Sie daran: Dieses Bild ist nicht real. Sie müssen diese Vorstellung ersetzen, indem Sie sich selbst als selbstbewusste Person mit hervorragenden sozialen Fähigkeiten vorstellen. Nehmen Sie sich täglich ein paar Minuten Zeit, setzen Sie sich in einen ruhigen Raum ohne Ablenkungen und stellen Sie sich vor, wie Sie sich mit jemandem unterhalten. Sie sind während des Gespräches witzig, charmant und selbstbewusst, und die andere Person lächelt und lässt sich ungezwungen auf das Gespräch ein. Konzentrieren Sie sich auf jedes Detail, z.B. auf Ihre Kleidung, Ihren Tonfall, die Körpersprache und darauf, was Sie sagen. Mit der Zeit können Sie immer intensiver an dieses Bild glauben und sich dementsprechend verhalten.

Suchen Sie sich ein Vorbild

Sie können soziale Kompetenz erlernen, indem Sie die Menschen in Ihrem Leben beobachten und deren Verhalten nachahmen. Suchen Sie sich einen Freund, einen Mitarbeiter oder ein Familienmitglied mit ausgezeichneten sozialen Fähigkeiten und beobachten Sie, wie solche Personen auf Menschen zugehen, ein Gespräch beginnen und Small Talk machen. Verbringen Sie Zeit mit ihnen, um ihre Gesprächsmuster zu lernen, und Sie werden schnell feststellen, dass ihr Verhalten auf Sie abfärbt. Wenn es sich um jemanden handelt, dem Sie nahestehen, fragen Sie die Person offen um Rat, um herauszufinden, wie Sie Ihre sozialen Fähigkeiten verbessern können.

Setzen Sie sich Ziele

Sie können Ihre sozialen Fähigkeiten nicht effektiv verbessern, wenn Sie immer in Ihrer Komfortzone bleiben. Setzen Sie sich Ziele, um sich langfristig dazu zu ermutigen, Kontakte zu knüpfen und Small Talk zu üben. Besuchen Sie beispielsweise mindestens einmal im Monat eine gesellschaftliche Veranstaltung oder ein Treffen mit anderen. Auch wenn es Ihnen unangenehm ist, auf andere Menschen zuzugehen, nehmen Sie sich die Zeit, zu beobachten, wie sie miteinander umgehen. Irgendwann werden Sie dann auch den Mut aufbringen, jemanden direkt anzusprechen.

Sorgen Sie dafür, dass Sie bei jeder Sitzung bei der Arbeit einmal das Wort ergreifen, selbst wenn es nur darum geht, Ihren Kollegen Ihre Meinung oder eine Idee mitzuteilen. Bestellen Sie Ihre Mahlzeiten nicht mehr online, sondern telefonieren Sie stattdessen mit den Restaurants. Auch wenn Ihnen diese Ziele klein erscheinen mögen, sind sie ein hervorragender Anfang und können Ihnen den Einstieg in den Small Talk erleichtern, bis Sie Ihre sozialen Fähigkeiten weiterentwickelt haben. Kleine Ziele sind leichter zu erreichen als große, unerreichbarere Ziele, an denen Sie scheitern könnten.

Sobald Sie sich wohl fühlen, sollten Sie sich größere Ziele setzen. Stellen Sie sich zum Beispiel bei der nächsten gesellschaftlichen Veranstaltung zwei fremden Personen vor oder engagieren Sie sich ehrenamtlich und interagieren Sie in einem neuen Umfeld mit anderen.

Geringes Selbstwertgefühl

Viele Menschen werden durch mangelndes Selbstwertgefühl zurückgehalten. Wie Sie sich selbst sehen und was Sie von sich denken, wirkt sich auf alle Bereiche Ihres Lebens aus. Ein hohes Selbstwertgefühl verändert Ihre Selbstwahrnehmung und den Eindruck der Welt um Sie herum. Konzentrieren sich bei Gesprächen und Interaktionen mit anderen auf Ihre positiven Eigenschaften und erinnern Sie sich daran, dass Sie genauso interessant sind wie jeder andere Mensch auch.

Bringen Sie Ihren inneren Kritiker zum Schweigen

Jeder Mensch hat eine innere Stimme, die ihn entweder unterstützt und anfeuert oder niederreißt. Wenn Sie ein geringes Selbstwertgefühl haben, haben Sie wahrscheinlich auch einen inneren Kritiker, der Sie an Ihre Schwächen erinnert und Sie davon überzeugt, dass Sie nicht gut genug sind. Er kann Sie davon abhalten, ein Gespräch mit anderen zu beginnen, indem er sich darauf konzentriert, was alles schiefgehen kann oder Ihnen ein schlechtes Gewissen macht. Selbstbewusste Menschen haben gelernt, mit dieser Stimme umzugehen und sie daran zu hindern, Ihr Leben zu ruinieren. Negative Gedanken können Ihr Selbstwertgefühl zerstören. Sie können sie jedoch herausfordern und schwächen, indem Sie positive und gegensätzliche Gedanken einführen, um Ihre Einstellung zu ändern.

Fordern Sie diese Gedanken heraus, indem Sie sie in Frage stellen. Wenn Ihr innerer Kritiker zum Beispiel sagt, dass Sie sich in einer Situation lächerlich machen werden, weil Sie vorhaben, sich auf einer

Party mit jemandem zu unterhalten, fragen Sie sich: „Wann habe ich mich jemals während eines Gesprächs albern oder peinlich verhalten?" Sie werden feststellen, dass dies noch nie passiert ist und selbst wenn, auch gar nicht so schlimm war, wie Ihre Gedanken Ihnen glauben machen.

Seien Sie sich dieser Stimme und ihrer Auswirkungen auf Ihr Selbstwertgefühl bewusst. Fordern Sie sie ständig heraus und hinterfragen Sie sie, bis sie verschwindet.

Halten Sie sich nicht lange mit Ihren Fehlern auf

Jeder Mensch macht bei manchen sozialen Interaktionen Fehler. Wenn Sie sich jedoch nicht sicher fühlen, übertreibt Ihr Gehirn das Ausmaß Ihrer Fehler und lässt Sie an sich selbst zweifeln. Akzeptieren Sie Ihre Unzulänglichkeiten und verzeihen Sie sich. Wenn Sie etwas Dummes zu Ihrem Uber-Fahrer sagen, denken Sie anschließend nicht weiter darüber nach. Sie werden diese Person nie wieder sehen und sie wird diese Interaktion höchstwahrscheinlich vergessen. Jedes Mal, wenn Ihr Gehirn einen Fehler aus der Vergangenheit hervorruft, sagen Sie laut oder leise „Stopp". Das Erkennen derartiger Gedanken dient als sehr wirksame Taktik, um Ihre Gedanken auf den gegenwärtigen Moment zu lenken, anstatt etwas aus der Vergangenheit noch einmal zu erleben, das bereits geschehen ist und keine Auswirkungen mehr auf Ihre Gegenwart hat.

Übernehmen Sie die Kontrolle über Ihre Gedanken, anstatt sich von ihnen beherrschen zu lassen. Wenn Ihnen das nächste Mal ein Fehler aus der Vergangenheit in den Sinn kommt, denken Sie stattdessen schnell an eine lustige soziale Interaktion, bei der Sie gelobt wurden oder während der man sich über Ihre Gesellschaft gefreut hat. Akzeptieren Sie, dass Sie in Ihrem Leben immer wieder Fehler machen werden. Lassen Sie nicht zu, dass diese Sie definieren oder Ihr Selbstwertgefühl beeinträchtigen.

Konzentrieren Sie sich auf Ihre guten Qualitäten

Das geringe Selbstwertgefühl hindert Sie daran, Ihre guten Eigenschaften wahrzunehmen und zu erkennen, wie wunderbar Sie in Wirklichkeit sind. Schreiben Sie in Ihrem Tagebuch oder in Ihrem Telefon alles auf, was Sie an sich selbst lieben. Achten Sie darauf, dass Sie dabei auch Komplimente und nette Kommentare miteinbeziehen, die Ihnen andere im Laufe der Jahre gemacht haben. Wenn Ihnen nichts einfällt, bitten Sie Ihren besten Freund, Ihre Eltern oder Ihre Geschwister um Hilfe. Menschen, die Ihnen nahestehen, werden Ihnen Ihre positiven Eigenschaften aufzählen und Ihnen sagen, was sie an der Zeit, die Sie mit

Ihnen verbracht haben lieben. Bitten Sie sie, diese Dinge aufzuschreiben, damit Sie sie sich jedes Mal ansehen können, wenn Ihre negativen Gedanken überhandnehmen. Notieren Sie sich Ihre gesunden und guten Gewohnheiten oder Hobbys, denn sie spiegeln Ihre Persönlichkeit wider. Wenn Sie sich zum Beispiel gesund ernähren und Sport treiben, zeigt es, dass Sie klug sind und wissen, wie wichtig ein gesunder Lebensstil für Ihren Körper ist. Wenn Sie gerne lesen, sind Sie ein intelligenter Mensch. Denken Sie daran, diese Liste täglich zu lesen, um sich immer wieder an Ihre außergewöhnlichen Eigenschaften zu erinnern.

Introversion

Introvertierte Menschen hassen Small Talk, weil sie tiefgründige Gespräche bevorzugen. Im Gegensatz zu sozialen Ängsten, mangelnden sozialen Fähigkeiten und geringem Selbstwertgefühl ist Introvertiertheit kein Problem, sondern eine Charaktereigenschaft. Sie müssen nicht damit aufhören, introvertiert zu sein. Sie müssen lediglich lernen, Ihre Angst vor Small Talk zu überwinden und dessen Bedeutung im täglichen Miteinander zu verstehen.

Seien Sie gut ansprechbar

Menschen, die Introvertiertheit nicht verstehen, könnten versehentlich annehmen, dass Sie ein Snob sind oder kein Interesse an einem Gespräch mit ihnen haben. Introvertierte Menschen können anfangs sehr still sein, vor allem in der Gegenwart von Menschen, die sie nicht sehr gut kennen. Da sie Small Talk nicht mögen, können introvertierte Menschen während eines Gesprächs häufig gelangweilt wirken und den Eindruck erwecken, dass sie sich nicht unterhalten wollen. Wenn Sie mit Menschen zu tun haben, die Sie nicht kennen, sollten Sie Ihnen gegenüber ein aufrichtiges Lächeln und eine herzliche Haltung zeigen. So wirken Sie ansprechbar und die Menschen fühlen sich in Ihrer Nähe wohl. Selbst wenn es Ihnen schwerfällt, ein Gespräch zu beginnen, betreten Sie den Raum mit einem Lächeln - das ermutigt andere Menschen dazu, ein Gespräch mit Ihnen anzufangen!

Belohnen Sie sich

Gönnen Sie sich jedes Mal eine Belohnung, wenn Sie erfolgreich mit jemandem Small Talk machen. Sagen Sie sich zum Beispiel, dass Sie sich, wenn Sie heute erfolgreich mit zwei Personen Small Talk machen, anschließend ein schönes Abendessen kaufen oder den Abend mit der Lektüre des Buches verbringen werden, das Sie sich gerade gekauft haben. Die Belohnung sollte in jedem Fall etwas sein, das Sie gerne tun.

Wenn Sie jedoch versagen, bestrafen Sie sich selbst stattdessen. Schauen Sie sich zum Beispiel nicht die neue Staffel Ihrer Lieblingsserie an oder spielen Sie eine Woche lang keine Videospiele. Ein solches Belohnungs- und Bestrafungssystem wird Sie dazu motivieren, Ihren gewohnten Tagesablauf zu unterbrechen und auf andere Menschen zuzugehen.

Ihre Gedanken halten Sie zurück. Ganz gleich, ob Sie introvertiert sind oder unter sozialen Ängsten, geringem Selbstwertgefühl oder mangelnder sozialer Kompetenz leiden, Ihre negativen Gedanken haben Sie dazu verleitet, zu glauben, dass Sie keinen erfolgreichen Small Talk führen können oder dass die Leute Sie langweilig finden. Sie sollten verstehen, dass diese Gedanken nicht der Wahrheit entsprechen (und nur mit Ihrer eigenen Unsicherheit spielen); sie sind wie die gruseligen Geschichten über Monster, vor denen Sie sich als Kind vielleicht gefürchtet haben. Sie sind nicht echt und entziehen sich jeder Logik. Sie müssen diese durch positive und gesunde Gedanken ersetzen, um diese Schwierigkeiten zu überwinden, so dass Sie schließlich mühelos und selbstbewusst mit jedem sprechen können.

Seien Sie Sie selbst. Sie haben anderen viel zu bieten, *auch wenn Sie es selbst noch nicht glauben.* Lassen Sie Ihren inneren Kritiker nicht gewinnen. Erinnern Sie sich immer wieder an Ihre guten Eigenschaften und daran, dass die Menschen Ihre Gesellschaft genießen. Glauben Sie daran, dass diese innere Stimme ohne Ihre Erlaubnis keine Macht über Sie haben kann. Gehen Sie mit einem Lächeln und einer freundlichen Einstellung offen auf Menschen zu. Selbst wenn Sie nervös sind, wird ein Lächeln Sie entspannen und andere dazu bringen, sich in Ihrer Gegenwart wohlzufühlen, so dass Sie den Mut haben, sich mit ihnen zu unterhalten. Denken Sie daran: Sie sind der Mensch, für den Sie sich halten. *Glauben Sie* also fest, dass Sie ein selbstbewusster und interessanter Mensch sind.

Kapitel 3: Small Talk-Tricks für introvertierte Menschen

Small Talk ist oft eines der lästigeren Dinge, die Sie bei Veranstaltungen zum Networking mit anderen Menschen meistern müssen. Dabei ist er sehr wichtig, um andere Menschen zu treffen und neue Bekanntschaften zu schließen. Während extrovertierte Menschen gerne ihre eigenen Geschichten erzählen und Menschen kennenlernen, empfinden introvertierte Menschen Small Talk oft als anstrengend. Für Introvertierte ist es oft eine Herausforderung, sich in ein Gespräch zu stürzen und so eine Beziehung zu Fremden aufzubauen. Stattdessen ziehen sie es vor, anderen zuzuhören und Sie mit etwas Abstand zu beobachten, bevor sie sich auf Sie einlassen.

Small Talk ist ein Schlüsselfaktor, der das erfolgreiche Networking möglich macht.[5]

Introvertierte Menschen sind nicht unbedingt schüchtern und können *auf ihre eigene Art und Weise* sehr kontaktfreudig sein. Der Unterschied besteht darin, dass sie sich erst wohlfühlen müssen, bevor sie sich öffnen und anderen mitteilen wollen. Daher kann Small Talk für Introvertierte eine größere Herausforderung sein als für Extrovertierte. Die gute Nachricht ist aber, dass es Strategien gibt, um introvertierten Menschen den Small Talk zu erleichtern. Wenn sie verstehen, wie andere Menschen ticken und wie sie mit ihren eigenen einzigartigen Persönlichkeitsmerkmalen arbeiten können, können Introvertierte schnell lernen, sich in sozialen Situationen besser zurechtzufinden und sich entspannter mit anderen zu unterhalten. Wenn auch Sie introvertiert sind, finden Sie hier acht praktische Tipps, die Ihnen dabei helfen sollen, im Einklang mit Ihrem Charakter zu arbeiten und so ein besserer „Small Talker" zu werden.

Reduzieren Sie Ihre Ängste

Unsere Ängste können selbst die einfachsten Gespräche zu einer wahren Herausforderung machen. Im Jahr 2008 versuchten Forscher herauszufinden, ob Menschen mit einer sozialen Angststörung (SAS) bei sozialen Interaktionen grundsätzlich weniger geschickt sind oder ob sie sich das alles nur einbilden. In einem Artikel, der im *Journal of Anxiety Disorders* (Zeitschrift für Angststörungen) veröffentlicht wurde, kamen die Autoren zu dem Schluss, dass der Unterschied in der Leistung möglicherweise auf die Angst und nicht nur auf die angeborenen eigenen Fähigkeiten zurückzuführen ist. Mit anderen Worten: Wenn Sie Angst vor Small Talk haben, kann er Ihnen wie eine unüberwindbare Herausforderung erscheinen. Ein paar wirksame Strategien können Ihnen aber helfen, Ihren Stress zu reduzieren und sich den Small Talk dadurch zu erleichtern:

Fangen Sie klein an

Wenn Sie Small Talk zum ersten Mal ausprobieren, stürzen Sie sich auf einer Party nicht gleich in ein Gespräch mit einem Fremden. Beginnen Sie, zunächst mit den Menschen, die Sie gut kennen, zu sprechen - also vielleicht Arbeitskollegen oder Klassenkameraden - und fragen Sie sie, wie ihr Tag war. Wenn diese gesprächig sind, stellen Sie Ihnen weitere Fragen über ihr Leben. Wenn nicht, fragen Sie sie, was sie über ein bevorstehendes Ereignis oder eine Nachricht in den Schlagzeilen denken.

Wenn Sie sich dazu bereit fühlen, aktiv das Gespräch zu suchen, sprechen Sie mit jemandem, der Ihnen freundlich und zugänglich erscheint. Zwingen Sie sich nicht, eine gemeinsame Basis für das Gespräch zu finden, wenn Sie nichts zu sagen haben, sondern halten Sie das Gespräch in Gang, indem Sie Ihrem Gegenüber Fragen stellen. Offene Fragen sind eine einfache Möglichkeit, um andere Menschen zum Reden zu bringen. Fragen Sie statt „Wie geht es Ihnen?" lieber „Was gibt es Neues in Ihrem Job?" oder sogar „Erzählen Sie mir ein wenig von sich". Wenn Ihnen die Worte fehlen, machen Sie einen Kommentar zur Umgebung Ihres Gesprächspartners, z.B. etwas über seine Kleidung oder seine Accessoires, um ein Gespräch zu beginnen.

Erste Schritte

Der erste Schritt zu einem guten Small Talk ist, dass Sie wissen, wie Sie sich am besten vorstellen sollten. Am besten stellen Sie sich mit einem Satz vor, in dem Sie Ihren Namen nennen und kurz erklären, warum Sie mit der Person sprechen. Zum Beispiel so etwas wie: „Hallo, mein Name ist Bob und ich habe mich gefragt, ob Sie mir bei etwas helfen können?" Diese Einleitung lädt die Leute unverbunden zum Gespräch ein, weil sie sofort wissen, was Sie von ihnen wollen.

Wenn Sie sich vorstellen, ist es immer eine gute Idee, die andere Person zu fragen, ob sie Zeit zum Reden hat. Zum Beispiel: „Haben Sie eine Minute Zeit? Ich würde Sie gerne etwas fragen." Diese Frage zeigt, dass Sie die Zeit des Gesprächspartners respektieren, und gibt ihm außerdem die Möglichkeit, Ihre Bitte abzulehnen, wenn er keine Zeit für dieses Gespräch hat.

Wenn die Person Zeit hat, fragen Sie sie, ob es in Ordnung ist, wenn Sie ein bestimmtes Thema besprechen. Zum Beispiel: „Macht es Ihnen etwas aus, wenn wir kurz über Ihr Gehalt sprechen?" Beachten Sie, dass diese Frage die Person auf das vorbereitet, was als Nächstes kommt, und nicht aufdringlich oder fordernd wirkt.

Verwenden Sie Selbsthilfemittel

Selbsthilfemittel sollen Ihnen dabei helfen, Ihre Ängste und Ihren Stress zu bewältigen und können dazu führen, dass Sie sich wohler fühlen, wenn Sie im Allgemeinen nervös sind. Ein Selbsthilfewerkzeug kann ein physischer Gegenstand sein, wie beispielsweise ein Stressball, ein Tagebuch oder ein einfaches Mantra, das Sie zu sich selbst sagen können, wenn Sie gestresst sind. Sie können die folgenden Sätze zu sich selbst sagen, wenn Sie ängstlich sind:

- „Meine Angst ist nur ein Gefühl, und sie tut mir nicht weh."
- "Ich schaffe das."
- „Es ist okay, wenn ich Fehler mache."
- „Es ist okay, wenn ich nicht weiß, was ich sagen oder tun soll. Ich kann einfach nur zuhören."
- „Es ist wichtig, bei Networking-Veranstaltungen ein Gespräch mit jemandem zu beginnen. Diese Person kennt dort wahrscheinlich nicht viele Leute und wird sich über einen weiteren Gesprächspartner freuen."

Beachten Sie die Körpersprache

Nonverbale Hinweise, wie Mimik und Gestik, können beeinflussen, wie eine andere Person das, was Sie beim Small Talk sagen, interpretiert. Es kann unfreundlich oder abweisend wirken, wenn Sie mit vor der Brust verschränkten Armen dastehen oder sitzen. Achten Sie stattdessen auf eine offene Körperhaltung und lehnen Sie sich leicht nach vorne, wenn Sie mit jemandem sprechen. Das lässt Sie offener und interessierter an dem erscheinen, was Ihr Gesprächspartner zu sagen hat.

Beim Small Talk geht es um mehr als triviale Themen

Das Ergebnis des Small Talks hängt weitgehend von Ihrer eigenen Einstellung ab. Betrachten Sie ihn also nicht als Zeitverschwendung. Betrachten Sie Small Talk stattdessen als eine Gelegenheit, mit jemandem in Kontakt zu treten und Interesse an der Person zu zeigen. Small Talk kann zum Ausgangspunkt für spätere Gespräche werden, die zunehmend mehr Bedeutung haben. Bevor Sie mit jemandem plaudern, den Sie nicht kennen, fragen Sie sich: „Wie kann ich unser Gespräch interessant gestalten?" Klare Ziele helfen Introvertierten dabei, ihre Aufmerksamkeit auf konkrete Weise zu steuern. Wenn Sie Ihre Ziele kennen, ist es anschließend einfacher zu bestimmen, wie Sie sie erreichen wollen.

Fragen Sie sich, was Sie durch das Gespräch erreichen wollen. Wollen Sie einen guten Eindruck bei jemandem hinterlassen? Fragen Sie nach mehr Informationen über die Person und ihre Interessen. Beginnen Sie eine neue Freundschaft mit jemandem, der ähnliche Werte hat, wie Sie selbst. Auch wenn Sie Ihre Ziele erst noch herausfinden müssen, ist es eine gute Idee, sich ein paar Ideen ins Gedächtnis zu rufen. Sie können sie im Laufe des Gesprächs immer wieder überarbeiten.

Ihr Ziel muss dabei nicht unbedingt ein bestimmtes Ergebnis sein. Sie können zum Beispiel einen guten Eindruck auf jemanden machen, indem

Sie zeigen, dass Sie sich für das interessieren, was er sagt, und dass Sie ihn gerne besser kennenlernen wollen. Wenn das der Fall ist, überlegen Sie sich auch, wie Sie dies zeigen können. Fragen Sie Ihren Gesprächspartner zum Beispiel nach seinen Hobbys oder finden Sie heraus, was die Person an ihrem Job mag oder nicht mag. Sie können alternativ auch einen guten Eindruck hinterlassen, indem Sie sich optimistisch und freundlich verhalten. Wenn Sie versuchen, eine neue Freundschaft zu beginnen, erzählen Sie der Person von einigen Ihrer gemeinsamen Interessen. Wenn Sie auf der Suche nach einem neuen Job sind, lassen Sie sich von Ihrem Gesprächspartner beraten und zeigen Sie ihm, dass Sie bereit sind, hart zu arbeiten und neue Fähigkeiten zu erlernen.

Nutzen Sie Ihre Neugierde

Neugierde kann Small Talk in eine erbauliche Erfahrung verwandeln, bei der zwei Menschen mehr übereinander erfahren können. Introvertierte Menschen wirken zwar ruhig und schüchtern, aber sie unterscheiden sich lediglich von extrovertierten Menschen darin, wie ihr Gehirn Informationen aufnimmt. Wenn Sie introvertiert sind, werden Sie bei einem gemeinsamen Abendessen wahrscheinlich keine hundert Fragen stellen. Wenn Sie jedoch auf ein Thema neugierig sind, werden Sie Ihrem Gegenüber ein paar Fragen stellen.

Nutzen Sie Ihre Neugierde, um sich den Small Talk zu erleichtern. Stellen Sie Fragen, die nicht zu persönlich oder aufdringlich wirken. Verschaffen Sie sich stattdessen einen Einblick in das, was die andere Person gerne tut und warum sie es gerne tut. Stellen Sie ihr die Fragen, die Ihnen in den Sinn kommen, und hören Sie sich die Antworten aufmerksam an.

Steuern Sie die Konversation

Man kann ganz einfach den ersten Kontakt herstellen, indem man „Hallo" sagt, aber ein längeres Gespräch in Gang zu halten, erfordert Geschick. Introvertierte Menschen ziehen sich normalerweise einfach zurück, wenn sie sich in einer sozialen Situation unwohl fühlen. Um jedoch eine Diskussion zu führen, müssen Sie dabeibleiben, egal, wie unangenehm es Ihnen ist. Der Schlüssel zum Gesprächsfluss liegt darin, dass Sie wissen, wann Sie führen und wann Sie zuhören müssen. Die folgenden Tipps werden Ihnen dabei helfen, den Fluss des Small Talks besser zu steuern:

Seien Sie Sie selbst

Wenn Introvertierte versuchen, Gespräche zu führen, klingen sie oft so, als würden sie sich zu sehr anstrengen, was weder natürlich noch authentisch wirkt. Der Schlüssel liegt daher darin, dass Sie sich nicht so sehr anstrengen, dass Sie unecht oder unnatürlich klingen. Seien Sie stattdessen einfach Sie selbst. Auf diese Weise werden Ihre Gesprächspartner sofort erkennen, wenn Sie sich Ihnen öffnen und authentisch sind.

Wenn Sie sich nicht sicher sind, wie Sie sich öffnen können, überlegen Sie, was Sie einzigartig macht. Vielleicht haben Sie eine lustige Geschichte über etwas, das bei der Arbeit oder in der Schule passiert ist beizusteuern, oder kennen ein Filmzitat, das Ihnen immer einfällt, wenn Sie jemand fragt, was es Neues gibt. Derartige Anekdoten unterscheiden Sie von allen anderen und eignen sich perfekt, um den Small Talk zu steuern.

Stellen Sie gezielte Fragen

Beim Führen eines Gesprächs geht es zwar darum, Fragen zu stellen, aber nicht jede beliebige Frage reicht aus. Eine gute Frage muss gezielt und spezifisch sein, wie z.B. „Wo gehen Sie am liebsten Kaffee trinken?" oder „Sind Sie zum ersten Mal hier?" Diese Fragen ermöglichen es der anderen Person, etwas über sich selbst zu erzählen, und helfen ihr, sich im Gespräch mit Ihnen wohlzufühlen.

Stellen Sie Fragen, die Ihr Interesse signalisieren

Wenn jemand sagt, dass er Spanischunterricht nimmt, fragen Sie ihn, wie ihm der Unterricht gefällt. Ihr Gegenüber wird sich dadurch mehr mit Ihnen verbunden fühlen und mehr Informationen weitergeben, weil die Person weiß, dass sie jemanden hat, der sich dafür interessiert, was sie im Unterricht lernt.

Wenn Ihnen jemand erzählt, dass er gerade in die Stadt gezogen ist, fragen Sie ihn, was ihn dorthin geführt hat. Fragen Sie nach dem Outfit oder dem Schmuck der Person, wenn Sie auf einer Veranstaltung oder Party ein Gespräch mit einem Fremden beginnen möchten. So haben Sie beide ein leichtes Gesprächsthema und das Eis ist gebrochen.

Machen Sie Kommentare über Ihre Umgebung

Aussagen über das, was sich um Sie herum befindet, helfen Ihnen oft dabei, das Gespräch zu eröffnen. Machen Sie Kommentare, die für die Situation relevant sind und die andere Person interessieren, wie z.B. „Wow, dieses Eis ist köstlich" oder „Es ist so schön hier draußen heute

Abend". Sie können auch fragen, was Ihr Gegenüber von bestimmten Dingen hält (z.B. Ihr Outfit oder Ihren Schmuck), was die Person dann wieder zum Reden bringen sollte.

Erzählen Sie etwas über sich selbst

Eine der besten Möglichkeiten, um ein Gespräch wieder in Gang zu bringen, wenn alle Beteiligten aufgehört haben, miteinander zu reden, ist es, interessante Dinge über sich selbst zu erzählen. Zum Beispiel könnten Sie so etwas sagen wie: „Oh, Sie mögen diese Band auch?" oder „Ich überlege, mir diese Sonnenbrille zu kaufen." Derartige Kommentare sind in der Regel eine gute Wahl, weil sie nicht zu persönlich sind und von der anderen Person kein großes Engagement verlangen.

Wenn Ihnen jemand eine Frage über Sie selbst stellt, antworten Sie kurz und lenken Sie das Gespräch dann wieder auf die andere Person. Wenn Sie zum Beispiel gefragt werden, wie alt Sie sind, antworten Sie kurz und sagen dann: „Aber was ist mit Ihnen? Was ist Ihre Geschichte?"

Bieten Sie Ihrem Gegenüber eine Redemöglichkeit

Wenn Sie schon keine offenen Fragen stellen möchten, sollten Sie Ihrem Gesprächspartner wenigstens die Möglichkeit zu sprechen geben. Sie können dazu einfach mit dem Kopf nicken und „mm-hmm" oder „ja" sagen, wenn Ihr Gesprächspartner etwas Interessantes oder Informatives sagt. Sie müssen nichts bestimmtes sagen, aber alleine das Wissen, dass jemand zuhört, wird es dem Gesprächspartner leichter machen, sich Ihnen gegenüber zu öffnen.

Machen Sie Ihre Antworten so interessant und fesselnd wie möglich

Der Small Talk kann abrupt enden, wenn Sie uninteressante Antworten auf die Fragen der anderen Person geben. Wenn Sie gefragt werden, wie Ihr Wochenende war, sollten Sie daher nicht einfach „gut" antworten und es dabei bewenden lassen. Erzählen Sie ein paar interessante Details. Sagen Sie Dinge wie: „Meine Freunde und ich waren in den Bergen wandern, das war einfach toll! Wir sind auf den höchsten Gipfel geklettert und hatten eine fantastische Aussicht." Das ist eine viel bessere Anekdote als „Es war schön".

Sie können natürlich auch Gegenfragen stellen, um das Gespräch flüssiger zu gestalten. Wenn Ihr Gesprächspartner anfängt, über sein Wochenende zu sprechen, fragen Sie ihn zum Beispiel, was er gemacht hat und wie es gelaufen ist. Auf diese Weise müssen Sie sich nicht noch mehr einfallen lassen, was Sie der Person sagen könnten. Er gibt Ihnen all die Informationen, auf die Sie reagieren können.

Es ist wichtig, dass Sie daran denken, dass nicht jedes Gespräch reibungslos verlaufen muss. Manchmal herrscht peinliche Stille oder Ihr Gesprächspartner sagt etwas Seltsames oder etwas, das nicht zum Thema passt. In diesen Fällen sollten Sie nicht in Panik verfallen. Am besten nehmen Sie es einfach zur Kenntnis und machen unbeirrt weiter. Nehmen wir zum Beispiel an, Ihr Gesprächspartner sagt etwas, das nichts mit dem Thema der Diskussion zu tun hat. In diesem Fall könnten Sie mit: „Ja..." (mit einem verwirrten Gesichtsausdruck) antworten und das Gespräch dann mit dem fortsetzen, was vorher Thema war. Oder wenn Ihnen eine Frage gestellt wird und Sie nicht wissen, wie Sie antworten sollen, sagen Sie *das einfach offen*. Die einfachste Art, mit dieser Situation umzugehen, ist es: „Ich weiß es nicht" oder „Ich habe dazu noch keine Meinung" zu sagen. Das mag sich zwar so anfühlen, als seien Sie zu ehrlich, aber es gibt Ihnen die Möglichkeit, eine Lösung für die Situation zu finden, anstatt gar nichts zu sagen.

Vertiefen Sie die Konversation

Je besser die Qualität Ihrer Fragen desto mehr helfen sie Ihnen dabei, das Gespräch in Gang zu halten. Sagen Sie statt „Ja oder Nein"-Fragen lieber „Warum?" oder „Wie?" Fragen. Diese Fragen sind offener und geben Ihrem Partner die Möglichkeit, seine Gründe in Ruhe zu erläutern, anstatt Ihnen eine kurze Antwort zu geben. Wenn Sie zum Beispiel jemand fragt: „Was ist Ihr Lieblingsfilm?" und Sie sagen: „Star Wars", könnte das Gespräch damit beendet sein. Wenn man Sie jedoch fragt: „Warum mögen Sie Star Wars so sehr?" oder „Wie haben Sie sich gefühlt, als Luke Skywalker zum ersten Mal mit Yoda auf Dagobah trainierte?", eröffnet dies neue Diskussionsmöglichkeiten, die sonst vielleicht nicht zugänglich gewesen wären.

Das Hauptziel des Small Talks besteht darin, das, was jemand sagt, auf den Punkt zu bringen, um zu verstehen, was für die Person wichtig ist. So erfahren Sie mehr über den anderen und vermeiden unangenehme Momente, in denen eine Person das Gefühl hat, dass sie nichts mehr zu sagen hat. Wenn Sie sich in einer Gruppe befinden, sollten Sie derjenige sein, der ein Gespräch beginnt. Wenn es kurz eine unangenehme Stille gibt, lassen Sie es nicht dabei bewenden, sondern nehmen Sie die Sache selbst in die Hand und sagen Sie etwas. So gehen Sie aus sich heraus und die Leute fühlen sich in Ihrer Nähe wohler, weil sie wissen, dass Sie etwas zum Gespräch beitragen können, wenn sie selbst es nicht können.

Erkennen Sie nonverbale Hinweise

Um ein guter Gesprächspartner zu sein, müssen Sie lernen, die nonverbalen Signale der Menschen in Ihrer Umgebung wahrzunehmen. Die Körpersprache (die Bewegungen und Positionen des Körpers) kann Ihnen Aufschluss darüber geben, wie sich jemand fühlt, was er sagt oder wie er zu dem steht, was in seiner Umgebung geschieht. Mit etwas Übung können Sie lernen, auf soziale Signale angemessen zu reagieren. Achten Sie auf die folgenden nonverbalen Signale, wenn Sie mit jemandem Small Talk führen wollen:

Gesichtsausdrücke

Wenn die Person lächelt und lacht, hat sie wahrscheinlich Spaß. Wenn sie die Stirn runzelt oder ernst dreinschaut, wechseln Sie das Thema oder den Ton der Unterhaltung.

Wenn Sie bemerken, dass jemand die Augenbrauen hochgezogen hat, ist er vielleicht überrascht oder verwirrt von dem, was Sie gesagt haben. Das könnte eine gute Gelegenheit sein, um genauer zu klären, was mit Ihrer Aussage gemeint war, oder eine Frage zu stellen, um herauszufinden, warum die Person so überrascht scheint.

Kinesics

Die kinesische Kommunikation befasst sich mit nonverbalem Verhalten, wie Gestik und Mimik. Wenn Sie introvertiert sind, fällt es Ihnen vielleicht schwer, in sozialen Situationen Small Talk zu führen. Es gibt jedoch Möglichkeiten, das Gespräch weiterzuführen, ohne dabei selbst sprechen zu müssen.

Wenn Sie beispielsweise alle paar Minuten auf Ihre Uhr oder Ihr Telefon schauen, erwecken Sie den Eindruck, dass Sie sich nicht für das interessieren, was Ihre Gesprächspartner sagen. Wenn Sie jedoch aufschauen und auf Augenkontakt mit Ihrem Gesprächspartner achten, wird dieser davon ausgehen, dass Sie ihm zuhören und sich für das interessieren, was er Ihnen sagt. Sie sollten auch auf die Körpersprache der Person achten. Wenn jemand die Arme verschränkt oder mit dem Fuß wippt, wenn er nervös wird oder sich unwohl fühlt, gibt ihm das die Möglichkeit, Luft zu holen, bevor er den nächsten Satz beginnt.

Eine andere Möglichkeit besteht darin, mit dem Kopf zu nicken und „Mmm-hmm" oder „Ja, erzählen Sie gerne weiter" zu sagen, wenn jemand mit Ihnen spricht. Das zeigt, dass Sie zuhören und sich für das interessieren, was die Person sagt, und ermutigt sie, weiterzumachen.

Lernen Sie von Menschen, die Meister der Konversation sind

Großartige Gesprächspartner sind wie herausragende Künstler: Sie haben einen scharfen Blick für Details und haben oft schon lange die Fähigkeit entwickelt, die Dinge anders zu sehen als die meisten anderen Menschen. Sie müssen diese großen Gesprächskünstler und ihre Angewohnheiten studieren, um selbst zu einem besseren Gesprächspartner zu werden! Hören Sie Ihnen genau zu, wenn Ihre Freunde über ihr Leben sprechen oder über das, was sie in den Nachrichten lesen, achten Sie aktiv auf die Gesprächsmuster, wenn Sie neue Menschen treffen, die besonders interessant oder charismatisch zu sein scheinen, und achten Sie darauf, wie die Dialoge in Ihren Lieblingssendungen oder -filmen geschrieben sind.

Sie werden rasch feststellen, dass es bei großartigen Gesprächen oft um viel mehr als Worte geht, es geht auch um Energie und Körpersprache. Viele Menschen haben einen natürlichen Redefluss, der die Menschen beschäftigt und ihnen Lust auf mehr macht. Außerdem finden sie im gegenwärtigen Moment statt. Kein guter Gesprächspartner sagt Dinge wie: „Früher..." oder „Erinnern Sie sich noch daran, als man ein Haus für 50.000 Euro kaufen konnte?" Konzentrieren Sie sich stattdessen auf das, was jetzt gerade passiert. Das soll nicht heißen, dass Sie nie über die Vergangenheit oder die Zukunft sprechen sollten. Stattdessen hilft die Regel Ihnen, eine zu allgemeine Antwort zu vermeiden, was die meisten Menschen tun, etwas, zu dem die meisten Menschen neigen, wenn sie nach etwas aus der Vergangenheit gefragt werden. Sie geben in solchen Fällen eine kurze Antwort wie „Ich fand es toll" oder „Das war nicht so gut". Derartige Aussagen fesseln die Leute nicht und bringen sie auch nicht dazu, mit dem Small Talk fortzufahren.

Erläutern Sie Ihre Antwort im Detail, wenn Ihnen eine Frage über die Vergangenheit gestellt wird. Erklären Sie Ihrem Gegenüber, warum Sie bestimmte Dinge toll oder nicht so toll fanden. Derartige Aussagen können so einfach sein wie: „Ja, ich fand es toll, weil wir zusammen Spaß hatten und neue Freunde gefunden haben." Diese Antwort verwickelt die Leute in ein Gespräch, weil sie mehr über die Ereignisse wissen wollen.

Erfinden Sie ein Belohnungssystem

Als introvertierter Mensch brauchen Sie manchmal nur einen kleinen Anstoß, um den Sprung zu wagen und mit anderen Menschen zu reden. Eine einfache Möglichkeit besteht darin, sich ein Belohnungssystem zu schaffen. Wenn Sie z.B. auf einer Party mit fünf Personen sprechen, gönnen Sie Ihnen ein kostenloses Dessert oder jedes Mal, wenn Ihnen jemand eine Frage stellt und Sie antworten, schuldet er Ihnen einen Dollar (derartige Dinge können Sie sich natürlich nur vorstellen). Dabei ist es sehr wichtig, dass die Belohnung klein und greifbar sein muss. Sie können also keine Belohnung wie: „Ich werde mich besser fühlen" nehmen, denn das wird Sie nicht dazu motivieren, etwas Bestimmtes zu tun.

Wenn Sie bei dieser Übung ein wenig Hilfe brauchen, insbesondere, um verschiedene Ideen für Ihr Belohnungssystem zu finden, stellen Sie sich ein paar Fragen: Was mache ich gerne? Was würde mir in dieser Situation ein gutes Gefühl geben? Gibt es etwas Bestimmtes, das ich auf dieser Party erreichen möchte und über das ich mit Menschen sprechen muss? Sobald Sie eine Idee für Ihre Belohnung haben, schreiben Sie sie sich auf und bringen Sie sie an einem gut sichtbaren Ort an, damit Sie sich daran erinnern können.

Schreiben Sie schließlich auch ein paar Dinge auf, die Sie vermeiden möchten. Das sind die Verhaltensweisen, die Ihrem sozialen Erfolg auf dieser Party abträglich sind. Dazu gehören die folgenden Beispiele:

- Sich in der Ecke verstecken und allen Blickkontakt vermeiden.
- Menschen ignorieren, die versuchen, mit Ihnen zu sprechen.
- Sich wie ein introvertierter Mensch verhalten (früh gehen, nie das Wort ergreifen, wenn Gespräche um Sie herum geführt werden).

Als introvertierter Mensch sind Sie vielleicht manchmal zu hart zu sich selbst, besonders wenn eine bestimmte Begegnung nicht so verläuft, wie Sie es sich erhofft hatten. Wenn Sie auf der Party eine schlechte Begegnung erlebt haben, sollten Sie nicht darüber nachdenken oder sich selbst fertigmachen. Denken Sie stattdessen darüber nach, was Sie beim nächsten Mal anders machen können, damit die Dinge reibungsloser verlaufen. Üben Sie diese Tipps vor zukünftigen gesellschaftlichen Anlässen, damit sie bei Ihrer nächsten Begegnung ganz automatisch funktionieren. Denken Sie dabei auch daran, dass Sie mit diesem Gefühl nicht allein sind. Vielen introvertierten Menschen geht es bei sozialen Kontakten genauso wie Ihnen. Es ist für Sie schwierig, die eigene Schüchternheit zu überwinden, aber wenn Sie sehen, wie viel Freude und Nutzen Ihnen der Small Talk bringt, lohnt es sich gleich zu lernen, wie er richtig geht.

Kapitel 4: Ausprobieren: Die besten Small Talk-Themen

Small Talk ist für viele Menschen ein sehr einschüchternder Teil einer jeden sozialen Interaktion. Was soll man sagen, wenn man seinen Gesprächspartner kaum kennt? Ohne geeignete Gesprächsthemen kann die Erfahrung schnell unangenehm und anstrengend werden. Deshalb ist es wichtig, dass Sie sich mit einigen der besten Small Talk-Themen vertraut zu machen, um die Unterhaltung besser in Gang zu halten und dafür zu sorgen, dass sich alle amüsieren. Dieses Kapitel behandelt einige der Themen, die am besten für Small Talk geeignet sind und erklärt, wie Sie ihn in Ihren alltäglichen Gesprächen am besten verwenden können.

Oft ist es hilfreich, sich einige der Small Talk-Themen aufzuschreiben, die Sie im Gespräch mit anderen ansprechen können.[6]

Wie Sie sich die richtigen Small Talk-Themen aussuchen

Small Talk-Themen können von heiter und zwanglos oder ernst und bedacht sein. Die Wahl des richtigen Themas für ein Gespräch hängt von verschiedenen Faktoren ab, wie z.B. davon, mit wem Sie gerade sprechen, vom Kontext des Gesprächs und davon, wie wohl Sie sich beim Besprechen verschiedener Themen fühlen.

Passen Sie das Thema an die Atmosphäre an

Eine Möglichkeit, um schnell herauszufinden, welche Small Talk-Themen am besten zu einer bestimmten Situation passen, besteht darin, zu beobachten, worüber andere Leute gerne sprechen. Sie können zum Beispiel das Thema Sport ansprechen, sofern es wie ein gutes Gesprächsthema für alle Beteiligten wirkt. So stellen Sie sicher, dass sich alle Anwesenden gut zu dem Thema äußern können. Das Wissen um den sozialen Kontext einer Situation ist entscheidend für die Wahl eines geeigneten Themas.

Lernen Sie Ihr Publikum kennen

Wenn Sie sich in einer formelleren oder professionelleren Gesellschaft befinden, halten Sie sich an weniger kontroverse Themen wie aktuelle Ereignisse, lokale Sehenswürdigkeiten und Ihre Hobbys. Wenn Sie sich hingegen mit Freunden oder Familienmitgliedern unterhalten, können Sie über alles sprechen, was Sie interessiert. Unabhängig davon, mit wem Sie sich unterhalten wollen, ist es wichtig, dass Sie Themen wählen, die eine offene und freundliche Gesprächsatmosphäre schaffen.

Ungezwungene Themen

Viele Menschen unterhalten sich beim Small Talk gerne über heitere Themen. Solche Gespräche können sich beispielsweise um Bücher oder Filme drehen, die sie kürzlich gelesen oder gesehen haben. Auch bevorstehende Pläne für das Wochenende, Lieblingsurlaubsziele oder lustige Anekdoten eignen sich hervorragend für einen ungezwungenen Austausch. All diese Themen bieten Ihnen eine gute Möglichkeit, das Eis zu brechen und das Gespräch in Gang zu halten.

Die Komfortzone

Ein weiterer wichtiger Faktor, den Sie bei Small Talk-Themen berücksichtigen sollten, ist die Frage, wie wohl Sie sich bei der Diskussion bestimmter Themen fühlen. Wenn Ihnen also ein Thema unangenehm ist, vermeiden Sie es am besten. Anstatt ein heikles Thema anzusprechen, ist meist ein entspannteres, vertrautes Thema die bessere Wahl. So stellen Sie sicher, dass das Gespräch ohne unangenehme Pausen oder Momente der Anspannung abläuft.

Nutzen Sie Ihre Stärken

Wenn Sie sich meist wohler fühlen, wenn Sie mit anderen über Bücher statt über Filme sprechen, dann sorgen Sie dafür, dass dies das Thema ist, das Sie in Gesprächen mit anderen ansprechen. Wenn Sie mit dem Thema gut vertraut sind, fühlen sich alle Beteiligten wohl und können bei Bedarf ganz natürlich zu anderen Themen übergehen. Das macht das Gespräch für beide Parteien interessanter, da sie so etwas Neues lernen oder einen neuen Blickwinkel auf ein vertrautes Thema gewinnen.

Miteinander in Beziehung treten

Es ist immer wichtig, dass Sie eine gemeinsame Basis mit Ihrem Gesprächspartner finden. Wenn er eine gemeinsame Erfahrung oder ein gemeinsames Interesse erwähnt, sollten Sie das umgehend als Gelegenheit nutzen, um das Gespräch zu vertiefen und eine Verbindung zu Ihrem Gegenüber herzustellen. Stellen Sie Fragen zu den Erfahrungen des anderen. Möglicherweise lässt sich dadurch feststellen, ob Sie bestimmte gemeinsame Werte haben. Beginnen Sie ein Gespräch über ein Thema, das Sie beide interessiert, um Vertrauen und eine gute Beziehung zueinander aufzubauen. Wenn Sie ein ehrliches Interesse an Ihrem Gesprächspartner zeigen, ist er eher bereit, sich Ihnen gegenüber zu öffnen und ein angenehmes Gespräch zu führen.

Denken Sie schließlich auch daran, dass Sie sie selbst sein müssen. Andere Menschen merken es schnell, wenn Sie nicht authentisch sind, also müssen Sie stets natürlich und authentisch wirken. Scheuen Sie sich also nicht davor, ganz Sie selbst zu sein. Schließlich geht es bei ansprechenden Gesprächen hauptsächlich darum, sinnvolle Verbindungen zu anderen Menschen herzustellen.

Die häufigsten Small Talk-Themen

Die Kunst des Small Talks ist eine der wichtigsten Fähigkeiten, die Sie erlernen können, vor allem wenn Sie bei anderen einen guten Eindruck hinterlassen wollen. Ob bei Networking-Veranstaltungen, ersten Dates oder Gesprächen mit Fremden, der Small Talk kann Ihnen stets helfen, das Eis zu brechen und kann zu bedeutungsvollen Gesprächen führen.

Unabhängig von der genauen Situation sind Small Talk-Themen für eine sinnvolle Unterhaltung unerlässlich. Die Wahl des richtigen Themas schafft eine Umgebung, in der sich jeder in das Gespräch mit einbezogen fühlt und in der alle Gespräche natürlich verlaufen. Wenn Sie wissen, welche Themen Sie in verschiedenen Situationen besonders ansprechen können, und wie Sie Ihre Stärken ausspielen, können Sie sich erfolgreich an angenehmen Gesprächen mit Freunden, Ihrer Familie oder sogar mit Fremden beteiligen.

Da Sie nun die Grundlagen des Small Talks kennen, lassen Sie uns einige der besten Small Talk-Themen betrachten, die Sie in jeder Situation ansprechen können.

Filme und Fernsehsendungen

Filme und Fernsehsendungen sind hervorragend dazu geeignet, ein Gespräch mit den Menschen in Ihrer Umgebung zu beginnen. Es gibst so viele Genres, Streaming-Dienste mit unendlich vielen verfügbaren Inhalten, das jeder etwas hat, worüber er sich unterhalten kann - sei es der neueste Blockbuster oder ein alter Lieblingsfilm.

Binge-Watching ist in den letzten Jahren immer beliebter geworden, da Streaming-Dienste wie Netflix ganze Staffeln von Serien auf einmal anbieten. So ist es einfach, sich mehrere Episoden auf einmal anzusehen. Daher unterhalten sich viele Menschen gerne über ihre Lieblingssendungen und darüber, welche es ihrer Ansicht nach am meisten wert sind, gesehen zu werden. Wenn Binge-Watching bei Ihnen ein beliebtes Small Talk-Thema ist, könnten Sie Fragen stellen wie: „Welche Serien haben Sie sich am liebsten in einem Rutsch angeschaut?" oder „Was ist Ihrer Meinung nach die beste Serie, die derzeit auf Netflix läuft?" „Bevorzugen Sie Komödien oder Dramen?"

Großartige Filme sind allseits sehr beliebt, und es werden ständig neue Filme veröffentlicht – auch darüber wird gerne diskutiert. Die entscheidende Frage lautet meist: „Was sind die besten Filme, die man sich im Moment ansehen kann?" Sie können sogar noch einen Schritt weiter gehen und fragen, was die Lieblingsfilme Ihres Gegenübers sind oder welche Filme er sich in letzter Zeit am liebsten angesehen hat. Diese Fragen können Sie auf einen interessanten Weg führen und bieten Ihnen reichlich Gesprächsstoff.

Wenn Sie dazu in der Lage sind, die Trailer genau zu besprechen, können Sie die Unterhaltung anregen. Sie können beispielsweise über Ihre ersten Eindrücke sprechen, über die Handlung spekulieren oder betonen, wie sehr Sie sich auf einen Film freuen, der wahrscheinlich großartig sein wird. Wenn Sie sich über Trailer unterhalten, bietet Ihnen dies eine großartige Möglichkeit, um stets auf dem Laufenden zu bleiben, dadurch gibt es eine Menge Gesprächsstoff für alle, die Filme lieben. Das ist immer ein guter Weg, um Menschen ins Gespräch zu bringen und regt oft auch andere Gesprächsthemen an.

Soziale Medien

Die sozialen Medien sind zu einem festen Bestandteil unseres Lebens geworden. Daher ist es kein Wunder, dass sie ein derart beliebtes Thema für Small Talk sind. Sie könnten also ein Gespräch über die neuesten Trends oder Funktionen auf Ihren Lieblingsplattformen beginnen oder Ihren Gesprächspartner fragen, welche Plattform er bevorzugt und warum. Ein Gespräch darüber, wie Menschen soziale Medien nutzen, kann Ihnen eine gute Möglichkeit bieten, um jemanden besser kennenzulernen. Die Frage nach den Lieblingskonten oder -influencern der Person bietet Ihnen oft eine hervorragende Möglichkeit, um das Gespräch zu vertiefen.

Musik

Wenn Sie ein Musikliebhaber sind, kann auch ein Gespräch über Ihr Lieblingsgenre oder Ihre Lieblingsband der perfekte Einstieg in ein neues Gespräch sein. Wenn Sie über Ihren Musikgeschmack sprechen, erhalten Sie einen guten Einblick in die Persönlichkeit und die Interessen des anderen. Von Indie-Rock bis hin zu Rap gibt es zweifellos etwas, über das beide Parteien gerne reden. Stellen Sie Ihrem Gegenüber Fragen über Lieblingslieder, Lieblingskünstler und darüber, warum die Person besonders diese Dinge so sehr zu schätzen weiß. Erzählen Sie zum Beispiel Geschichten von Konzerten, die Sie besucht haben, oder von Alben, mit denen Sie besondere Erinnerungen verbinden.

Live-Auftritte bieten Ihnen eine weitere gute Möglichkeit, um sich mit anderen über Musik zu unterhalten. Der Besuch von Konzerten bietet Ihnen die Gelegenheit, sich über gemeinsame Erlebnisse auszutauschen, und das Gespräch über vergangene Konzerte ist eine gute Möglichkeit, in Erinnerungen zu schwelgen. Fragen Sie sich gegenseitig nach den letzten Konzerten, die Sie besucht haben. „Warst du in letzter Zeit auf einem tollen Konzert?" oder „Was war das beste Konzert, das du je gesehen hast?"

Auch Musikvideos können ein großartiges Gesprächsthema sein. Musikvideos geben Ihnen einen Einblick in die kreative Vision und den

Stil eines Künstlers. Sprechen Sie mit Ihrem Gesprächspartner über die visuelle Gestaltung des Videos, also zum Beispiel über Farbe, Beleuchtung oder andere Elemente. Hat das Video eine allgemeine Botschaft oder ein Thema? Was glauben Sie, was der Künstler mit seiner Kunst durch das Video vermitteln wollte? Schauen Sie sich das Video gemeinsam an, um zu sehen, ob Ihnen etwas Ungewöhnliches oder Amüsantes auffällt. Wenn es sich um ein humorvolles Video handelt, nutzen Sie die Gelegenheit, um gemeinsam über die Witze zu lachen und alberne Kommentare zu den Geschehnissen in der Szene auszutauschen. Ganz gleich, ob Ihr Musikgeschmack eher in Richtung klassischer Rock oder in Richtung Pop geht, ein Gespräch über Musik bietet Ihnen eine gute Möglichkeit, um andere besser kennenzulernen.

Sport und Fitness

Sport und Fitness sind großartige Gesprächsthemen, um jemanden auf einer persönlicheren Ebene besser kennen zu lernen. Ob man über die eigenen Lieblingsteams, Spieler oder sportliche Momente spricht, über Trainingsroutinen oder Tipps dazu, wie man an seiner Fitness arbeiten kann, oder über vergangene und bevorstehende sportliche Wettkämpfe - Gespräche über Sport bieten Ihnen hervorragende Kommunikationsmöglichkeiten.

In Bezug auf Teams und Spieler gibt es besonders viel zu besprechen. Welche Teams mögen Sie gerne? Wer sind Ihre Lieblingsspieler? Wie lange verfolgen Sie deren Karriere schon? Was war das aufregendste Spiel oder der spannendste Moment der letzten Jahre? Derartige Fragen können der Anfang faszinierender, stundenlanger Gespräche sein!

Workouts und Sport sind eine weitere gute Möglichkeit, um ein Gespräch zu beginnen. Sie können sich darüber unterhalten, welche Übungen Sie machen, oder die andere Person bitten, Ihnen ein paar Tipps zu geben, um gut in Form zu bleiben. Vergleichen Sie Ihre Trainingsroutinen und besprechen Sie Strategien, um sich gegenseitig zu helfen.

Sie können über bevorstehende Wettbewerbe und Ereignisse sprechen oder gemeinsam vergangene Ereignisse zu analysieren. Dadurch haben Sie eine hervorragende Gelegenheit, um die Leute zum Plaudern zu bringen. Es macht Spaß, darüber zu spekulieren, wer gewinnen wird und warum, oder die spannenden Momente früherer Spiele gemeinsam noch einmal zu erleben. Diese Unterhaltungen sind nicht nur unterhaltsam, sondern können auch sehr lehrreich sein.

Reisen

Ein weiteres lustiges Gesprächsthema ist das Reisen. Menschen sprechen gerne über ihre Lieblingsorte, Orte, die sie bereist haben oder Orte, die Sie gerne besuchen würden. Sie können Ihr Gegenüber fragen, welche Orte sie gerne erkunden würden, wo sie schon waren und welche Orte sie besonders beeindruckt haben. Wenn Sie noch nicht viel gereist sind, ist dies eine großartige Möglichkeit, um mehr über verschiedene Kulturen, Städte und Lebensstile auf der ganzen Welt zu erfahren. Sie können über bevorstehende Reisen sprechen oder darüber, welche Aktivitäten die andere Person gerne auf Reisen unternimmt. Sehen sie sich die Sehenswürdigkeiten an oder faulenzen sie lieber am Strand? Welche Speisen genießen sie in den verschiedenen Ländern?

Sie könnten darüber sprechen, welche Art von Reisen sie am liebsten machen oder Tipps für ein bestimmtes Reiseziel austauschen. Wenn Sie ähnliche Reisevorlieben haben, nutzen Sie diese Gelegenheit, um über Ihre zukünftigen Reisepläne zu sprechen.

Wenn man über Reisen spricht, kann man sich auch gut über das Essen an verschiedenen Orten unterhalten. Stellen Sie Fragen wie: „Welche traditionellen Speisen haben Sie probiert?" „Haben Sie Empfehlungen von Einheimischen bekommen, zum Beispiel darüber, wo Sie essen können?" „Sind Sie auf interessante Gerichte gestoßen, die Sie überrascht haben?" Diese Fragen ermöglichen es beiden Parteien, verschiedene Erfahrungen zu teilen und Geschichten über das Essen auszutauschen. Ganz gleich, ob Sie über zukünftige Reisepläne, vergangene Reisen oder einfach nur über die verschiedenen Orte, an denen jemand war, sprechen, ein Gespräch über das Reisen ist immer ein interessanter Gesprächseinstieg.

Das Wetter

Eines der häufigsten Gesprächsthemen ist das Wetter - ein leichtes Thema, das zu interessanten Gesprächen führen kann. Beginnen Sie mit der Frage, welches Klima sie bevorzugen und warum. Daraus könnte sich schnell ein ausführliches Gespräch über ihre Lieblingsorte, -aktivitäten oder -klimata entwickeln.

Sprechen Sie darüber, welche Jahreszeit sie am liebsten mögen, Winter oder Sommer. „Wie verbringen Sie Ihre Zeit am liebsten, wenn es draußen kalt ist?" oder „Wie verbringen Sie normalerweise Ihren Sommer?" Das könnte eine gute Gelegenheit sein, um gemeinsame Aktivitäten im Freien zu planen.

Wenn Sie sich abenteuerlich fühlen, können Sie auch wilde Wetterthemen wie Tornados oder Wirbelstürme ansprechen. Stellen Sie Ihrem Gesprächspartner Fragen wie: „Haben Sie schon einmal einen Tornado erlebt?" oder „Was ist der verrückteste Sturm, den Sie je erlebt haben?" Diese Themen werden zu einer Menge spannender Gespräche beitragen.

Familie

Die Familie ist ein unglaublich wichtiges Thema und kann ein großartiger Gesprächseinstieg sein. Sie könnten mit der Frage beginnen, wie viele Geschwister Ihr Gesprächspartner hat, was seine Eltern beruflich machen, oder sich an die lustigsten Momente in Ihrem Leben mit Ihren Familienmitgliedern erinnern. Das bietet Ihnen eine hervorragende Gelegenheit, um über Familientraditionen oder Geschichten zu sprechen, die über Generationen hinweg weitergegeben wurden. „Erinnern Sie sich an Ihre Kindheit?" oder „Gibt es in Ihrer Familie Lieblingsrezepte?"

Sie könnten über vergangene Familienurlaube und die verrücktesten Dinge, während dieser Reisen plaudern und sie bitten, lustige Geschichten über diese Erlebnisse zu erzählen. Sprechen Sie über die Traditionen der einzelnen Familienmitglieder. So erfahren Sie mehr über deren persönliche Geschichte und können eine engere Bindung zu ihnen aufbauen.

Wenn Sie über bevorstehende Feiertage oder andere besondere Anlässe wie Geburtstage und Jahrestage sprechen, können Sie die anderen Menschen im Gespräch zusammenbringen. Stellen Sie ihnen Fragen wie: „Was war Ihr Lieblingsurlaub?" oder „Wie feiern Sie normalerweise besondere Anlässe mit Ihrer Familie?" Das Thema Familie hilft oft hervorragend dabei, das Eis zu brechen. Fragen Sie sie nach den amüsantesten Dingen, die die Eltern der Person unternommen haben, als sie noch Kinder waren, oder vergleichen Sie verschiedene Erziehungsstile miteinander. Wer weiß? Vielleicht bekommen Sie sogar ein paar neue Ideen, die Sie mit Ihrer eigenen Familie teilen können.

Arbeit

Die Arbeit kann ein großartiger Gesprächsanlass sein, vor allem, wenn Sie über berufliche Ziele sprechen. Stellen Sie Fragen wie „An welchem Projekt arbeiten Sie gerade?" oder „Was sehen Sie für Ihre berufliche Zukunft?" Die Arbeit wird Ihnen dabei helfen, das Gespräch in Gang zu bringen und Ihnen die Möglichkeit geben, mehr über die Ambitionen und Ziele des anderen zu erfahren.

So haben Sie die Möglichkeit, Ratschläge oder Unterstützung anzubieten, die ihnen helfen könnten, ihre Ziele zu erreichen. Ein weiteres wichtiges Thema ist die Vereinbarkeit von Beruf und Privatleben. Dies ist für die meisten Menschen ein wichtiges Thema. Wenn Sie also darüber sprechen, wie Sie Ihr Arbeitspensum bewältigen und dabei noch Zeit für sich selbst und Ihre Lieben finden, kann das ein Anliegen sein, das Sie mit Ihrem Gesprächspartner verbindet. Wer weiß, vielleicht können Sie ja etwas voneinander lernen, um das Beste aus Ihrem Leben zu machen.

Klatsch und Tratsch über Prominente

Klatsch und Tratsch über Prominente ist immer ein unterhaltsames Thema. Es macht Spaß, sich über die neuesten Veröffentlichungen und Trends zu informieren, an denen Prominente beteiligt sind. Wenn Sie über Neuerscheinungen sprechen, könnten Sie zum Beispiel damit beginnen, welche Filme in letzter Zeit herausgekommen sind oder welche Songs die Charts anführen. Stellen Sie Fragen wie: „Wie hat dir der letzte Kinofilm, den du gesehen hast, gefallen?" oder „Hast du einen Lieblingssong von diesem Album?" Es ist toll, durch derartige Fragen den Geschmack des anderen kennenzulernen.

Auch Preisverleihungen geben Ihnen einen unterhaltsamen Gesprächsansatz. Fragen Sie Dinge wie: „Wer hätte Ihrer Meinung nach bei der Show einen Preis gewinnen sollen?" „Was waren einige der denkwürdigsten Momente?" „Was haben Sie von den Darbietungen gehalten?"

Sprechen Sie über die Modetrends und über die Outfits, die die Prominenten gerade tragen. Diskutieren Sie, was in Sachen Streetwear oder auf dem roten Teppich gerade angesagt ist. Stellen Sie Fragen wie „Wer hatte Ihrer Meinung nach das beste Outfit bei der Show?" und „Was war Ihr Lieblingslook aus der Kollektion dieser Saison?"

Technologie

Die neueste Technologie bietet Ihnen ein großartiges Gesprächsthema, denn diese entwickelt sich ständig weiter und bietet Ihnen viele interessante Gesprächsanlässe. Sie können über die neuesten Gadgets, Software-Entwicklungen oder sogar über Ihre Lieblings-Apps sprechen.

Wenn Sie über Gadgets sprechen, fragen Sie die andere Person, welche Hardware sie besitzt. „Welche Erfahrungen haben Sie mit diesem Gerät gemacht?" „Was sind Ihrer Meinung nach die wichtigsten Stärken und Schwächen?" Sie können lebhafte Debatten darüber führen, welche

Geräte die besten sind oder warum man beim Kauf eines neuen Geräts auf bestimmte Funktionen achten sollte.

Wenn Sie über Software und Apps sprechen, können Sie Ihre Gesprächspartner dazu bringen, ihre Meinung zu bestimmten Programmen oder Diensten zu äußern. Vielleicht gibt es eine App, die Sie beide regelmäßig nutzen, oder eine, die Ihnen kürzlich ins Auge gefallen ist. Vergleichen Sie die Funktionen der einzelnen Programme und diskutieren Sie, welches Programm für bestimmte Aufgaben besser geeignet ist.

Die sozialen Medien bieten Ihnen ein weiteres großartiges Thema, wenn Sie sich gerne über Technologie unterhalten. Welche Plattformen nutzen Sie? Wie aktiv sind Sie auf ihnen? Haben diese Apps die Art und Weise, wie Menschen miteinander interagieren, verändert oder ihr tägliches Leben beeinflusst? Es ist interessant, die verschiedenen Sichtweisen der Menschen zu hören und neue Möglichkeiten zur Nutzung vertrauter Apps kennenzulernen.

Hobbys

Das Thema Hobbys bietet Ihnen einen hervorragenden Gesprächseinstieg und hilft Ihnen dabei, eine andere Person besser kennenzulernen. Fragen Sie sie, was sie in ihrer Freizeit gerne tun, also zum Beispiel lesen, schreiben, Sport treiben oder wandern. Sie können sogar konkrete Fragen zu den Aktivitäten stellen, die sie am meisten interessieren. Zum Beispiel: „Welche Art von Literatur lesen Sie am liebsten?" und „Machen Sie gerne Sport?"

Sprechen Sie über gemeinsame Hobbys. Wenn Sie über diese Themen sprechen, fühlen Sie sich sofort durch gemeinsame Interessen und Erfahrungen verbunden. Fragen Sie sie: „Was ist das Beste an Ihrem (Hobby)?" oder „Wie lange machen Sie das schon?" Sprechen Sie anschließend über Ihre Hobbys, damit Sie Geschichten und Erfahrungen austauschen können.

Heimatstadt

Ein Gespräch über die Heimatstadt wird immer dann interessant, wenn Sie mehr über die Wurzeln und die Kultur des anderen erfahren. Stellen Sie ihm Fragen wie: „Was vermissen Sie am meisten an Ihrer Heimatstadt?" oder „Was sind einige der Sehenswürdigkeiten, die man besuchen sollte, wenn man jemals dorthin kommt?" Sie werden ihre Herkunft verstehen und was sie einzigartig macht.

Unterhalten Sie sich über die Veränderungen, die ihre Heimatstadt im Laufe der Jahre erfahren hat, wie sie sich entwickelt hat und wie sie ihr Leben verändert hat. Wenn Sie über verschiedene Erlebnisse und Erfahrungen sprechen, fühlen sich beide Seiten dadurch oft verbunden. Es gibt Ihnen Ideen für Orte, die Sie auf Ihren Reisen besuchen können. Die lokale Küche ist ein großartiges Thema, wenn Sie über Ihre Heimatstadt sprechen - was sind ihre Lieblingsgerichte und -restaurants? Sie können Ihren Gesprächspartner fragen, ob es Geheimtipps gibt, die Sie sich ansehen sollten.

Jeder Mensch hat eine einzigartige Geschichte, und es ist Ihre Aufgabe, der anderen Person zuzuhören und sich einzubringen. Je mehr Sie über die Heimatstadt einer Person wissen, desto mehr können Sie eine emotionale Verbindung zu der Person aufbauen. Scheuen Sie sich also nicht davor, Fragen zu stellen - werden Sie neugierig und erkunden Sie die Stadt.

Gesundheit

Die Gesundheit ist ein wichtiges Gesprächsthema, wenn Sie sich mit anderen Menschen unterhalten. Sie können über Ernährung und Diät, sich über das geistige Wohlbefinden austauschen oder über verschiedene Aktivitäten sprechen. Unterhalten Sie sich darüber, welche Lebensmittel am besten für Ihren Körper sind, wie Sie gesund bleiben und Ihr geistiges Wohlbefinden aufrechterhalten können, und lernen Sie verschiedene Übungen kennen, die anderen Menschen dabei helfen, fit und gesund zu bleiben.

Stellen Sie Fragen wie „Welches Fitnessprogramm machen Sie?" oder „Haben Sie Tipps für einen gesünderen Lebensstil?" Diese Fragen helfen Ihnen dabei, einen tieferen Einblick in die Gesundheitsgewohnheiten der Person zu bekommen und könnten Ihnen hilfreiche Tipps dazu geben, wie Sie gesund bleiben können. Sprechen Sie über die Wichtigkeit der geistigen Gesundheit und darüber, wie man sie am besten erhalten kann. Fragen Sie zum Beispiel: „Was hilft Ihnen dabei, positiv zu bleiben?" oder „Was tun Sie, wenn Sie sich überfordert fühlen?" Dies fördert einen positiven Dialog zum Thema psychische Gesundheit und schafft einen sicheren Raum, in dem beide Parteien ihre Gedanken offen äußern können.

Im Gespräch geht es um die gemeinsame Verbindung. Unabhängig davon, welche Themen Sie mit jemandem besprechen möchten, ist es wichtig, stets offen und respektvoll zu sein. Sie wollen die andere Person schließlich besser kennenlernen. Seien Sie also aufgeschlossen und hören Sie aktiv zu - versuchen Sie, sich nicht zu sehr auf ein Thema zu konzentrieren.

Und schließlich sollten Sie auch daran denken, dass ein Gespräch immer in beide Richtungen ausgeglichen sein sollte. Nachdem Sie der anderen Person Fragen zu ihren Hobbys, der Heimatstadt oder der Gesundheit gestellt haben, müssen Sie auch Ihre eigenen Erfahrungen in das Gespräch einbringen. So entsteht ein ausgewogener Dialog, der einen sinnvollen Austausch zwischen beiden Parteien fördert.

Kapitel 5: Vermeiden: Die schlimmsten Small Talk-Themen

Jeder Mensch hat eine grobe Vorstellung davon, wie man Small Talk macht und welche Themen man am besten anspricht, um das Eis zu brechen und ein Gespräch zu beginnen. Das ist eine dieser sozialen Regeln, die man seit seiner Kindheit verinnerlicht hat. Aber was passiert, wenn das Gespräch ein wenig zu persönlich wird? Viele Themen sind für eine leichte Konversation mit einem Fremden unangemessen. Wenn Sie sich versehentlich in einen dieser unangenehmen Themenbereiche begeben, ist es am besten, das Gespräch schnell in eine andere Richtung zu lenken.

Bei jeder Unterhaltung ist es wichtig zu wissen, worüber man nicht sprechen sollte.[7]

Worüber man nicht reden sollte

Sie sollten einschätzen können, was als angemessener Gesprächsstoff gilt, aber wenn Sie mit jemandem sprechen, den Sie nicht kennen, kann das eine Herausforderung sein. Am besten sollten Sie keine Themen ansprechen, die zu persönlich, kontrovers oder sensibel sind, um unangenehme Gespräche zu vermeiden. Dieses Kapitel befasst sich mit den schlimmsten Small Talk-Themen und gibt Ihnen Tipps dazu, wie Sie sie vermeiden können.

Politik

Eines der berüchtigtsten Small Talk-Themen, die man vermeiden sollte, ist das Thema Politik. Vielen Menschen fällt es schwer, politische Themen höflich und respektvoll anzusprechen, vor allem dann, wenn Sie mit jemandem sprechen, der Ihre Ansichten vielleicht nicht teilt. Politische Gespräche können schnell hitzig werden und sollten daher besser nicht Teil des Small Talks sein. Konzentrieren Sie sich stattdessen auf Themen, die Menschen zusammenbringen, wie z.B. gemeinsame Hobbys, Musikvorlieben oder Reiseerfahrungen. So schaffen Sie eine positivere Gesprächsatmosphäre und es fällt Ihnen leichter, die andere Person kennenzulernen. Unabhängig vom Gesprächsthema ist es wichtig, stets achtsam und höflich zu sein, wenn Sie sich mit einem Fremden unterhalten. Wenn Sie aufmerksam zuhören und gut überlegte Fragen stellen, zeigt das, dass Sie wirklich an Ihrem Gesprächspartner interessiert sind. Ein respektvoller Dialog kann dazu beitragen, dass politische Themen nicht in einen Streit ausarten und dass Sie sich auf einer respektvolleren Ebene begegnen können.

Religion

Religion ist ein weiteres Gesprächsthema, das schnell unangenehm werden kann. Verschiedene Kulturen und Religionen haben in der Regel unterschiedliche Glaubensvorstellungen, so dass es für Small Talk ungeeignet ist, die Unterschiede im Detail zu erörtern. Wenn Sie zum Beispiel mit einem Fremden über Religion sprechen, sollten Sie sich auf die Gemeinsamkeiten der verschiedenen Glaubensrichtungen konzentrieren, anstatt die Unterschiede zu diskutieren. Es ist dabei wichtig, dass Sie kontroverse Themen im Zusammenhang mit der Religion, wie Politik oder Moral, nicht ansprechen. Selbst wenn Sie eine ausgeprägte Meinung zu diesen Themen haben, ist es unangebracht, sie beim Small Talk zu äußern. Konzentrieren Sie sich stattdessen darauf, die

Überzeugungen Ihres Gesprächspartners zu unterstützen und gezielte Fragen zu stellen, ohne ihn zu verurteilen. So schaffen Sie eine respektvolle und angenehme Atmosphäre für das Gespräch.

Obwohl es am besten ist, beim Small Talk nicht über Religion zu sprechen, kann das manchmal schwierig sein. Wenn Sie bemerken, dass das Gespräch auf religiöse Themen abschweift, ist es wichtig, sensibel und achtsam mit dem Glauben Ihres Gegenübers umzugehen. Erkennen Sie den Glauben Ihres Gesprächspartners respektvoll an, aber versuchen Sie, das Gespräch wieder auf angemessenere Themen zu lenken. Auf diese Weise können beide Parteien einen angenehmen und respektvollen Dialog führen, ohne sich unwohl zu fühlen oder von Ihrem Gegenüber verurteilt zu werden.

Geld und Schulden

Geld ist ein Thema, das beim Small Talk vermieden werden sollte. Das Thema persönliche Finanzen kann selbst bei der selbstbewusstesten Person Sorgen oder Scham hervorrufen. Außerdem kann das Thema Geld geschmacklos wirken und Ihrem Gegenüber Unbehagen bereiten. Am besten ist es, wenn Sie beim Small Talk gänzlich auf das Thema Geld verzichten. Wenn Ihr Gesprächspartner das Thema anspricht, sollten Sie das Gespräch stattdessen auf allgemeine Themen wie Wirtschaftstrends oder aktuelle Ereignisse lenken, anstatt sich in persönliche Angelegenheiten zu vertiefen. Sie können über die Inflation und den Arbeitsmarkt sprechen, ohne dabei zu persönlich zu werden. Auf diese Weise halten Sie sich von den heiklen Aspekten des Themas Geld fern und haben trotzdem ein angenehmes, interessantes Gespräch.

Ebenso ist es unhöflich, die andere Person zu fragen, womit sie sich ihren Lebensunterhalt verdient, es sei denn, es ist klar, dass sie damit einverstanden ist, über ihren Job zu sprechen. Vermeiden Sie Themen wie Gehalt oder Gespräche darüber, wie viel Dinge kosten. Vermeiden Sie es auch, über Investitionen und Steuerpläne zu sprechen, da dies sehr heikle Themen sein können. Konzentrieren Sie sich stattdessen auf die positiven Aspekte der Arbeit und vermeiden Sie alles, was zu persönlich ist.

Vielleicht sind Sie versucht, über Aktien oder andere Investitionen zu sprechen, die sich für Sie bewährt haben. Dies kann jedoch dazu führen, dass sich die andere Person nicht gut genug oder ausgeschlossen fühlt. Am besten ist es, sich auf weitgefächerte Themen zu konzentrieren, die nicht zu persönlich oder aufdringlich wirken.

Denken Sie daran, dass Geld nicht als Barometer für den Wert einer Person verwendet werden sollte. Vermeiden Sie es, Vermutungen oder Urteile über den finanziellen Status einer Person anzustellen. Menschen aller Einkommensstufen können interessante und anregende Gesprächspartner sein, also konzentrieren Sie sich darauf, Gemeinsamkeiten bei anderen Themen zu finden. Vermeiden Sie geldbezogene Diskussionen, damit sich jeder wohl fühlt und erfolgreich mit in das Gespräch einbezogen wird.

Sex

Ein weiteres Thema, das Sie beim Small Talk vermeiden sollten, ist Sex. Sex ist ein heikles Thema, das am besten dann besprochen wird, wenn sich beide Parteien sehr gut kennen. Und selbst dann sollte es mit Vorsicht und Respekt behandelt werden. Das Letzte, was Sie wollen, ist, dass sich jemand unwohl fühlt, beschämt oder verurteilt wird.

Sexuelle Annäherungsversuche oder Witze sind beim Small Talk nicht angebracht. Denken Sie daran, dass einige Kulturen und Religionen konservativere Ansichten über Sex haben. Es ist also wichtig, dass Sie sich stets des Kontextes bewusst sind und es vermeiden, dieses Thema unbedacht zu erwähnen.

Wenn Sie sich mit einem Fremden unterhalten, konzentrieren Sie sich am besten auf leichte Themen und vermeiden Sie es, über alles zu sprechen, was mit Sex zu tun hat, einschließlich sexueller Orientierung, sexueller Vorlieben, sexueller Erfahrungen, Beziehungen und allem anderen, was als beleidigend oder unangemessen aufgefasst werden könnte. Wenn Ihr Gegenüber das Thema im Gespräch als Erster anspricht, sollten Sie abwägen, in wie weit Sie auf dieses Thema eingehen wollen, bevor Sie nach einem anderen Gesprächsthema suchen können.

Gute Manieren und gesunder Menschenverstand werden Ihre Gespräche in diesen Situationen am besten leiten. Wenn Sie auf Ihre Worte achten und aufmerksam zuhören, können Sie sicherstellen, dass Ihre Gespräche locker, freundlich und angenehm bleiben.

Beziehungsfragen

Was den Small Talk betrifft, so sollten Beziehungsthemen definitiv vermieden werden. Wenn Sie Details über Ihre Beziehung oder die einer anderen Person erzählen, riskieren Sie es in den meisten Fällen, ein unangenehmes Gespräch zu beginnen. Zu den Beziehungsthemen gehören Trennungen, Familienangelegenheiten oder andere heikle Themen, bei denen sich die Person unwohl fühlen könnte. Lästern Sie niemals über Ihren Partner, da dies als respektlos angesehen werden kann, besonders wenn Sie die Person gerade erst kennengelernt haben. Es ist unangebracht, im Small Talk über Ihre Beziehungsprobleme oder die eines anderen zu sprechen.

Vermeiden Sie diese Themen am besten ganz. Konzentrieren Sie sich stattdessen auf eher heitere Themen. Es ist immer höflich, offene Fragen zu stellen, die die Person dazu auffordern, positive Geschichten oder Erfahrungen zu erzählen, anstatt sich in potenziell schwierige Themen zu vertiefen. Denken Sie daran, dass ein Lächeln und ein freundliches Auftreten im Gespräch immer *willkommen sind.*

Schmutzige Witze

Auch wenn schmutzige Witze für manche lustig oder unterhaltsam sind, denken Sie daran: *Nicht jeder findet sie angemessen.* Es ist am besten, wenn Sie sich beim Small Talk von Witzen fernhalten, die beleidigend oder unhöflich wirken könnten. Das heißt nicht, dass Humor im Small Talk nicht willkommen ist, aber er sollte möglichst respektvoll und geschmackvoll sein. Schmutzige Witze können jeden zum Lachen bringen, aber es ist besser, sie für Freunde und Familie aufzusparen, für Situationen von denen Sie wissen, dass sie gut ankommen.

Heben Sie sich die schmutzigen Witze für einen angemesseneren Rahmen auf, um ein erfolgreiches und angenehmes Gespräch zu führen. Nicht jeder hat den gleichen Sinn für Humor. Achten Sie also darauf, welche Witze Sie erzählen. Beim Small Talk sollte es darum gehen, Gemeinsamkeiten zu finden. Halten Sie sich also an Themen, mit denen Sie und Ihr Gesprächspartner etwas anfangen können.

Insiderwitze

Insiderwitze sind großartig, um Freunde und Familienmitglieder zum Lachen zu bringen, aber sie sollten nicht in Gesprächen mit Fremden verwendet werden. Dabei entstehen nicht nur deswegen Probleme, weil die Leute sie nicht verstehen, sie können sich außerdem auch ausgeschlossen fühlen. Insiderwitze sind nicht für Small Talk geeignet. Derartige Witze, die nur für diejenigen einen Sinn ergeben, die die Situation aus erster Hand erfahren haben, können auf diejenigen, die nicht dazugehören, abschreckend wirken. Wenn Sie zum Beispiel von einem lustigen Vorfall erzählen, der Ihnen und Ihren Freunden passiert ist, wird Ihr Gegenüber den Witz nicht verstehen und keine Ahnung haben, wovon Sie sprechen. Er könnte sich dadurch unbehaglich oder sogar beleidigt fühlen.

Das Gleiche gilt für Anspielungen auf Filme, Fernsehsendungen und andere populäre Kulturen. Nicht jeder wird die gleichen Filme wie Sie gesehen haben oder die gleichen Fernsehsendungen gesehen haben, so dass diese Anspielungen für Fremde in der Regel nicht zu verstehen sind. Auch Slang und kulturelle Anspielungen können für manche Menschen mit unterschiedlichem Hintergrund oder aus anderen Ländern schwer zu entziffern sein. Konzentrieren Sie sich auf Themen, mit denen jeder etwas anfangen kann, wie Popkultur, aktuelle Ereignisse und Sport.

Physische Erscheinung

Im Allgemeinen ist es am besten, beim Small Talk Themen zu vermeiden, die sich auf das äußere Erscheinungsbild anderer Personen beziehen. Vermeiden Sie Kommentare über die Kleidung, die Haare, das Make-up oder die Figur Ihres Gegenübers. Diese Themen könnten als unhöflich und aufdringlich angesehen werden, und es kann sogar passieren, dass Sie die Gefühle der anderen Person tief verletzen.

Wenn Sie jemandem ein Kompliment über sein Äußeres machen, riskieren Sie es, die Person sehr schnell in Verlegenheit zu bringen. Auch wenn der Kommentar als freundliche Bemerkung gedacht ist, kann sich Ihr Gegenüber dabei unwohl fühlen. Konzentrieren Sie sich stattdessen auf Aspekte ihrer Persönlichkeit oder Interessen, um ihre Wertschätzung zu zeigen und der anderen Person ein gutes Gefühl zu geben.

Dabei ist es genauso wichtig, sich darüber im Klaren zu sein, wie Ihr Aussehen interpretiert werden könnte. Wenn Sie zum Beispiel besonders gut gekleidet sind oder viel Make-up tragen, könnte das als überheblich oder übertrieben interpretiert werden. Wenn Sie für die jeweilige Situation zu leger gekleidet sind, könnte dies als respektlos aufgefasst werden. Kleiden und pflegen Sie sich daher immer so, dass sich alle wohlfühlen.

Wenn Sie anderen gegenüber Respekt zeigen und wissen, wie Ihr Auftreten interpretiert werden könnte, können Sie das Gespräch leicht in eine angemessenere Richtung lenken. Letztlich geht es darum, ein angenehmes, einladendes und auf Gegenseitigkeit bedachtes Umfeld für alle Parteien zu schaffen.

Vergangene Beziehungen

Wenn Sie sich mit jemandem unterhalten, sollten Sie es vermeiden, über Ex-Partner oder frühere Beziehungen zu sprechen. Wenn Sie über Scheidungen, Trennungen und komplizierte frühere Beziehungen sprechen, führt das in der Regel zu einem unangenehmen Gespräch und führt wahrscheinlich dazu, dass sich die andere Person unwohl fühlt, besonders wenn Sie sie nicht gut kennen.

Es ist unangebracht, über häusliche Gewalt oder andere emotionale Traumata zu sprechen, die Sie oder die andere Person erlebt haben. Schmerzhafte Erinnerungen können schnell und unerwünscht wieder auftauchen. Konzentrieren Sie sich stattdessen darauf, die andere Person kennenzulernen und verzichten Sie auf Gesprächsthemen, die ihr Unbehagen bereiten könnten. Respektieren Sie die Privatsphäre Ihres Gesprächspartners und wählen Sie die Themen, über die Sie sprechen, mit Bedacht. Sollte das Thema aufkommen, denken Sie daran, sensibel und freundlich zu sein. Eine leichte und angenehme Unterhaltung ist die beste Möglichkeit, um Small Talk zu einer positiven Erfahrung für beide Seiten zu machen.

Einige Themen sollten Sie besser für tiefere und bedeutungsvollere Gespräche mit engen Freunden oder der Familie aufheben. Denken Sie daran, dass Small Talk unbeschwert und freundlich wirken sollte. Vermeiden Sie also am besten ernste Themen, die zu einer unangenehmen Unterhaltung führen könnten. Der Verzicht auf diese Themen wird dazu beitragen, dass Ihre Interaktionen für alle Beteiligten angenehmer sind.

Kinder

Kinder sind im Leben vieler Menschen eine große Quelle der Freude, aber in Small Talk-Gesprächen über sie zu sprechen, ist nicht immer die beste Idee. Es fühlt sich unangenehm an, jemanden zu fragen, wie viele Kinder er hat oder ob er plant, noch mehr Kinder zu bekommen. Sie kennen die familiäre Situation der Person nicht, also vermeiden Sie am besten potenziell heikle Themen.

Konzentrieren Sie sich stattdessen auf Themen, die sich auf Kinder beziehen, ohne dabei zu direkt zu sein. Eine gute Möglichkeit, um über Kinder zu sprechen, ohne dabei zu persönlich zu werden, besteht darin, die Person nach Erziehungsstrategien wie Disziplin oder Ernährung zu fragen. Sie können auch nach den schönsten Kindheitserinnerungen der Person fragen. So entsteht ein interessantes und unterhaltsames Gespräch, bei dem Sie die Person besser kennenlernen können.

Wenn Sie über Ihre Kinder sprechen, kann dies dazu führen, dass sich Ihr Gesprächspartner ausgeschlossen fühlt oder nicht an dem Gespräch teilnimmt. Sprechen Sie stattdessen über Themen, die Kinder im weiteren Sinne betreffen. Sprechen Sie zum Beispiel über aktuelle Ereignisse, die

Kinder betreffen, oder über die neuesten Bildungstrends.

Gesundheitsthemen

Gespräche über Tod, Krankheiten oder traumatische Verluste sollten nicht auf die leichte Schulter genommen werden. Es kann schwierig sein, über solche Themen zu sprechen, da sie oft schwierige und schmerzhafte Gefühle hervorrufen. Selbst wenn Sie die Person recht gut kennen, ist es unangebracht, diese Themen anzusprechen. Es ist zwar möglich, einfühlsam über Tod oder Trauer zu sprechen, aber diese Gespräche sollten im Allgemeinen denjenigen vorbehalten sein, die Ihnen besonders nahestehen. Wenn Sie sich mit einem Fremden unterhalten, ist es am besten, dieses Gesprächsthema ganz zu vermeiden.

Denken Sie daran, dass viele Menschen mit psychischen Problemen zu kämpfen haben und dass ein Gespräch darüber mit jemandem, den Sie nicht sehr gut kennen, auslösend sein kann. Wenn das Thema psychische Gesundheit oder Krankheit zur Sprache kommt, gehen Sie am besten behutsam vor und nehmen Sie Rücksicht auf die Gefühle Ihres Gesprächspartners.

Dies kann bei Gesprächen über Gesundheit im Allgemeinen schwierig sein, da die meisten Menschen nicht zu viel über ihre medizinischen Probleme preisgeben möchten. Am besten fragen Sie die Person, ob sie mit dem Thema einverstanden ist, bevor Sie es weiter vertiefen. Die Gesundheit eines jeden Menschen ist eine sehr vertrauliche Angelegenheit und Gespräche darüber können dazu führen, dass sich die andere Person unbehaglich oder bloßgestellt fühlt, vor allem wenn sie mit ernsteren gesundheitlichen Problemen zu kämpfen hat.

Kontroverse soziale Themen

Viele kontroverse Themen, wie z.B. Abtreibung oder Waffenkontrolle, können in Gesprächen mit anderen eine Herausforderung sein. Diese Gespräche können sehr schnell hitzig werden, daher ist es am besten, sie beim Small Talk ganz zu vermeiden. Sie sollten verstehen, dass jeder Mensch seine eigenen Überzeugungen und Meinungen hat, so dass eine Diskussion darüber nicht immer zu einem angenehmen Gespräch beiträgt. Selbst wenn Ihr Gegenüber Ihnen zustimmt, könnte er sich gleichzeitig angegriffen oder unwohl fühlen, wenn die Diskussion aggressiv wird.

Viele Menschen ziehen es vor, ihren Standpunkt zu LGBTQ+-Rechten, Abtreibung, Religion, Wahlfragen und rassistischen Themen nicht in der Öffentlichkeit oder unter Fremden zu vertreten. Sie fürchten

Urteile und Kritik durch andere oder fühlen sich nicht wohl genug, um sich an diesen Diskussionen zu beteiligen.

Manche Menschen sind offener und sprechen lieber über sensible Themen als andere. Wenn die Person also bereit ist, sich auf eine respektvolle Debatte über eines dieser Themen einzulassen, können Sie das Gespräch fortsetzen; es ist jedoch besser, das Thema zu wechseln, wenn Sie Spannung wahrnehmen. Es wird empfohlen, kontroverse gesellschaftliche Themen nicht beim Small Talk anzusprechen, um etwaiges Unbehagen oder daraus resultierende Unannehmlichkeiten zu vermeiden.

Klatsch, Tratsch und Gerüchte

Klatsch und die Verbreitung von Gerüchten können den Ruf einer Person schädigen und sollten beim Small Talk vermieden werden. Klatsch und Tratsch mögen zwar harmlos wirken, können aber schnell als bösartig wahrgenommen werden. Und das Letzte, was Sie tun möchten, ist, die Gefühle oder den Ruf von jemand anderem durch unbedachte Worte zu verletzen. Konzentrieren Sie sich stattdessen lieber auf leichtere Themen wie aktuelle Ereignisse, Filme, Bücher und Musik.

Berühmtheiten-Klatsch

Klatsch und Tratsch über Prominente ist eines der häufigsten Themen, die beim Small Talk zur Sprache kommen können. Aber in Gesprächen mit Fremden sollten Sie Klatsch und Tratsch über Prominente vermeiden. Klatsch und Tratsch über Prominente können oft zu kontroversen und unerwünschten Diskussionen ausarten. Oft haben Menschen, die sich nicht kennen, völlig unterschiedliche Meinungen über ein und denselben Prominenten oder dieselbe Situation, was zu einer hitzigen und hässlichen Auseinandersetzung führen kann.

Nehmen wir zum Beispiel an, Sie sprechen mit jemandem, der ein großer Fan des Fußballers Ronaldo ist, und Sie erwähnen eine aktuelle Kontroverse um ihn. In diesem Fall könnte sich Ihr Small Talk schnell in einen Streit verwandeln.

Einige Prominente sind unter den Mitgliedern der Generation Z sehr berühmt und den älteren Generationen vielleicht weniger gut bekannt, so dass Klatsch und Tratsch über sie zu Verwirrung und Missverständnissen führen könnten.

Außerdem gibt es möglicherweise unterschiedliche kulturelle Hintergründe und Meinungen, die nicht berücksichtigt werden können, wenn Sie mit jemandem, den Sie nicht kennen, über Klatsch und Tratsch über Prominente sprechen. Prominente sind auch Menschen, und wenn Sie sich negativ über sie äußern, kann das als respektlos angesehen werden.

Daher gehören Gerüchte zu den Themen, die Sie beim Small Talk am besten vermeiden. Beim Gespräch über bestimmte Themen hat jeder Mensch andere Grenzen und ein anderes Wohlbefinden, also sollten Sie Ihr Gespräch entsprechend anpassen. Ein wenig Höflichkeit kann viel dazu beitragen, dass die Gespräche für alle Beteiligten unbeschwert und angenehm bleiben. Mit der richtigen Einstellung können Sie Small Talk zu einer angenehmen Erfahrung für beide Parteien machen.

Nonverbale Möglichkeiten, um unangenehme Unterhaltungen zu vermeiden

Manchmal ist es schwierig, das Gespräch von einem unangenehmen Thema abzulenken. Sie können jedoch ein paar nonverbale Kommunikationsstrategien wählen, um die Unannehmlichkeiten zu minimieren, ohne sie direkt anzusprechen.

Körperhaltung ändern

Wenn Ihnen ein Gespräch unangenehm ist, kann es hilfreich sein, wenn Sie sich subtil von der anderen Person abwenden. Bringen Sie Ihren Körper in einen anderen Winkel oder verschränken Sie die Arme. So schaffen Sie eine visuelle Barriere, ohne dass Sie etwas direkt sagen oder das Gespräch abbrechen müssen.

Ihr Gesichtsausdruck kann ein deutlicher Indikator dafür sein, dass Sie nicht daran interessiert sind, wie das Gespräch weitergeht. Machen Sie ein subtiles, neutrales Gesicht und vermeiden Sie es, mit Emotionen oder Meinungen zu antworten.

Achten Sie auch auf Anzeichen dafür, dass sich die andere Person unwohl fühlt. Das könnte sich zum Beispiel dadurch zeigen, dass die Person die Arme verschränkt und sich von Ihnen wegdreht. In diesem Fall ist das ein Zeichen dafür, dass die Person kein Interesse mehr an dem Gespräch hat. Achten Sie auf die Körpersprache und passen Sie sich entsprechend an.

Ergreifen Sie die Initiative, um das Gespräch in eine andere Richtung zu lenken, wenn Sie sich unwohl fühlen. Stellen Sie der Person Fragen, die das Gespräch auf positivere Themen zurücklenken. Sie können dadurch eine Atmosphäre des Wohlbefindens und der Offenheit schaffen, um eine Beziehung zu Ihrem Gesprächspartner aufzubauen.

Tonfall

Der Ton Ihrer Stimme ist wichtig, um unangenehme Gespräche zu vermeiden. Sprechen Sie beruhigend und angenehm, um eine entspannte Atmosphäre zu schaffen. Vermeiden Sie laute oder aggressive Töne, denn diese können das Gespräch unangenehm machen und die Leute davon ablenken, das Gespräch fortzusetzen. Sprechen Sie mit moderater Lautstärke und denken Sie daran, beim Sprechen zu lächeln, denn ein Lächeln kann sich immer sehr positiv auswirken. Seien Sie stets höflich und respektvoll, wenn Sie sich mit jemandem unterhalten, auch wenn Sie ihn nicht besonders gut kennen oder mit seinen Ansichten nicht einverstanden sind. Höflichkeit trägt dazu bei, dass das Gespräch angenehm bleibt und es weniger wahrscheinlich zu Schwierigkeiten kommt.

Bereiten Sie Ihre Antworten in Gedanken vor

Wenn sich jemand auf ein Thema einlässt, das Ihnen unangenehm ist, kann es hilfreich sein, wenn Sie ein paar Antworten parat haben, die höflich, aber auch effektiv sind. Anstatt offen mit: „Darüber möchte ich nicht sprechen" zu antworten, könnten Sie sagen: „Darüber möchte ich jetzt lieber nicht sprechen. Darf ich Sie etwas anderes fragen?". Die Bitte, über etwas anderes zu sprechen, ermöglicht es Ihnen, interessantere Gesprächsthemen anzuschlagen.

Es kann zwar schwierig sein, auf Anhieb die perfekte Erwiderung zu finden, aber wenn Sie ein paar Standardantworten üben, sind Sie besser darauf vorbereitet, das Gespräch zu unterbrechen und es auf ein Thema umzulenken, das für Sie besser funktioniert.

Zusammenfassend lässt sich sagen, dass der Schlüssel zum Erfolg im gesellschaftlichen Leben darin besteht, sich mit dem Thema Small Talk vertraut zu machen und unangenehme Gespräche zu vermeiden. Mit der richtigen Einstellung und ein wenig mentaler Vorbereitung können Sie Small Talk zu einer angenehmen und lohnenden Erfahrung machen. Denken Sie daran, dass jeder Mensch andere Grenzen für Themen hat, die er gerne mit anderen besprechen will, genau wie Sie selbst, also passen Sie Ihre Unterhaltung diesen Präferenzen entsprechend an. Etwas, das für Sie völlig uninteressant ist, kann zum Beispiel für jemand anderen eine Quelle großer Faszination sein. Bleiben Sie also stets achtsam, wenn Sie sich mit Fremden unterhalten.

Kapitel 6: Lernen Sie, mit wirklich jedem zu sprechen

Wenn Sie jemanden sehen, mit dem Sie gerne sprechen würden, sei es auf einer Party, einer Konferenz oder einfach unterwegs, bleiben Sie stehen und stellen Sie sich vor. Die Person könnte jemand sein, den Sie schon lange bewundern, ein potenzieller Kunde für Ihr Unternehmen oder jemand, den Sie attraktiv finden.

Sie haben vermutlich schon oft versucht, die perfekte Eröffnungsbemerkung für ein Gespräch zu formulieren. Doch bevor Sie das tun konnten, war die andere Person schon weitergegangen oder hat eine neue Diskussion begonnen und Sie haben die Gelegenheit verpasst.

Die Art und Weise, wie Sie ein Gespräch beginnen, gibt den Ton an.[8]

Sie können jederzeit und unter allen Umständen ein Gespräch mit jemandem beginnen. Der einzige Trick besteht dabei darin, dass Sie etwas sagen sollten, das die andere Person anspricht.

In Anbetracht dessen sollte klar sein, dass die meisten Beschwerden, politische Kommentare (es sei denn, Sie verstehen die politischen Ansichten des Zuhörers wirklich gut) und alles andere, was als beleidigend aufgefasst werden könnte, streng verboten sind.

Im Folgenden finden Sie einige Tipps dazu, wie Sie ein Gespräch mit jemandem beginnen können. Mithilfe dieser Tipps können Sie sofort ein Gespräch beginnen und Ihr Gegenüber kann schnell von einem Fremden zu einem engen Freund werden. Zumindest könnten Sie dann Ihre gegenseitigen Kontaktinformationen austauschen, und sich später mit der Person in Verbindung setzen.

Wie man ein Gespräch initiiert

Erste Schritte

Schaffen Sie zuerst den richtigen Rahmen. Wenn Sie beispielsweise an einer Geschäftskonferenz in einem großen Hotel teilgenommen und den Vormittag damit verbracht haben, einer Reihe von Präsentationen und Diskussionen am runden Tisch aufmerksam zuzuhören, hatten Sie vielleicht bisher noch keine Gelegenheit, die anderen Teilnehmer kennenzulernen.

Jetzt, da es Mittagszeit ist, haben Sie die Gelegenheit, Kontakte zu knüpfen. Diese Tipps gelten auch, wenn Sie noch nicht mit dem Networking begonnen haben.

Vermeiden Sie langweilige Themen

Vermeiden Sie langweilige Themen. Fragen Sie zum Beispiel: „Wie ist das Wetter?" oder „Wie steht es mit [Name der regionalen Sportmannschaft einfügen]?" Solange es sich nicht um Schlagzeilen handelt, können dies unwirksame, kitschige Anmachsprüche sein.

Da die Umstände immer einzigartig sind, müssen Sie in der Lage sein, einen einzigartigen Gesprächseinstieg zu finden.

Sammeln Sie Daten

Indem Sie einem Fremden eine Frage oder eine Reihe von Fragen stellen, leiten Sie effektiv ein Gespräch ein. Immer abhängig von der Situation könnten Sie nach dem Wetter, dem Mittagessen oder der gemeinsamen beruflichen Verantwortung fragen. Sie könnten fragen:

„Wissen Sie, ob der Präsident des Unternehmens bei der Eröffnungsveranstaltung sprechen wird?"

Während Sie die Antwort aufnehmen, überlegen Sie sich, welche Folgefragen oder Kommentare Sie anschließend stellen können, um das Gespräch in Gang zu halten.

Machen Sie dem Fremden ein Kompliment

Ein Kompliment für einen Fremden ist eine weitere gute Möglichkeit, um ein Gespräch zu beginnen. Denken Sie zum Beispiel an folgende Aussage: „Ihre Aktentasche gefällt mir."

Um das Gespräch fortzusetzen, können Sie dann Folgefragen stellen, z.B. wo die Aktentasche gekauft wurde und ob sie in anderen Farben erhältlich ist.

Bringen Sie ein gemeinsames Thema zur Sprache

Nutzen Sie Ihre Umgebung als Gesprächsanlass. Fragen Sie die Person, die bei einem Workshop oder einer Konferenz neben Ihnen sitzt, was sie von der Veranstaltung hält. Wenn Sie sich Mittagessen bestellen, teilen Sie der Person hinter Ihnen Ihr Lieblingsgericht mit.

Hier ist ein weiteres Beispiel: „Arbeiten Sie hier? Gestern habe ich Ihr Auto neben meinem geparkt gesehen."

Stellen Sie sich vor

Wenn Sie sich vorstellen, bietet Ihnen das eine einfache Möglichkeit, um ein Gespräch mit jemandem zu beginnen. Diese Methode ist besonders effektiv, wenn es keine anderen offensichtlichen Gesprächsanfänge gibt. Zum Beispiel: „Hallo, mein Name ist Andreas. Ich bin neu hier in der Gegend und wollte mich bei allen Mitarbeitern der Abteilung vorstellen."

Höchstwahrscheinlich wird die Person, der Sie sich vorstellen, Ihnen ihren Namen und Angaben zu ihrem Beruf mitteilen und so ein Gespräch anregen.

Stellen Sie umfassende Nachforschungen an

Sie können offene Fragen stellen, das ist eine weitere effektive Methode, um ein Gespräch mit jemandem zu beginnen. Diese Strategie ist am effektivsten, wenn Sie sich nach der Teilnahme der anderen Person nach einem gemeinsamen Ereignis erkundigen können.

Sagen Sie Dinge wie: „Ich habe noch nie an einem so spannenden Workshop teilgenommen. Wie steht es mit Ihnen?"

In der Regel kann die andere Person dann mit ihren Gedanken oder Anekdoten über frühere Konferenzen, an denen sie teilgenommen hat, antworten und Ihnen damit zusätzlichen Gesprächsstoff liefern.

Halten Sie sich über aktuelle Ereignisse auf dem Laufenden

Aktuelle Ereignisse sind ein hervorragender Gesprächsanlass. Wenn Sie und Ihr Gesprächspartner gegensätzliche Standpunkte vertreten, ist es besser, stattdessen auf nicht-politische Ereignisse zu verweisen. Erwähnen Sie ein nahegelegenes Festival, ein kürzlich veröffentlichtes Buch oder einen kürzlich erschienenen Film. Zum Beispiel: „Haben Sie gehört, dass in der Woche nach Thanksgiving in Amerika das sogenannte „Holiday Festival" beginnt? Ich schaue mir die Dekorationen immer gerne an."

Bieten Sie Hilfe an

Wenn Sie jemandem, der Hilfe braucht, Ihre Unterstützung anbieten, nutzen Sie dadurch eine effektive Möglichkeit, um ein Gespräch zu beginnen. Abhängig von der Situation könnten Sie zum Beispiel sagen: „Ich könnte Ihre Sachen für Sie aufbewahren, wenn das in Ordnung ist. Sind Sie ein neu hier?"

Erzählen Sie etwas Interessantes

Diese Strategie funktioniert am besten, wenn Sie sich in Ihrer gewohnten Umgebung oder in einer Ihnen bekannten Situation befinden. Diese Methode kann sehr effektiv sein, um ein Gespräch mit jemandem zu beginnen, solange sie richtig eingesetzt wird. Sie können zum Beispiel fragen: „Wussten Sie, dass es statistisch gesehen am sichersten ist, mit dem Aufzug zu fahren?"

Bitten Sie um Feedback

Sie könnten jemand völlig Fremden nach seiner Meinung zu fragen, um ein Gespräch anzuregen. Wenn Sie zum Beispiel auswärts essen gehen wollen oder im Büro nach Stiften suchen, ist das eine gute Strategie. Sie können diesen Ansatz zum Beispiel, mit dieser Strategie ausprobieren: „Welchen dieser Textmarker benutzen Sie am liebsten? Die violetten sind optisch ansprechend, aber ich benutze normalerweise gerne die Gelben."

Holen Sie sich Empfehlungen für ein Restaurant mit einem guten Mittagstisch

Sie können einen Fremden fragen, wo er gerne zu Mittag isst, um das Gespräch zu beginnen. Besonders bei kurzen Gesprächen wie etwa im Fahrstuhl, wenn Sie auf ein Taxi warten, oder öffentliche Verkehrsmittel benutzen, eignet sich dieser Ansatz hervorragend.

Sagen Sie zum Beispiel: „Wo ist Ihr Lieblingsrestaurant? Da ich normalerweise in einem Büro in der Innenstadt arbeite, kenne ich mich in dieser Gegend nicht so gut aus."

Der Fremde wird Ihnen daraufhin wahrscheinlich sein Lieblingsrestaurant empfehlen und Sie vielleicht zum Mittagessen einladen.

Sagen Sie etwas über ein aktuelles Video

Ein sogenanntes „virales" Video kann Ihnen als effektiver Gesprächseinstieg dienen. Viele Menschen verbringen ihre Freizeit damit, sich Videos anzusehen oder von Freunden oder Kollegen davon zu erfahren. Stellen Sie sicher, dass das Video, auf das Sie sich beziehen, für Ihren Arbeitsplatz geeignet ist, wenn Sie diese Strategie anwenden. Sie könnten zum Beispiel fragen: „Haben Sie das Video mit dem Baby gesehen, das in einer Joghurtschale schläft?"

Daraus könnte sich ein Gespräch über andere interessante Videos oder die Popkulturphänomene entwickeln.

Machen Sie es sich nicht zu kompliziert

Gelegentlich ist es am effektivsten, ein Gespräch zu beginnen, indem Sie direkt und ehrlich sagen, was Sie wollen oder brauchen. Wenn Sie sich zum Beispiel verlaufen haben, fragen Sie einfach nach dem richtigen Weg.

Fragen Sie einfach freundlich, ob jemand mit Ihnen zu Mittag essen möchte. Eröffnen Sie das Gespräch mit der folgenden Frage: „Es ist mein erster Tag hier und ich weiß nicht, wo ich zu Mittag essen soll. Darf ich mich zu Ihnen setzen?"

Fragen Sie nach Hilfe

Bitten Sie um Hilfe, um ein Gespräch mit jemandem anzufangen. Je nach den Umständen müssen Sie gegebenenfalls eine bestimmte Person um Hilfe bitten und nicht jeden in der Nähe.

Dazu können Sie zum Beispiel folgendes sagen: „Ich habe noch nie zuvor in diesem Büro gearbeitet, daher weiß ich nicht, wie gut der Kopierer funktioniert. Können Sie mir freundlicherweise helfen?"

Sprechen Sie über Ihre gemeinsamen Interessen

Unter bestimmten Umständen ist es offensichtlich, dass Sie und ein Fremder eine gemeinsame Gesprächsbasis haben. Beginnen Sie das

Gespräch in diesem Fall mit den Gemeinsamkeiten, die Ihnen auffallen.

Beispiel: „Sie scheinen ebenfalls ein Fan der örtlichen Basketballmannschaft zu sein. Ich habe mir das Spiel letzte Woche auch angesehen. Waren Sie dieses Jahr schon im Stadion?"

Machen Sie eine scharfsinnige Beobachtung

Ein Kommentar über Ihre aktuelle Situation ist eine weitere hervorragende Möglichkeit, um ein Gespräch mit jemandem zu beginnen. Diese Strategie ist am effektivsten, wenn Sie ein bestimmtes Thema ansprechen.

Sagen Sie zum Beispiel: „Wie ich sehe, verwenden Sie Ihr Smartphone lieber als Headset."

Diese Bemerkung ermöglicht es dem Fremden, seine Meinung zu dem Thema zu äußern.

Nennen Sie eine bestimmte Eigenschaft, die Sie und Ihr Gegenüber gemeinsam haben

Wenden Sie diese Strategie an, wenn Sie sich sicher sind, dass Sie und die Person eine gemeinsame Charaktereigenschaft teilen. Eine der effektivsten Möglichkeiten, um sofort eine Verbindung zu anderen herzustellen, besteht darin, über eine gemeinsame Eigenschaft zu sprechen.

Dazu könnten Sie zum Beispiel so etwas sagen wie: „Ich habe beobachtet, dass Sie mit der linken Hand unterschrieben haben, und ich bin auch Linkshänder."

Wenn es um besondere Eigenschaften geht, sprechen die meisten Menschen gerne über Dinge, die sie gemeinsam haben.

Erkundigen Sie sich nach dem Hintergrund einer Person

Sie können sich nach dem Hintergrund einer Person zu erkundigen. Derartige Fragen bieten Ihnen eine professionelle und freundschaftliche Möglichkeit, um ein Gespräch zu beginnen.

Sagen Sie zum Beispiel: „Grüße vom Team. Wo haben Sie gearbeitet, bevor Sie hier angefangen haben?"

Bitten Sie um Hilfe

Sie können einen Fremden um Rat bitten, um ein Gespräch zu beginnen.

Sagen Sie zum Beispiel: „Ich bin mir unsicher, welches Format ich für meine Präsentation verwenden soll. Könnten Sie sie bitte überprüfen und mir etwas Feedback geben?"

Fragen Sie, ob Sie gemeinsame Hobbies haben

Sie könnten einen Kommentar über ein gemeinsames Hobby oder persönliches Interesse abgeben, wenn die Gemeinsamkeit offensichtlich ist. Sie könnten zum Beispiel einem Fremden begegnen, der im Flur Ihres Gebäudes Ihr Lieblingsbuch liest. Sagen Sie in diesem Fall: „Als wir aus der U-Bahn stiegen, habe ich gesehen, dass Sie dieses Buch lesen. Ich habe das gleiche Buch erst letzte Woche zu Ende gelesen. Wie gefällt es Ihnen bis jetzt?"

Machen Sie einen Witz

Sie können Ihrem Gegenüber einen Witz erzählen, um ein Gespräch mit dem Fremden zu beginnen. Der Witz muss sich auf die Situation, in der Sie beide sich befinden, beziehen, um möglichst effektiv zu sein.

Sie könnten zum Beispiel sagen: „Was könnte Ihnen schon den Freitag verderben? Oh... ich darf gar nicht erst daran denken, dass heute *erst Donnerstag ist.*"

Positive Initiative ergreifen

Gehen Sie trotz Ihrer Bedenken mit einer positiven Einstellung an das Gespräch heran. Sie werden dadurch schnell Vertrauen in den Erfolg Ihrer Interaktionen gewinnen und sich zunehmend auf mehr Gespräche einlassen.

Das beruhigt Ihren Geist und führt dazu, dass Sie viel zugänglicher wirken, als wenn Sie sich Sorgen machen. Positivität kann durch eine entspannte Körpersprache, ein Lächeln und durch direkten Augenkontakt vermittelt werden.

Stellen Sie sich vor

Stellen Sie sich einfach vor, erzählen Sie etwas über sich und schütteln Sie die Hand Ihres Gesprächspartners, um ein Gespräch zu beginnen. Das ist besonders nützlich, wenn Ihnen die Ideen für einen Gesprächseinstieg ausgehen. Sie können zum Beispiel Dinge sagen wie: „Ich bin Mike. Ich bin der Marketingleiter von [Name des Unternehmens]. Wie geht es Ihnen?"

Sie werden dadurch einen positiven ersten Eindruck hinterlassen. Erfragen Sie den Namen Ihres Gesprächspartners und bitten Sie die Person um einige persönliche Informationen, um eine solide Grundlage für Ihr Gespräch zu schaffen.

Tragen Sie ein auffälliges Accessoire

Auffällige Kleidungsstücke dieser Art sind auch als „Pfauenstücke" bekannt. Sie dienen als ein weiterer Gesprächsanlass. Dies sollte etwas Auffälliges sein, das Ihre Persönlichkeit zum Ausdruck bringt, wie etwa bunte Socken oder eine Krawatte, die ebenfalls angemessen sein kann. Ausdrucksstarke Kleidung oder Accessoires ziehen Aufmerksamkeit auf sich und sorgen für Gesprächsstoff.

Manche Veranstaltungsplaner bieten zum Beispiel auch Werbegeschenke an, die das gleiche Ziel verfolgen, wenn Sie auf einer Konferenz sind. Sie könnten Sie zum Beispiel bitten, eine Anstecknadel oder einen Aufkleber mit dem Logo Ihres Lieblingsfilms oder Sportteams neben Ihrem Namensschild zu tragen. Dies kann als Anlass zum Gespräch mit anderen Teilnehmern dienen.

Erwähnen Sie einen gemeinsamen Freund

„Haben Sie schon einmal mit Roger gearbeitet? Ich habe mit ihm an mehreren Projekten zusammengearbeitet." Indem Sie einen gemeinsamen Bekannten erwähnen, zeigen Sie, dass Sie Teil des größeren sozialen Netzwerks des Zuhörers sind.

Mit der Zeit werden viele Menschen denken, dass sie Sie kennen oder dass sie Sie kennenlernen sollten. Achten Sie darauf, dass sie sich mit Ihrem gemeinsamen Bekannten gut verstehen. Sie sollten zum Beispiel nicht behaupten, dass Sie mit jemandem befreundet sind, mit dem Ihr Gesprächspartner in einen Rechtsstreit verwickelt ist.

Machen Sie ein offenes Kompliment

Diese Strategie ist nützlich, wenn Sie nicht wissen, was Sie zu einem Prominenten, einem bekannten Risikokapitalgeber oder einer Führungspersönlichkeit aus Ihrer Branche oder Ihrem Unternehmen sagen sollen. Es wird nie als Beleidigung angesehen, wenn Sie Dinge sagen wie: „Ich schätze Ihre Arbeit" oder „Ich fand Ihren letzten Blogbeitrag sehr aufschlussreich."

Vermeiden Sie Schmeicheleien und kritisieren Sie Ihr Gegenüber nicht, indem Sie Dinge sagen wie: „Ich fand Ihren letzten Film viel besser als den vom letzten Jahr." Außerdem sollten Sie anderen Menschen nur ehrliche Komplimente machen.

Erwähnen Sie, wann immer es angebracht ist, persönliche Details, die Sie sich gemerkt haben

Wenn die andere Person mehr über sich selbst erzählt, sollten Sie sich bemühen, sich an Einzelheiten zu erinnern. Das kann beispielsweise bedeuten, dass Sie die Person mit ihrem Namen ansprechen, oder es kann eine gute Möglichkeit sein, um das Gespräch fortzusetzen.

Nehmen wir zum Beispiel an, dass sie eine Gesprächspause machen, nachdem sie ihren Lebensgefährten erwähnt haben. In diesem Fall könnten Sie sich nach dem Beruf des Partners erkundigen oder danach, wie sie sich kennengelernt haben.

Stellen Sie eine theoretische Frage

Theoretische Fragen können ein hervorragender Gesprächseinstieg sein, aber um nicht zusammenhangslos zu klingen, sollten Sie einen Bezug zu einem aktuellen Ereignis oder zu dem Anlass herstellen.

Sie könnten sagen: „Ich habe gerade einen Film gesehen, in dem alle Gesetze für einen Tag außer Kraft gesetzt wurden. Was würden Sie tun, wenn es einen Tag lang keine Vorschriften und Gesetze gäbe?"

Fragen Sie die Person nach ihrer Familie, nach ihren Haustieren und Hobbys

Menschen sprechen gerne über Themen, die Ihnen viel bedeuten. Wenn Sie wissen, dass Ihr Chef gerne segelt, ist die Frage nach seiner letzten Reise zum Beispiel ein guter Gesprächseinstieg.

Setzen Sie Ihre Konversation fort

Eisbrecher, zum Beispiel, bringen Sie in einem Gespräch nur weit. Der Schlüssel liegt darin, Ihren Gesprächspartner aktiv einzubeziehen und Ihre Reaktion auf seine Bemerkungen so anzupassen, dass er sich wohl fühlt.

Strategien, um Gespräche zu beginnen und über Small Talk hinauszugehen

Im Folgenden finden Sie Strategien, um ein Gespräch mit anderen zu beginnen:

Stellen Sie viele Fragen

Bemühen Sie sich, Gespräche mit Neugier und Aufgeschlossenheit zu führen. Das Stellen von persönlichen und angemessenen Fragen kann Ihnen dabei helfen.

„Was haben Sie von dem Hauptredner gehalten?"

„Was waren die Höhepunkte Ihrer bisherigen Ausbildung?"

„Was hat Sie dazu bewogen, sich für diese Konferenz anzumelden?"

Alle diese Fragen haben ein offenes Ende, was bedeutet, dass Ihr Gesprächspartner über die Frage nachdenken und Ihnen zusätzliche Informationen geben muss, anstatt einfach mit Ja oder Nein zu antworten. So haben Sie mehr Möglichkeiten, um das Gespräch fortzusetzen und Fragen zu stellen.

Suche nach Themenwechseln

Ein „Themenwechsel" ist eine Gelegenheit, vom Thema abzuweichen, weil Ihr Gesprächspartner etwas gesagt hat. Achten Sie beim Zuhören auf Aussagen, die einen negativen Kontext haben könnten.

Beispiel:

Sprecher eins: „Ich freue mich schon seit einer Weile auf diese Rede. Als ich den Redner im letzten Jahr in Hamburg sprechen gehört habe, war ich von dem Vortrag sehr beeindruckt."

Sie: „Auch ich freue mich auf die Präsentation. Warum waren Sie letztes Jahr bei der Veranstaltung in Hamburg? Ich bin noch nie dort gewesen."

In diesem Fall hat Ihr Gesprächspartner eine beiläufige Bemerkung gemacht. Da Sie jedoch aufmerksam und neugierig waren, haben Sie die Gelegenheit für einen Themenwechsel zum Thema Hamburg bemerkt. Sie können nun also über die Stadt sprechen und sehen, wohin das Gespräch Sie führt.

Konzentrieren Sie sich auf Ihre gemeinsamen Interessen

Wenn Sie von den rein geschäftlichen Themen abweichen möchten, finden Sie weitere Themen, über die Sie sprechen können. Sie könnten zum Beispiel merken, dass Sie einen ähnlichen Modegeschmack haben, eine Leidenschaft für hochwertige Notizbücher oder ein Interesse am Spielen eines bestimmten Instruments.

Vielleicht haben Sie einen gemeinsamen Freund. Möglicherweise hat diese Person die gleiche Universität wie Ihr Lieblingskollege besucht, so dass Sie über ihn, die Universität, die Sie beide besucht haben, und die anderen Teammitglieder sprechen können. Wenn man auf derartige Gemeinsamkeiten stößt, kommt man bei dem Gespräch schnell auf viele faszinierende gemeinsame Themen.

Obwohl diese Verbindungen nichts mit der Arbeit zu tun haben, helfen sie Ihnen dabei, sich besser kennenzulernen, und ebnen sich so den Weg für eine langfristige Partnerschaft. Wenn Sie und ein potenzieller Kunde Golfliebhaber sind, können Sie geschäftliche Treffen vereinbaren, während Sie an Ihrem Golfanschlag arbeiten.

Arbeiten Sie daran, zu einem guten Zuhörer zu werden

Das Wichtigste, was Sie während eines Gesprächs tun können, ist, präsent und aufmerksam zu wirken. Dies legt nahe, dass Sie:

Blickkontakt aufrechterhalten sollten

Obwohl Sie Ihrem Gesprächspartner nicht direkt in die Augen schauen müssen, sollten Sie sich ausreichend Zeit nehmen, um sich die Augenfarbe der Person zu merken. Das zeugt von Engagement und Interesse.

Machen Sie eine kurze Pause, bevor Sie Nachfragen stellen

Nachfragen sind eine hervorragende Möglichkeit, um ein Gespräch in Gang zu halten. Allerdings sollten Sie dies nicht auf Kosten des aktuellen Gedankenflusses Ihres Gesprächspartners tun oder das Thema wechseln. Das Gespräch sollte ganz natürlich verlaufen.

Achten Sie auf nonverbale Hinweise

Häufig beruht ein Großteil der Kommunikation auf dem, was nicht gesagt wird. Sie sind dafür verantwortlich, nonverbale Hinweise zu erkennen und angemessen zu reagieren, wenn Ihr Gesprächspartner eine subtile Geste macht, die andeutet, dass er das Gespräch beenden möchte.

Erst zuhören, dann antworten

Ohne Erfahrung kann es schwierig sein zu lernen, wie man ein Gespräch mit jemandem beginnt. Vielleicht machen Sie sich Sorgen, dass Sie unbeholfen klingen könnten oder sich gezwungen fühlen, schweigend dazusitzen, aber indem Sie sich auf die andere Person konzentrieren, können Sie diesen Druck lindern.

Das häufigste Missverständnis über die Einleitung von Gesprächen mit anderen ist, dass Sie ununterbrochen sprechen müssen. Die Kommunikation mit einer anderen Person muss jedoch nicht ausführlich sein. Wenn Sie zu lange reden, riskieren Sie es, arrogant oder selbstverliebt zu wirken.

Nachdem Sie eine Beziehung zueinander aufgebaut haben, können Sie mit ein paar gut platzierten Fragen ein lebhaftes Gespräch in Gang bringen, das angenehmer ist, als wenn Sie nur über sich selbst sprechen.

Gehen Sie mit echtem Interesse und Neugierde auf andere Menschen zu. Diese Fähigkeiten werden Ihnen dabei helfen, Ihre Schüchternheit zu überwinden. Je mehr Sie üben, desto schneller werden Sie zu einem wahren Gesprächsexperten.

Was macht eine gute Konversation aus?

Ein Gespräch besteht aus zahlreichen verschiedenen Elementen. Im Folgenden finden Sie einige Faktoren, mit deren Hilfe Sie peinliches Schweigen vermeiden können:

Engagiertes Hören

Aktives Zuhören bedeutet, dass Sie immer genau zuhören, wenn jemand etwas zu Ihnen sagt. Gelegentlich hören Teilnehmer eines Gesprächs eher zu, um zu reagieren, als um zu verstehen, was die Person sagt.

Wenn Sie diese wichtige Fähigkeit des Zuhörens anwenden, wird Ihr Gesprächspartner merken, dass Sie aufmerksam zuhören. Das zeugt von emotionaler Intelligenz. Außerdem werden Sie sich dadurch wahrscheinlich besser an das Gespräch erinnern.

Wenn Sie das Gehörte dem Sprecher gegenüber wiederholen, verbessern Sie dadurch Ihre Fähigkeit des aktiven Zuhörens, da Sie dadurch weniger sprechen und mehr zuhören müssen.

Nachfragen und Antworten auf Anfragen

Eine weitere Möglichkeit, um zu zeigen, dass Sie ein guter Zuhörer sind, besteht darin, Ihren Gesprächspartnern Fragen zu stellen.

Als Antwort auf die Aussage einer anderen Person können Sie das Gespräch erweitern, indem Sie weitere Fragen stellen. Oder Sie können sich nach etwas erkundigen, über das Sie sich nicht sicher sind oder über das Sie mehr erfahren möchten.

Damit zeigen Sie Ihrem Gesprächspartner, dass Sie wirklich an seinen Worten interessiert sind.

Entdecken Sie gemeinsame Interessen und Eigenschaften

Hören Sie bei Gesprächen aufmerksam zu, um zu erkennen, ob Sie ähnliche Dinge erlebt haben. Bringen Sie zunächst das Gespräch in Gang, indem Sie gemeinsame Interessen ansprechen, die Ihnen geeignete Gesprächsthemen liefern.

Gemeinsame Interessen erlauben es Ihnen, das Gespräch produktiver zu gestalten. Das ist wichtig, um den Gesprächsfluss aufrechtzuerhalten.

Setzen Sie sich ein Ziel für die Diskussion

Bevor Sie ein Gespräch beginnen, sollten Sie sich einen Plan zurechtlegen, ganz gleich, ob Sie einen Kollegen im Geschäft getroffen haben oder an einer Networking-Veranstaltung teilnehmen.

Wenn Sie sich ein klares Ziel setzen, gibt das dem Gespräch eine Richtung. Dadurch reduzieren Sie das Risiko, dass sich das Gespräch unangenehm anfühlt.

Wenn Sie merken, dass das Gespräch ins Stocken gerät, können Sie ein neues Thema ansprechen, indem Sie sich auf das Ziel des Gesprächs beziehen.

Wie man ein erfolgreiches Gespräch führt

Fällt es Ihnen immer noch schwer, Gespräche zu führen? Hier sind einige Tipps dazu, wie Sie in formellen und informellen Situationen erfolgreich Gespräche führen können:

Stellen Sie viele Fragen

Geben Sie Ihrem Gesprächspartner die Gelegenheit, Fragen zu beantworten und die Initiative zu ergreifen. Sie sollten dabei aber natürlich vermeiden, dass Ihr Gesprächspartner das Gefühl hat, verhört zu werden.

Vermeiden Sie Streitfragen

Achten Sie stets auf Ihre Umgebung und auf die Personen, mit denen Sie sprechen. Vermeiden Sie es, heikle oder kontroverse Themen anzusprechen. Das kann sich auf alles beziehen, auch auf Themen wie Politik oder Religion.

Lächeln Sie

Wenn Sie ein Gespräch beginnen, kann ein freundliches Lächeln sehr wirkungsvoll sein. Bevor Sie zu sprechen anfangen, sollten Sie Ihren potenziellen Gesprächspartner anlächeln. Ein Lächeln zeigt, dass Sie ansprechbar und freundlich sind.

Stellen Sie Augenkontakt her

Wenn Sie den Augenkontakt aufrechterhalten, zeigt dies Ihr Interesse und Ihre Teilnahme an einem Gespräch.

Wenn Sie sich ständig umschauen, wird Ihr Gesprächspartner annehmen, dass Sie sich nicht für das interessieren, was er zu sagen hat, oder dass Sie abgelenkt sind.

Machen Sie Ihrem Gegenüber ein Kompliment

Machen Sie eine aufmerksame Geste, wie zum Beispiel eine freundliche Bemerkung, derartige Aufmerksamkeiten werden immer positiv wahrgenommen. Wenn Sie Ihrem Gesprächspartner ein Kompliment machen, wird er sich dadurch wohler fühlen. Außerdem bereichert dies Ihr Gespräch.

Achten Sie genau darauf, was die andere Person sagt, damit Sie nach Gelegenheiten suchen können, um ihr ein aufrichtiges Kompliment zu machen.

Bitten Sie um Vorschläge oder Ratschläge

Bitten Sie Ihren Gesprächspartner um Vorschläge oder Ratschläge, wenn Sie sich nicht sicher sind, wie Sie das Gespräch fortführen sollen. Dadurch zeigen Sie Ihre Wertschätzung und Ihr Interesse an dem, was Ihr Gesprächspartner sagt.

Es ist nicht schwer, jederzeit mit jedem über alles Mögliche zu sprechen. Wenn Sie sich auf das Gespräch konzentrieren und bereit sind zu lernen, werden Sie mit Sicherheit zu einem großartigen Gesprächspartner werden.

Kapitel 7: 50 narrensichere Fragen, die Sie jedem stellen können

Jeder kennt das flaue Gefühl im Magen, wenn er ein unangenehmes Gespräch beginnt, und das Gespräch wird immer unangenehmer, bis es schließlich abrupt zum Stillstand kommt. Das Aufrechterhalten eines Gespräches ist oft eine Herausforderung, denn es erfordert einen kontinuierlichen Fluss von Gedanken und Ideen, die zwischen den Teilnehmern ausgetauscht werden.

Es ist erwiesen, dass es für uns Menschen schwieriger ist, ein Gespräch anzufangen als es in Gang zu halten. Dafür könnte es eine Vielzahl verschiedener Gründe geben, darunter unter anderem ein geringes Selbstwertgefühl, geringes Selbstbewusstsein, soziale Ängste und einen Mangel an Gesprächsideen.

Es gibt bestimmte Fragen, die Sie sich merken müssen und die Ihnen in jeder Situation helfen können.[9]

Gesprächsideen können bequem mit einer oder mit mehreren Personen besprochen werden. Sie werden gemeinhin als Small Talk bezeichnet und können Ihnen dabei helfen, reibungslose Gespräche zu führen.

Es gibt gute Small Talk-Themen (Wetter, Arbeit und Essen) und schlechte Small Talk-Themen (Sex, Tod, Gesundheit), die in den vorangegangenen Kapiteln hinreichend behandelt worden sind.

Bevor Sie ein Gespräch mit jemandem beginnen, insbesondere mit einem Fremden, machen Sie sich eine gedankliche Notiz über alles, was Sie gerne besprechen möchten. Ein gutes Small Talk-Thema wird Ihr Gespräch in die richtige Richtung lenken, ganz gleich, ob es um Sport, Geschäfte, Spaß oder einfach nur um ein ungezwungenes Gespräch geht.

Wie wird Small Talk begonnen? Small Talk folgt immer einem bestimmten Muster, bei dem Sie der anderen Person einige Informationen geben, bevor Sie ihr eine Frage stellen. Wenn Sie zum Beispiel jemanden zum ersten Mal treffen, stellen Sie sich zunächst vor und fragen Sie dann nach dem Namen der Person. Small Talk läuft stets nach demselben Muster ab, aber es geht dabei um mehr als nur darum, dass Sie sich vorstellen.

Sie müssen verstehen, dass die Informationen, die Sie der Person mitteilen, und die Fragen, die Sie stellen, über den Erfolg Ihres Gesprächs entscheiden. Stellen Sie daher sicher, dass die Fragen, die Sie stellen, präzise, klar und fehlerfrei sind. Fragen wie diese sorgen für gute Antworten, die zu wunderbaren Gesprächen führen.

Was sind narrensichere Fragen?

Eine narrensichere Frage ist so konzipiert und formuliert, dass sie keinen Raum für Verwirrung übriglässt. Es handelt sich also um kurze, gut verständliche Fragen, die Ihnen dabei helfen, Ihr Ziel einer erfolgreichen gemeinsamen Kommunikation zu erreichen. Daher werden derartige Fragen als Erfolgsgarantie angesehen.

Im Folgenden finden Sie einige der Kriterien, die narrensichere Fragen ausmachen:

- Sie werden nie alt und sind daher in jeder Situation ein nützlicher Gesprächsbeitrag.
- Sie helfen Ihnen dabei, nützliche Informationen über die andere Person zu sammeln, die Ihnen bei einem erneuten Treffen mit

derselben Person nützlich sein könnten.
- Sie sind klar, prägnant und erklären sich von selbst.
- Sie können von jedem beliebigen Thema ausgehen.
- Sie sind miteinander verknüpft, d.h. Sie können Fragen von einem Thema zum nächsten miteinander verbinden, was das Gespräch noch interessanter macht.
- Sie werden subtil in Ihren Gesprächen mit anderen platziert.
- Sie ermöglichen Ihrem Gesprächspartner oft mehr als eine bloße Ja- oder Nein-Antwort, so dass Sie sich besser unterhalten können.
- Sie sind grenzenlos und fallen Ihnen schnell ein, ohne dass Sie zu viel nachdenken müssen.

Warum sollten Sie narrensichere Fragen in Gespräche integrieren?

Bevor Sie die narrensicheren Fragen in Ihrem Umgang mit Menschen verwenden, sollten Sie wissen, warum sie empfohlen werden.

Vorteile narrensicherer Fragen

1. **Sie helfen Ihnen dabei, eine gemeinsame Gesprächsbasis zu finden:** Narrensichere Fragen helfen Ihnen dabei, mehr über die Vorlieben und Abneigungen Ihres Gesprächspartners herauszufinden, so dass Sie Ihr Gespräch auf einer gemeinsamen Basis aufbauen können.

2. **Sie helfen Ihnen beim Aufbau sozialer Fähigkeiten:** Kommunikation ist eine soziale Fähigkeit. Wenn Sie regelmäßig narrensichere Fragen in Ihre Gespräche einbauen, entwickeln Sie diese Fähigkeit weiter und werden immer besser in Diskussionen und letztendlich in der Kommunikation mit anderen, ohne sich dabei zu sehr anstrengen zu müssen.

   Es hilft Ihnen auch dabei, andere soziale Fähigkeiten zu entwickeln, wie z.B. Einfühlungsvermögen, aktives Zuhören, Beziehungsmanagement usw.

3. **Sie helfen Ihnen dabei, bequem mit anderen zu interagieren:** Narrensichere Fragen sorgen dafür, dass Sie sympathischer

wirken, was das Gespräch erleichtert und Sie von unnötigen Unannehmlichkeiten befreit.

4. **Sie geben Ihnen die Kontrolle über das Gespräch:** Durch narrensichere Fragen behalten Sie die Kontrolle und lenken die Diskussion in die von Ihnen gewünschte Richtung.

5. **Sie helfen Ihnen dabei, eine Bindung aufzubauen:** Narrensichere Fragen entlocken Menschen oft schnell wertvolle Informationen und schaffen eine enge Verbindung zwischen Ihnen.

Wie Sie narrensichere Fragen richtig verwenden

Wenn Sie narrensichere Fragen in Gespräche einbauen wollen, sollten zunächst einige Grundvorausetzungen erfüllt werden, um den Erfolg der Fragen zu maximieren.

1. **Interpretieren Sie Ihre Umgebung:** Bevor Sie narrensichere Fragen in Ihren Gesprächen verwenden, sollten Sie sicherstellen, dass Sie Ihre Umgebung sorgfältig beobachtet und gut verstanden haben. Zum Beispiel sollten Sie jemanden, der einen schlechten Tag hatte, nicht mit einem breiten Lächeln ansprechen. Sprechen Sie die Person stattdessen in einem Tonfall an, der Ihrer Stimmung entspricht und hören Sie genau auf das, was sie sagt. Die richtige Einschätzung Ihrer Umgebung wird Ihnen bei der Festlegung Ihrer Fragen sehr helfen.

2. **Ihre Fragen müssen gut nachvollziehbar sein:** Wenn Sie narrensichere Fragen stellen, müssen diese so relevant für die Person wie möglich sein. Das mag Ihnen zunächst schwierig erscheinen, aber wenn Sie Fragen stellen, die darauf basieren, wie Sie die Person kennengelernt haben, ist das ein guter Anfang.

    Erkundigen Sie sich bei jemandem, den Sie bei einem Spiel getroffen haben, zum Beispiel über Einzelheiten zu dem Sport. Wenn Sie jemanden in einer Bibliothek treffen, fragen Sie ihn nach seinen Lieblingsautoren. Fragen Sie jemanden, den Sie in einer Kunstausstellung treffen, nach seinen künstlerischen Inspirationen und nach seinen Vorbildern. Gespräche werden sich stets natürlicher anfühlen, wenn Sie mit Themen beginnen, die beiden Parteien bereits bekannt

sind.
3. **Setzen Sie aktives Zuhören in Ihren Gesprächen ein:** Es reicht nicht aus, nur Fragen zu stellen, Sie müssen auch aufmerksam auf das hören, was gesagt wird. Es ist notwendig, Fragen zu stellen, um Antworten zu erhalten, aber wenn Sie nicht zuhören, sind die Antworten sinnlos. Es ist viel einfacher, ein Gespräch zu führen, wenn Sie aktiv zuhören, denn so können Sie Ihre nächste Bemerkung oder Anfrage sorgfältig vorbereiten.
4. **Erkundigen Sie sich nach weiteren Informationen:** Wenn die Fragen, die Sie gestellt haben, beantwortet wurden, stellen Sie weitere Fragen. Bei einem Gespräch sollten beide Parteien verschiedene Informationen austauschen. Ihr Gesprächspartner wird Fragen für Sie haben. Achten Sie darauf, angemessen zu antworten und ausreichend Informationen zu geben, ohne das Gespräch zu intim zu gestalten, indem Sie anfangs zu viele Informationen preisgeben.
5. **Bleiben Sie sich selbst treu:** Wenn Sie sich mit jemandem unterhalten, ist es am besten, bestimmte Dinge über sich selbst nicht zu übertreiben. Sie sollten es vermeiden, die Art und Weise, wie Sie sprechen zu verstellen, Ihre Geschichten auszuschmücken oder irgendetwas an sich selbst zu verändern, um Ihrem Gegenüber zu gefallen. Wenn Sie sich so zeigen, wie Sie wirklich sind, erhöht das die Wahrscheinlichkeit, dass Sie dabei Erfolg haben.

50 praktische, narrensichere Fragen, die immer funktionieren

Narrensichere Fragen werden nie alt. Deshalb haben wir für Sie eine Liste mit 50 Fragen zusammengestellt, die in verschiedene Kategorien unterteilt worden sind, damit Sie produktivere Gespräche miteinander führen können.

Kategorie A: Das Wetter

Wenn Sie mit Fremden über das Wetter sprechen, nutzen Sie eine altbewährte Methode, um das Eis zu brechen und ein neues Gespräch zu beginnen. Narrensichere Fragen machen Gespräche noch angenehmer, indem Sie neue interessante Themen einführen. Im Folgenden finden Sie einige Beispiele wetterbezogener Fragen:

1. Es ist ein herrlicher Tag, die Sonne scheint so schön. Haben Sie das gute Wetter genossen?
2. Es ist wirklich kalt. Sind Sie sicher, dass es Ihnen nichts ausmacht, hier draußen im Freien zu stehen?
3. In letzter Zeit hat es viel geschneit. Wird die (Party, der Gottesdienst, das Treffen, etc.) trotzdem stattfinden?
4. Vertrauen Sie der Wettervorhersage?
5. Was ist Ihr Lieblingswetter?

Wenn Sie sich entschließen, ein Gespräch über das Wetter zu beginnen, halten Sie es kurz, denn die Leute werden sich schnell langweilen, wenn Sie immer nur über das Wetter reden.

Kategorie B: Kunst und Unterhaltung

Fast jeder Mensch blüht förmlich auf, wenn sein Lieblingsfilm, Roman, Gedicht oder ein anderes beliebtes Kunstwerk erwähnt wird. Nutzen Sie dies zu Ihrem Vorteil, vor allem, wenn Sie merken, dass Ihr Gesprächspartner etwas bei sich trägt, das auf sein Interesse an diesem Werk schließen lässt. Dieses Ziel können Sie mit den folgenden Fragen erreichen:

6. Ich habe diesen (Film/Buch/Musik) erst gestern (gesehen/gelesen/gehört). Hat er Ihnen gefallen? Haben Sie...?
7. Sie haben den neuen Film gesehen, nicht wahr? Wie hat er Ihnen gefallen?
8. Ich lese die Bücher von (Name des Autors) sehr gerne, sie sind einfach köstlich. Ich nehme an, dass Sie sie auch mögen?
9. (Name des Musikers) macht großartige Musik. Welches ist Ihr Lieblingslied/Album?
10. Lesen Sie zurzeit ein gutes Buch? Ich würde mich über ein paar Empfehlungen freuen.
11. Was war der letzte Film, den Sie sich angesehen haben?

Auch wenn Sie andere Vorlieben haben, hören Sie sich die Worte Ihres Gegenübers ohne Vorurteile an. Vielleicht lernen Sie gerade erst das zu schätzen, was der andere schätzt. Und selbst wenn nicht, haben Sie trotzdem etwas gelernt.

Kategorie C: Reisen

Wenn Sie gerade im Urlaub sind, werden Sie oft in Gespräche über das Reisen verwickelt werden. Sie sollten die folgenden Fragen ausgiebig verwenden, denn alle anderen Menschen, die Sie vor Ort treffen, sind wahrscheinlich auch im Urlaub.

12. Hallo, ich bin (Name). Was ist Ihr Name?
13. Woher kommen Sie?
14. Machen Sie hier zum ersten Mal Urlaub? Wo waren Sie sonst schon?
15. Sind Sie alleine hier?
16. Sie haben schon so viele Orte besucht! Welcher ist Ihr bisheriger Favorit?
17. Welches Reiseziel steht derzeit ganz oben auf Ihrer Wunschliste?

Denken Sie daran, auch Ihre Wünsche und Ansichten mit der anderen Person zu teilen und zu sehen, ob Sie Gemeinsamkeiten finden.

Kategorie D: Arbeit

Diese Fragen werden häufig bei offiziellen Anlässen gestellt und eignen sich hervorragend für den Einstieg in Gespräche mit anderen Fachleuten aus verschiedenen Organisationen. Im Folgenden finden Sie eine Auswahl von Beispielen für Fragen, die sich in solchen Situationen eignen:

18. Wie sind Sie zu Ihrem derzeitigen Job gekommen?
19. Würden Sie beruflich lieber etwas anderes tun? Was ist Ihr Traumjob?
20. Wie sieht ein typischer Arbeitstag bei Ihnen aus?
21. Woran arbeiten Sie im Moment?
22. Was sind Ihre beruflichen Ziele für die Zukunft?

Kategorie E: Hobbys

Es ist in der Regel eine gute Idee, Fragen zu den Hobbys Ihrer Gesprächspartner zu stellen, da sich von dem Thema verschiedene Fragen ableiten lassen. Im Folgenden gibt es einige Beispiele für geeignete Fragen:

23. Was machen Sie am liebsten in Ihrer Freizeit?
24. Meine Hobbys sind (sprechen Sie über Ihre Hobbys). Was sind Ihre?

25. Haben Sie jemals daran gedacht, mit Ihren Hobbys Geld zu verdienen?
26. Ich würde mich freuen, wenn Sie mir zeigen könnten, wie das geht.

Kategorie F: Familie

Die Familie ist ein weiteres gutes Thema für Small Talk; zu diesem Thema gibt es immer viel zu besprechen. Hier sind einige Fragen:

27. Wann und wo wurden Sie geboren?
28. Hatten Sie als Kind einen Spitznamen? Würden Sie mir sagen, was Ihr Spitzname war?
29. Werden Sie immer noch mit Ihrem Spitznamen aus Ihrer Kindheit angesprochen?
30. Gehören Sie einer bestimmten Religion an? (Wenn sich die Religion von der Ihren unterscheidet, wechseln Sie am besten das Thema)
31. Haben Sie irgendwelche Familientraditionen? Können Sie mir von ihnen erzählen?
32. Leben Ihre Eltern noch in dem Haus, in dem Sie aufgewachsen sind?
33. Gibt es in Ihrer Familie berühmte Persönlichkeiten?

Auch wenn dies ein interessantes Thema ist, sollten Sie Ihre Fragen kurz und einfach halten, um nicht zu neugierig zu wirken. Sie wollen schließlich nicht, dass Ihr Gegenüber Sie als neugierig empfindet.

Kategorie G: Lebensmittel

Im Folgenden finden Sie einige Fragen dazu, wie Lebensmittel Ihnen als ein fantastisches Konversationsthema dienen können:

34. Hat Ihnen das Essen geschmeckt?
35. Was ist Ihr Lieblingsfastfood?
36. Was ist das Überraschendste, was Sie je gegessen haben?
37. Was würden Sie essen, wenn Sie für den Rest Ihres Lebens nur noch eine Sache essen könnten?
38. Was wären Sie, wenn Sie ein Gericht sein müssten?
39. Welches Gericht würden Sie niemals essen, auch wenn Ihr Leben davon abhinge?

Seien Sie darauf vorbereitet, über die Antworten zu lachen, die Sie erhalten werden, denn sie könnten Sie überraschen.

Kategorie H: Technologie

Während es manchmal langweilig sein kann, sich mit anderen Leuten über Technologie zu unterhalten, werden Sie mit der richtigen Gesellschaft Spaß daran haben, sich über verschiedene Gadgets auszutauschen. Die folgenden sind einige gute Einstiegsfragen:

40. Wie ich sehe, verwenden Sie ein (Name des Geräts). Das ist ja cool. Warum haben Sie sich (Name des Geräts) ausgesucht?
41. Welches Handy würden Sie sich kaufen, wenn Sie jedes Handy auf der Welt kaufen könnten?
42. Was halten Sie von den wissenschaftlichen Fortschritten in (Gesundheit, Landwirtschaft usw.), insbesondere (nennen Sie ein bestimmtes wissenschaftliches Ereignis)
43. iPhone oder Android?
44. Würden Sie eine freiberufliche Tätigkeit in (nennen Sie einen technischen Bereich, z.B. Cybersicherheit, Webdesign usw.) in Betracht ziehen?

Solche Gespräche können schnell unentspannt werden, daher sollten Sie wissen, wann Sie das Thema wechseln müssen.

Kategorie I: Sport

Jeder Mensch hat eine Vorliebe für Sport, und es liegt an Ihnen, herauszufinden, was diese Vorliebe ist, und Sie sollten Ihre narrensicheren Fragen entsprechend formulieren. Im Folgenden finden Sie einige Fragen zum Thema Sport, die Sie in Betracht ziehen sollten:

45. Welchen Sport treiben Sie? Welche Mannschaften verfolgen Sie?
46. Haben Sie jemals mit Ihrer Schulmannschaft Sport getrieben?
47. Wer ist Ihr derzeitiger Lieblingssportler? Und warum?
48. Welcher Mannschaft drücken Sie bei diesem Spiel die Daumen?
49. Wie oft spielen Sie?
50. Kann ich Ihrem Team beitreten?

Was Sie bei der Verwendung von narrensicheren Fragen beachten sollten

Auch wenn Sie narrensichere Fragen brauchen, um Ihre Konversation zu verbessern, müssen Sie zunächst verstehen, wie sie funktionieren, um sie richtig einzusetzen.

1. **Sie müssen Ihr Gespräch nicht unbedingt mit einer narrensicheren Frage beginnen:** Wenn Sie sich nicht sicher sind, ob Sie eine narrensichere Frage einbringen sollten, sollten Sie erstmal etwas anderes sagen. Sie können sich stattdessen erstmal vorstellen, Ihrem Gesprächspartner ein Kompliment machen oder diese beiden Gesprächselemente kombinieren.

   Es ist nicht immer notwendig, mit einer Frage zu beginnen. Wenn Sie zum Beispiel bei einer Veranstaltung sind und dort jemanden bemerken, können Sie das Gespräch mit einer Vorstellung beginnen, auch wenn Sie die Person noch nie zuvor getroffen haben. Machen Sie der Person ein Kompliment über ihre Kleidung oder über ihre Frisur. Danach können Sie sich nach dem Wohlbefinden der Person erkundigen und mit wem sie gekommen ist. Sie werden merken, dass Sie allmählich in den Small Talk einsteigen und damit anfangen können, Fragen zu stellen.

2. **Denken Sie daran, dass die Zahl der narrensicheren Fragen unendlich ist:** Die oben aufgeführten Fragen geben Ihnen vor, wie Sie narrensichere Fragen formulieren und sie richtig einsetzen können. Daher können Sie die Fragen jederzeit ändern oder sich Ihre eigenen ausdenken. Alles, was Sie tun müssen, ist, die Person, mit der Sie sprechen möchten, zu beobachten, etwas über sie herauszufinden und darauf einzugehen.

   Achten Sie bei der Formulierung Ihrer Fragen darauf, dass sie sich auf Ihr Fachgebiet beziehen. Wenn Sie nichts über den Weltraum wissen, sollten Sie Fragen zu diesem Thema vermeiden.

   Wenn Sie Fragen stellen müssen, die nicht in Ihr Fachgebiet fallen, informieren Sie die andere Person darüber, dass Sie unerfahren sind. Achten Sie darauf, dass Sie sich nicht blamieren.

3. **Vermeiden Sie schlechte Small Talk-Themen vollständig:** Diese Regel ist besonders wichtig, wenn Sie neue Leute oder entfernte Bekannte treffen. Small Talk-Themen wie Sex, Tod und Politik könnten einen Streit entfachen oder zu Spannungen zwischen Ihnen führen.

   Wenn das Gespräch darauf hinausläuft, bemühen Sie sich, es so schnell wie möglich zu beenden. Wechseln Sie das Thema, nachdem Sie sich höflich zu dem vorherigen Punkt geäußert haben.

4. **Seien Sie selbstbewusst:** Selbst wenn eine nervöse Person die besten idiotensicheren Fragen stellt, kann sie schnell erbärmlich wirken. Ihr Selbstvertrauen hat also einen großen Einfluss auf die Art und Weise, wie Sie Ihre Fragen stellen sollten. Bevor Sie sich auf ein Gespräch einlassen, sollten Sie daher Ihr Selbstvertrauen stärken.

   Denken Sie daran, dass die Menschen, mit denen Sie sprechen, wahrscheinlich selbst auch schüchtern und nervös sind, denn es ist völlig normal, ein wenig Angst zu haben.

5. **Seien Sie charmant:** Narrensichere Fragen funktionieren am besten, wenn Sie sie wie ein Gentleman oder wie eine Dame stellen. Achten Sie besonders darauf, dass Sie bei Gesprächen und Fragen anständig und höflich sind, denn so werden Sie sich bei den Menschen beliebter machen.

6. **Verlieren Sie das Ziel des Gesprächs nicht aus den Augen:** Je nachdem, mit wem Sie sprechen und warum, sollten Sie die Zeit, die Sie für den Small Talk aufwenden, entsprechend anpassen.

   Wenn Sie mit einem Kumpel oder Bekannten abhängen, ist es absolut angemessen, sich mit ihm so lange zu unterhalten, wie Sie möchten. Bevor Sie das Thema in einem Gespräch mit einem Fremden wechseln, sollten Sie Ihre Fragen kurz, direkt und respektvoll formulieren.

   Daran sollten Sie sich stets halten, denn für die meisten Menschen reicht es aus, wenn sie sich kurz nach ihrem Wohlbefinden und nach ihrem Wohnort erkundigen, bevor sie auf den Punkt kommen, da sie meist wissen, dass Sie einen anderen Gesprächsinhalt anstreben.

7. **Seien Sie aufrichtig:** Aufrichtigkeit im Gespräch kann gar nicht hoch genug gelobt werden; sie kann ein entscheidender Faktor sein, wenn sie richtig eingesetzt wird. Bemühen Sie sich daher beim Small Talk stets um Aufrichtigkeit und Ehrlichkeit. Das macht einen großen Unterschied.

8. **Schlagen Sie ein „nächstes Mal" vor:** Wenn Sie ein angenehmes Gespräch mit jemandem führen, sollten Sie am Ende vorschlagen, das Gespräch bei der nächsten Begegnung mit dieser Person fortzusetzen. Sie haben dadurch bessere Chancen, eine langfristige neue Bekanntschaft zu machen und eine Verbindung zu der Person herzustellen, wenn Sie sie zum ersten Mal getroffen haben.

9. **Bauen Sie Ihre Fragen aufeinander auf:** Wenn Sie feststellen, dass Sie mit den narrensicheren Fragen den besten Weg zu einem reibungslosen Gespräch gefunden haben, bauen Sie darauf auf. Das bedeutet in diesem Zusammenhang nicht, dass Sie neue Möglichkeiten erfinden sollten, um dieselben Fragen zu stellen, sondern, dass Sie neue Fragen formulieren, die auf früheren Gesprächen mit dieser Person basieren. Sie können nicht immer die gleichen Fragen stellen, wenn Sie sich wiederholt mit jemandem treffen. Lernen Sie die Interessen der Person kennen und variieren Sie Ihre Fragen, um mehr Informationen über ihre Vorlieben und Abneigungen zu erhalten. Diese Art der Befragung erfordert ein gutes Gedächtnis, um sich wichtige Details über die Person zu merken.

Narrensichere Fragen sind einfache und praktische Fragen, die fast jeder gut nutzen kann. Sie sind der Spickzettel, den Sie brauchen, um den sinnvollen, intelligenten Small Talk zu meistern. Diese Fragen mögen Ihnen manchmal recht kompliziert erscheinen, aber sie sind es eigentlich nicht. Sie müssen nur wissen, wie und wo Sie sie einsetzen können, dann klappt es schon.

Erinnern Sie sich immer daran, dass Gespräche einfach sind und keine große Anstrengung Ihrerseits erfordern. Sie können ein Gespräch über jedes beliebige Thema beginnen, je nachdem, wie Ihr Gesprächspartner drauf ist.

Narrensichere Fragen helfen Ihnen dabei, Ihre sozialen Fähigkeiten aufzubauen und weiterzuentwickeln. Sie müssen sich nicht auf die oben aufgeführten Fragen beschränken, und Sie können beim Erstellen Ihrer Fragen viel Spaß haben. Diese lassen sich zu Ihrem Vorteil abwandeln und helfen Ihnen dabei, das Gespräch effektiv zu steuern.

Denken Sie daran, dass das Auftreten und die Herangehensweise wichtig sind, wenn Sie Ihre Fragen stellen. Seien Sie immer anständig, höflich und aufrichtig, wenn Sie sich mit jemandem unterhalten.

Üben Sie diese Fragen, damit Sie den Dreh raushaben und halten Sie sich an die hier genannten praktischen Anleitungen, um in kürzester Zeit die ersten Erfolge zu erzielen.

Kapitel 8: Blickkontakt und Hacks für die Körpersprache

Obwohl Small Talk und narrensichere Fragen ein Gespräch in Gang bringen können, das weitreichend und interessant ist, gehört noch mehr dazu, eine tiefere Verbindung mit der anderen Person aufzubauen. Sie müssen üben, Augenkontakt herzustellen und Ihre Körpersprache angemessen einzusetzen, um eine gemeinsame Basis für eine gute Verbindung zu schaffen. In diesem Kapitel erfahren Sie mehr darüber, wie Sie Augenkontakt und Körpersprache zu Ihrem Vorteil nutzen können.

Die Körpersprache spielt eine wichtige Rolle dabei sicherzustellen, dass sich Menschen in Ihrer Nähe wohlfühlen, wenn Sie sich mit Ihnen unterhalten.[10]

Die Augen

Da Ihnen die Augen viel über die Gefühle einer Person verraten können, werden sie üblicherweise als das Tor zur Seele bezeichnet. Die Beobachtung der Augenbewegungen während eines Gesprächs ist ein entscheidender Schritt beim Aufbau der erfolgreichen Kommunikation. Zu den typischen Augenbewegungen gehören das Blinzeln, das Herstellen von Augenkontakt und das Vermeiden des direkten Blicks in die Augen des anderen. Die Aufmerksamkeit ist der Schlüssel zum Verständnis der Körpersprache Ihres Gegenübers. Achten Sie auf eines der folgenden Augensignale:

Direkter Blickkontakt

Wenn eine Person Ihnen direkt in die Augen schaut, zeigt sie Ihnen damit, dass sie an dem Gespräch interessiert ist und Ihnen Aufmerksamkeit schenkt. Ein zu langes Starren kann jedoch dazu führen, dass sich die andere Person durch Sie bedroht fühlt. Wenn die Person den Blickkontakt vermeidet, fühlt sie sich unwohl und möchte das Gespräch vielleicht beenden.

Blinzeln

Augenblinzeln ist zwar normal, aber zu viel oder zu wenig Blinzeln kann Ihnen Aufschluss darüber geben, wie sich eine Person während des Gesprächs fühlt. Wenn die andere Person beispielsweise zu oft blinzelt, könnte sie sich ängstlich fühlen, während zu wenig Blinzeln mit dem Verbergen von Gefühlen in Verbindung gebracht wird. Wie ein professioneller Pokerspieler kontrollieren auch Menschen, die weniger blinzeln, ihr Blinzeln bewusst.

Größe der Schülerschaft

Genauso wie sich eine unterschiedliche Lichtintensität sich auf die Pupillengröße auswirkt, können wechselnde Emotionen eine Pupillenverengung oder -erweiterung bewirken. Die bemerkenswertesten Auswirkungen von Emotionen auf die Pupillengröße werden festgestellt, wenn eine Person jemanden anstarrt oder zum ersten Mal schockierende Nachrichten hört.

Gesichtsausdrücke

Denken Sie kurz darüber nach, wie viel ein Mensch durch seinen Gesichtsausdruck ausdrücken kann. Ein Lächeln kann Zustimmung oder

Freude ausdrücken. Ein Schmunzeln kann Zustimmung oder Zufriedenheit ausdrücken. Unsere wahren Gefühle in Bezug auf eine Situation lassen sich manchmal an unserem Gesichtsausdruck ablesen. Auch wenn Sie beispielsweise behaupten, ganz gesund zu sein, könnte man Ihnen aufgrund Ihres Gesichtsausdrucks gegebenenfalls nicht glauben.

Im Folgenden finden Sie einige Beispiele für Emotionen, die sich durch Ihre Mimik ausdrücken:

- Glücklichkeit
- Traurigkeit
- Wut
- Überraschung
- Ekel
- Furcht
- Verwirrung
- Aufregung
- Begehren
- Verachtung

Sogar unser Vertrauen in die Person oder unser Glaube an deren Worte lässt sich von ihrem Gesichtsausdruck ableiten.

Die psychologische Forschung hat bereits zahlreiche faszinierende Ergebnisse zum Thema Körpersprache hervorgebracht. Einer Studie zufolge sind die verlässlichsten Gesichtsausdrücke ein Lächeln und ein Anheben der Augenbrauen. Den Experten zufolge strahlt dieser Blick Freundlichkeit und Zuversicht aus. Einer der am einfachsten erkennbaren Teile der Körpersprache ist der Gesichtsausdruck. Überall auf der Welt drücken ähnliche Gesten Freude, Trauer, Wut und Angst aus.

Durch die Forschungsprojekte von Paul Ekman wurde festgestellt, dass eine Reihe von Gesichtsausdrücken, die mit bestimmten Emotionen verbunden sind, wie Freude, Wut, Angst, Überraschung und Traurigkeit, universell sind. Studien haben ergeben, dass wir aufgrund von Gesichtsausdrücken sogar Vermutungen über die Intelligenz einer Person anstellen können.

Eine andere Studie ergab, dass Menschen schneller für intelligent gehalten wurden, wenn ihre Gesichter kleiner und ihre Nasen ausgeprägter waren. Außerdem wurden Menschen mit glücklichen, lächelnden Gesichtern als intelligenter wahrgenommen als Menschen mit wütenden Gesichtsausdrücken.

Körperhaltung

- Eine gute Körperhaltung im Stehen oder im Sitzen kann Sicherheit und Konzentration zeigen.
- Eine schlaffe Körperhaltung kann ein Zeichen von Unsicherheit oder Desinteresse sein.
- Sie können zeigen, dass Sie sich auf das Gespräch einlassen und dass Sie sich für das, was die andere Person sagt interessieren, indem Sie sich etwas in ihre Richtung lehnen.
- Wenn Sie Ihre Arme vor Ihrer Brust verschränken, könnte dies auf eine verschlossene oder defensive Haltung hindeuten.
- Ein Lächeln kann Wärme, Freude und Freundlichkeit durch Ihre Mimik ausdrücken.
- Ein finsterer Blick oder ein Stirnrunzeln kann Unzufriedenheit, Missbilligung oder Negativität ausdrücken.
- Indem Sie Ihre Augenbrauen hochziehen, können Sie Überraschung ausdrücken oder zeigen, dass Sie zuhören und aufmerksam sind.
- Ein Kopfnicken kann Zustimmung oder Verständnis ausdrücken.
- Kopfschütteln kann ein Zeichen von Uneinigkeit oder Verwirrung sein.
- Sie können einen Punkt hervorheben oder weitere Informationen durch Handgesten und nonverbale Zeichen ausdrücken.
- Ehrlichkeit und Offenheit können durch offene Handbewegungen vermittelt werden. Im Gegensatz dazu können Feindseligkeit und Abwehrhaltung durch geschlossene oder geballte Fäuste vermittelt werden.

Annäherung

- Wenn Sie jemandem im Stehen oder Sitzen zu nahekommen, kann das einschüchternd wirken oder Sie können versehentlich in die Privatsphäre der Person eindringen.

- Es kann unter diesen Umständen schwierig sein, ein sinnvolles Gespräch zu führen oder der Person ein Gefühl der Verbundenheit zu vermitteln, wenn Sie zu weit weg stehen oder sitzen.

- Der Aufbau einer angenehmen und vertrauenswürdigen Beziehung kann durch die Einhaltung einer akzeptablen Distanz zu Ihrem Gesprächspartner erleichtert werden.

Der Mund

Achten Sie beim Deuten der Körpersprache Ihres Gegenübers immer auf die Mundbewegungen und die Haltung der Person während des Gesprächs. Wer sich zum Beispiel ständig auf die Unterlippe beißt, zeigt, dass er sich ängstlich, traurig oder verunsichert fühlt.

- Wenn jemand während des Gesprächs hustet und sich den Mund zuhält, kann das als höfliche Geste verstanden werden. Husten während der Kommunikation kann aber auch bedeuten, dass die andere Person nicht einverstanden ist und ihren Ärger verbirgt.

- Obwohl Lächeln eines der besten körpersprachlichen Signale ist, kann es auf verschiedene Arten und Weise aufgegriffen werden.

- Ein Grinsen kann aufrichtig wirken, kann aber auch Zynismus, Sarkasmus oder vorgetäuschte Freude vermitteln.

Achten Sie beim Lesen der Körpersprache einer Person immer auf die unten aufgeführten Mund- und Lippenbewegungen:

- Zusammengepresste Lippen werden mit Misstrauen oder Missbilligung assoziiert.

- Wenn Sie jemanden sehen, der sich auf die Lippen beißt, bedeutet dies, dass er sich ängstlich, besorgt oder gestresst fühlt, weil er vor einer Herausforderung steht. Zusammengekniffene Lippen werden mit Misstrauen oder Missbilligung assoziiert.

- Während Menschen ihren Mund beim Gähnen oder Husten bedecken, verdecken manche Menschen ihren Mund, um emotionale Reaktionen zu verbergen, wie z.B. ein Grinsen, nachdem sie etwas Lustiges gehört haben, oder ein Schmunzeln.
- Wenn jemand einen hochgezogenen oder leicht zur Seite verzogenen Mund hat, fühlt er sich während des Gesprächs möglicherweise aufgeregt und optimistisch. Sind Mund und Gesicht dagegen während des Gesprächs leicht gesenkt, ist die Person möglicherweise über ein Problem verärgert, fühlt Trauer oder empfindet das Gespräch als unangenehm.

Verschiedene Gesten benutzen

Gesten sind die einfachste Form der körpersprachlichen Kommunikationen und können Ihnen beim Ausdruck Ihrer Gefühle helfen. Zu den gebräuchlichen Handgesten gehören unter anderem das Winken, das Zeigen mit dem Zeigefinger und die Verwendung von Fingern zur Angabe von Zahlenwerten.

In verschiedenen Kulturen und Regionen werden Handgesten seit Jahrhunderten verwendet und haben eine wichtige Bedeutung. Allerdings wird die Bedeutung ähnlicher Handgesten in anderen Ländern unterschiedlich wahrgenommen. So gilt der erhobene Daumen in den USA als Geste der Zustimmung und Wertschätzung. In Ländern wie Westafrika, Iran und Afghanistan wird der erhobene Daumen dagegen als *Beleidigung* angesehen.

Hier sind einige grundlegende Handbewegungen und deren Bedeutung:

- Eine Person, die ihre Fäuste ballt, zeigt, dass sie wegen etwas wütend ist oder Angst vor ihrer Umgebung hat.
- Während der Daumen nach oben mit Ermutigung und Unterstützung verbunden ist, wird mit dem Daumen nach unten gezeigt, wenn jemand seinen Unmut ausdrücken möchte.
- Das Okay-Zeichen wird in der Regel durch das Zusammenführen von Daumen und Zeigefinger ausgedrückt, während die übrigen drei Finger ausgestreckt bleiben. In einigen südamerikanischen Ländern wird dieses Zeichen jedoch als negative und grobe Geste wahrgenommen.

- In vielen Ländern steht das Victory (Sieges)- oder V-Zeichen für Erfolg oder Frieden, wenn die Handfläche dem Zielpublikum zugewandt ist. Das Umdrehen des V-Zeichens wird dagegen mit abfälligen Bemerkungen und Aggression in Verbindung gebracht.

Die Arm- und Beinbewegungen

Außerdem können die Beine und Arme zur nonverbalen Kommunikation eingesetzt werden. Verschränkte Arme können auf eine Abwehrhaltung hindeuten. Wenn Sie die Beine vor einer anderen Person überschlagen, kann das bedeuten, dass Sie diese Person nicht mögen oder sich in ihrer Gesellschaft unwohl fühlen.

Wenn Sie die Arme eng vor Ihrem Körper verschränkt halten, könnte das eine Taktik sein, um sich klein zu machen oder die Aufmerksamkeit durch Ihre Umgebung zu vermeiden, während die weit ausgebreiteten Arme meist ein Versuch sind, größer oder verantwortungsvoller zu wirken.

Beachten Sie einige der folgenden Emotionen, die Sie durch die Haltung Ihrer Arme und Beine ausdrücken können:

- Verschränkte Arme können ein Zeichen einer Abwehrhaltung, Selbsterhaltung oder Verschlossenheit sein.
- Wenn Sie Ihre Hände auf Ihren Hüften abstützen zeigt das, dass eine Person gut vorbereitet ist und die Kontrolle hat, gleichzeitig kann diese Haltung aber auch als Feindseligkeit interpretiert werden.
- Eine Person, die ihre Hände hinter dem Rücken verschränkt, kann Langeweile, Angst oder sogar Wut empfinden.
- Schnelles Klopfen oder Wackeln mit den Fingern deutet auf Langeweile, Ungeduld oder Frustration hin.
- Gekreuzte Beine können ein Zeichen dafür sein, dass sich jemand von seinem Umfeld isoliert fühlt oder mehr Privatsphäre braucht.

Körperhaltung

Die Körpersprache kann uns wichtige Hinweise darauf geben, was Ihre Körperhaltung bedeutet.

Der Begriff „Haltung" beschreibt dabei die Art und Weise, wie Sie Ihren Körper positionieren und kann die gesamte physische Erscheinung einer Person beeinflussen.

Die Körperhaltung einer Person kann uns viel über ihre Gefühle und Hinweise auf ihre Persönlichkeit verraten. Zum Beispiel können wir durch einen Blick auf die Körperhaltung feststellen, ob sie durchsetzungsfähig, aufnahmefähig oder unterwürfig veranlagt ist.

Eine aufrechte Sitzhaltung kann zum Beispiel zeigen, dass jemand konzentriert ist und dem Geschehen seine volle Aufmerksamkeit schenkt. Umgekehrt kann eine nach vorn gebeugte Sitzhaltung darauf hindeuten, dass eine Person gelangweilt oder uninteressiert ist.

Achten Sie auf einige Hinweise, die Ihnen die Körperhaltung einer Person liefert, wenn Sie versuchen, deren Körpersprache zu verstehen.

Wenn Sie eine offene Haltung einnehmen, sollten Sie Ihren Rumpf nicht verdecken. Eine offene Körperhaltung vermittelt Freundlichkeit, Empfänglichkeit und Kommunikationsbereitschaft.

Die geschlossene Haltung umfasst das Verbergen des Rumpfes, das häufige Nach-vorne-Bücken und eine Haltung mit gekreuzten Armen und Beinen. Diese Haltung signalisiert in der Regel Ängstlichkeit, Feindseligkeit und Unfreundlichkeit.

Haben Sie schon einmal den Satz „Ich brauche meinen Freiraum" gehört? Haben Sie sich schon einmal unwohl gefühlt, wenn Ihnen jemand etwas zu nahegekommen ist?

Der Anthropologe Edward T. Hall verwendete erstmals den Begriff „Proxemik", um zu beschreiben, wie weit Menschen bei einer Interaktion voneinander entfernt sind. Der physische Abstand zwischen Menschen kann Ihnen ebenso viele nonverbale Informationen vermitteln wie Körpersprache und Gesichtsausdruck.

Hall skizzierte vier Ebenen der sozialen Distanz, die in verschiedenen Situationen existieren können.

16 bis 46 cm im Nahbereich

Dieser Grad der körperlichen Nähe deutet häufig auf eine intimere Verbindung oder auf ein höheres Maß an Vertrautheit zwischen zwei Menschen hin. Dies geschieht typischerweise bei engem körperlichem Kontakt, z.B. beim Umarmen, miteinander Sprechen oder gegenseitigem Streicheln.

0.5 bis 1.2 Meter Abstand

Dieser geringe physische Abstand findet sich normalerweise zwischen Verwandten oder engen Freunden. Der Grad der Nähe in einer Beziehung lässt sich daran erkennen, wie nah zwei Personen beim Gespräch nebeneinanderstehen.

1.2 bis 3.5 Meter zeigt soziale Distanz

Dieser Grad der räumlichen Trennung findet sich häufig zwischen Bekannten.

Zum Beispiel fühlen Sie sich gegebenenfalls wohler, wenn Sie mit jemandem interagieren, den Sie einigermaßen gut kennen, z. B. mit einem Kollegen, den Sie häufig sehen.

Ein Abstand von 3 bis 3.4 Metern kann sich angenehmer anfühlen, wenn Sie die andere Person nicht gut kennen, wie zum Beispiel zu einem Postboten, den Sie nur einmal im Monat sehen.

3.5 bis 7.6 Meter in der Öffentlichkeit

Bei öffentlichen Reden wird oft dieser Grad der physischen Trennung verwendet. Dies ist beispielsweise der Fall, wenn Sie vor einer Schulklasse sprechen oder bei der Arbeit eine Präsentation halten.

Verschiedene Kulturen unterscheiden sich darin, wie viel persönlichen Freiraum die Menschen brauchen, um sich wohlzufühlen, daher ist es wichtig, diese Aspekte zu berücksichtigen.

Ein häufig genanntes Beispiel ist der Unterschied zwischen Menschen aus lateinamerikanischen und nordamerikanischen Kulturen. Während Nordamerikaner bei der Interaktion mit anderen einen größeren persönlichen Freiraum benötigen, fühlen sich Menschen aus lateinamerikanischen Ländern in der Regel wohler, wenn sie enger beieinanderstehen.

Die Bedeutung der nonverbalen Kommunikation

Die Körpersprache hat bei sozialen Interaktionen viele verschiedene Funktionen. Sie kann Ihnen die folgenden Dinge erleichtern:

Sie können das Vertrauen einer Person gewinnen, indem Sie Augenkontakt herstellen, zustimmend nicken, während man Ihnen zuhört, oder sogar unabsichtlich die Körpersprache der Person kopieren.

Machen Sie einen Punkt deutlich: Ihre Botschaft wird auf unterschiedliche Art und Weise vermittelt, je nachdem, wie Ihre Stimme klingt, was Ihre Körpersprache ausdrückt, wie viel Platz Sie einnehmen und wie Sie mit dem Publikum interagieren.

Wahrheiten kommen ans Licht: Wir können darauf schließen, dass jemand Informationen verbirgt oder nicht ganz ehrlich über seine Gefühle spricht, wenn seine Körpersprache nicht mit dem übereinstimmt, was er sagt.

Konzentrieren Sie sich auf Ihre Bedürfnisse: Ihre Körpersprache kann viel über Ihren emotionalen Zustand aussagen. Nehmen Sie beispielsweise oft eine geduckte Haltung ein oder sind Ihre Lippen zusammengepresst oder Ihr Kiefer verkrampft? Das könnte darauf hindeuten, dass etwas in Ihrer Umgebung Sie aus der Fassung bringt. Ihr Körper könnte Ihnen mitteilen, dass Sie gestresst sind, sich unsicher fühlen oder eine Reihe anderer Gefühle empfinden.

Wie Sie effektiver kommunizieren können, ganz ohne zu sprechen

Aufmerksamkeit ist der erste Schritt zur Verbesserung Ihrer nonverbalen Kommunikation. Versuchen Sie, neben Ihrer eigenen Körperhaltung auch die anderer Personen zu beobachten.

Sie könnten dazu neigen, auf den Boden zu schauen, wenn Ihnen jemand eine Geschichte erzählt. Nehmen Sie stattdessen Augenkontakt auf und lächeln Sie ein wenig, um zu zeigen, dass Sie offen und engagiert sind.

Um Ihre Körpersprache so effektiv wie möglich zu nutzen, müssen Sie ein gesundes Gleichgewicht finden. Wenn Sie zum Beispiel vor einem Vorstellungsgespräch relativ fest die Hand der Geschäftsleitung ergreifen, kann das Professionalität vermitteln. Wenn Sie die Hand jedoch zu fest ergreifen, könnte dies die andere Person verletzen oder verärgern. Denken Sie immer daran, wie sich Ihre Handlung auf andere auswirkt.

Verbessern Sie weiterhin Ihre emotionale Intelligenz. Es ist oft einfacher zu erkennen, wie andere Sie empfangen, je mehr Sie sich Ihrer Gefühle bewusst sind. Sie werden erkennen, ob jemand offen und ansprechbar ist oder ob er verschlossen ist und etwas mehr Abstand braucht.

Menschen können ihre Körpersprache nutzen, um Ihre Gefühle auf eine bestimmte Weise auszudrücken. So haben Studien gezeigt, dass Menschen mit einem besseren Selbstwertgefühl und mit besserer Laune eine aufrechtere Sitzhaltung einnehmen als Menschen, die unter Stress eine in sich zusammengesackte Haltung einnehmen.

Natürlich wird ein ganzes Bild häufig durch verbale und nonverbale Kommunikation und das Umfeld einer Situation gezeichnet.

Welche nonverbalen Signale angemessen sind, hängt immer von der jeweiligen Situation ab; es gibt keine Universallösung. Aber wenn Sie aufmerksam bleiben und Respekt zeigen, sind Sie auf dem besten Weg zu lernen, wie man die Körpersprache anderer Personen liest.

Tipps für Blickkontakt und Körpersprache

- **Die Aufrechterhaltung des Blickkontakts** kann besonders in formellen oder beruflichen Situationen von entscheidender Bedeutung sein, da er dazu beiträgt, Vertrauen und Aufrichtigkeit zu vermitteln. Halten Sie den Augenkontakt mit Ihrem Gesprächspartner etwa 60 % des Gesprächs lang. Unterbrechen Sie gelegentlich den Augenkontakt, um zu zeigen, dass Sie zuhören und nicht einfach nur Ihren Gesprächspartner anstarren.

- **Verwenden Sie positive Gesichtsausdrücke**, um Interesse und Engagement für das Gespräch zu zeigen. Dazu gehören Lächeln, Nicken und andere freundliche Gesichtsausdrücke.

- **Behalten Sie eine offene Körperhaltung bei:** Vermeiden Sie es, die Hände zu Fäusten zu ballen oder die Beine übereinander zu schlagen, da dies auf eine verschlossene oder defensive Haltung hinweisen kann. Lassen Sie Ihre Arme nicht verschränkt. Bemühen Sie sich stattdessen um eine freundliche und offene Körperhaltung.

- **Achten Sie auf Ihre Körperhaltung.** Sitzen oder stehen Sie aufrecht, um Sicherheit und Konzentration auszustrahlen. Sie können zeigen, dass Sie sich an dem Gespräch beteiligen, indem Sie Ihren Körper leicht in die Richtung des Gesprächspartners neigen.

- **Spiegeln Sie die Körpersprache Ihres Gesprächspartners wieder:** Wie bereits erwähnt, kann die Nachahmung des Augenkontakts und der Körpersprache Ihres Gesprächspartners dazu beitragen, dass Sie eine Verbindung zu Ihrem Gegenüber aufbauen. Achten Sie jedoch darauf, dass Sie es nicht übertreiben und es nur subtil tun.

- **Üben Sie vor einem Spiegel**: Das Üben vor dem Spiegel bietet Ihnen eine schnelle Methode, um Ihren Blickkontakt und Ihre Körpersprache zu verbessern. Es hilft Ihnen dabei zu verstehen, wie andere Menschen Ihre nonverbalen Hinweise wahrnehmen, und Sie können schlechte Angewohnheiten oder Verhaltensweisen erkennen, auf deren Änderung Sie sich vielleicht konzentrieren sollten.

- **Bitten Sie um Feedback**: Feedback von anderen ist eine weitere Methode, um Ihren Blickkontakt und Ihre Körpersprache zu verbessern. Das Feedback hilft Ihnen dabei zu verstehen, wie andere Menschen Ihre nonverbalen Botschaften interpretieren, und zeigt Ihnen, woran Sie arbeiten müssen.

- **Achten Sie auf die kulturellen Unterschiede**: Wie bereits erwähnt, kann das, was in einer Kultur als angemessen oder erfolgreich angesehen wird, in einer anderen ganz anders interpretiert werden. Es ist wichtig, dass Sie sich dieser Unterschiede bewusst sind, und dass Sie Ihren Kommunikationsstil entsprechend anpassen.

- **Achten Sie auf den Kontext**: Sowohl Körpersprache als auch Augenkontakt können je nach Situation verschiedene Bedeutungen und Botschaften vermitteln. Wie Sie Blickkontakt und Körpersprache am besten einsetzen, hängt von den Umständen und von Ihrem Gesprächspartner ab.

- **Bleiben Sie natürlich**: Achten Sie auf Ihre Körpersprache und den Augenkontakt, aber vermeiden Sie es, zu viel darüber nachzudenken oder steif oder gezwungen zu wirken. Versuchen Sie nicht, Ihr Gegenüber zu kontrollieren, sondern kommunizieren Sie mit ihm durch Augenkontakt und Körpersprache natürlich und selbstbewusst.

- **Ein intensiver Augenkontakt** hilft Ihnen dabei, eine stärkere Verbindung zu Ihrem Gegenüber aufzubauen und dessen Vertrauen zu gewinnen. Dies ist besonders wichtig, wenn Sie erfolgreiche Beziehungen aufbauen wollen, die auf

Glaubwürdigkeit und auf gegenseitigem Vertrauen beruhen.

- **Verwenden Sie die Körpersprache, um Ihre Gefühle auszudrücken:** Zusätzlich zur verbalen Kommunikation wird die Körpersprache verwendet, um viele Emotionen auszudrücken, wie z.B. Freude, Wut oder Trauer. Ihre Kommunikation wird dadurch reicher und tiefer, was ihre Wirkung erhöht.

- **Üben Sie aktives Zuhören:** Diese nonverbalen Hinweise sind entscheidend, um zu zeigen, dass Sie dem Gesprächspartner aufmerksam zuhören und Augenkontakt und Körpersprache nutzen, um Ihre Bedeutung auszudrücken. Nehmen wir an, Sie möchten anderen vermitteln, dass Sie zuhören und sich an dem Gespräch beteiligen. In diesem Fall können Sie mit dem Kopf nicken, einen ermutigenden Gesichtsausdruck machen und lange Augenkontakt halten.

- **Direkter Augenkontakt** mit anderen bietet Ihnen eine ausgezeichnete Methode, um eine tiefere Verbindung zu ihm herzustellen und Empathie zu zeigen. Wenn Sie versuchen, jemanden zu trösten, der gerade verzweifelt oder verletzlich ist, ist dies von entscheidender Bedeutung.

- **Nutzen Sie Ihre Körpersprache, um Autorität auszustrahlen:** Wenn Sie eine Präsentation halten oder ein Meeting leiten, ist es wichtig, dass Sie durch Ihre Körpersprache Selbstvertrauen und Autorität ausstrahlen. Dazu gehört eine aufrechte Haltung im Stehen oder Sitzen, intensiver Augenkontakt und die Betonung von Gesprächspunkten durch Gesten.

- **Achten Sie auf Ihre Umgebung:** Der Kontext, in dem Augenkontakt und Körpersprache eingesetzt werden, kann deren Bedeutung und Relevanz beeinflussen. So kann es beispielsweise schwieriger sein, in einer geschäftigen oder lauten Umgebung einen intensiven Blickkontakt zu Ihrem Gegenüber herzustellen oder die eigene Körpersprache einzusetzen, um eine Botschaft zu vermitteln. Unter diesen Umständen kann es unerlässlich sein, über alternative Kanäle zu kommunizieren, z. B. durch verbale Hinweise.

- **Bauen Sie Dominanz auf, indem Sie selbstbewusst den Augenkontakt halten:** Unter bestimmten Umständen kann die Aufrechterhaltung eines starken Augenkontakts eine Möglichkeit sein, um Ihre Autorität zu demonstrieren oder um Dominanz zu zeigen. Es ist jedoch wichtig, dass Sie den Augenkontakt in angemessener Weise nutzen und sich der Möglichkeit bewusst sind, dass dies als aggressiv oder konfrontativ empfunden werden könnte.

- **Verwenden Sie positive Körpersprache, um Ihr Interesse zu zeigen:** Indem Sie sich leicht vorbeugen, nicken und einen positiven Gesichtsausdruck zeigen, vermitteln Sie, dass Sie an dem, was Ihr Gegenüber sagt, interessiert sind und sich an dem Gespräch beteiligen. So bauen Sie eine stärkere Beziehung zu Ihrem Gesprächspartner auf.

Die Informationen in diesem Kapitel werden Ihnen dabei helfen, eine positive Körpersprache und einen positiven Blickkontakt aufrechtzuerhalten, wodurch die nonverbale Kommunikation viel einfacher und verständlicher wird.

Kapitel 9: 5 Geheimnisse zum Beherrschen alltäglicher sozialer Fähigkeiten

Wenn Sie dieses Buch bis hierhin durchgearbeitet haben, sind Sie schon weit gekommen. Sie haben durch Ihre harte Arbeit bereits den ersten Schritt getan, um ein selbstbewussterer und sozialgewandterer Mensch zu werden. Sie wissen mittlerweile, wie wichtig diese Fähigkeiten sind und wie sie Ihnen in allen Bereichen des Lebens helfen können. Jetzt ist es an der Zeit, dieses Wissen in die Praxis umzusetzen.

Im Gegensatz zu Fächern wie Mathematik oder Naturwissenschaften müssen soziale Fähigkeiten durch Erfahrung erlernt werden. Wenn Sie bereits in jungen Jahren gelernt haben, mit Konflikten umzugehen, Freundschaften zu schließen und sich in Gruppen mit anderen Menschen zurechtzufinden, gelang Ihnen dies durch wiederholtes Ausprobieren. Kinder probieren verschiedene Strategien aus, um sich diese Fähigkeiten anzueignen, die nicht unbedingt bei jedem gleich gut funktionieren. Der Versuch zu lernen, sich in der sozialen Welt zurechtzufinden, kann eine schwierige Erfahrung sein. Es braucht Zeit, Geduld und ein unterstützendes soziales Umfeld.

Soziale Fähigkeiten werden durch Erfahrungen in verschiedenen Situationen erlernt.[11]

Was sind soziale Fähigkeiten?

Soziale Kompetenz beschreibt die Fähigkeit, positiv und produktiv mit anderen zu interagieren. Dazu gehören die Fähigkeit zuzuhören, Dinge zu beobachten, Fragen zu stellen sowie das Ausdrücken von Gefühlen und Meinungen. Die Menschen konzentrieren sich meist auf alltägliche Interaktionen, wenn sie über soziale Fähigkeiten nachdenken. So können Sie zum Beispiel einen Freund im Flur grüßen, auf einer Party ein Gespräch mit jemandem beginnen oder jemandem sagen, was Sie von einem bestimmten Thema halten. Die Kunst der sozialen Kompetenz ist jedoch noch viel weiter gefasst. Sie ist entscheidend für den Erfolg in der Schule, im Beruf und im Privatleben. Zu den sozialen Fähigkeiten gehört mehr als nur die Fähigkeit, mit anderen zu interagieren. Sie umfassen auch Ihre Fähigkeit, mit Ihren eigenen Emotionen umzugehen, Probleme zu lösen und kreativ zu denken.

Das Selbstvertrauen oder die nötige Motivation, soziale Fähigkeiten zu entwickeln, können Ihnen schwerfallen, wenn Sie mit Ihren Ängsten kämpfen. Sie können Ihre Fähigkeit, sich in alltäglichen Situationen zurechtzufinden, durch kleine Schritte erheblich verbessern. Die folgenden Tipps werden Ihnen dabei helfen, den richtigen Weg einzuschlagen.

1. Fangen Sie klein an

Fangen Sie klein an, wenn Sie der Gedanke an die Entwicklung bestimmter sozialer Fähigkeiten zunächst überwältigt. Beginnen Sie damit, einen bestimmten Bereich in Ihrem Leben zu identifizieren, den Sie verbessern möchten. Wenn Sie sich mit jemandem unterhalten wollen, suchen Sie sich eine freundlich aussehende Person, die nicht gerade telefoniert oder Kopfhörer trägt (mit anderen Worten, suchen Sie sich jemanden, der Ihnen ähnlich ist). Finden Sie etwas, das Sie mit dieser Person gemeinsam haben; vielleicht liest sie etwa das gleiche Buch wie Sie.

Üben Sie, indem Sie mit einem Kassierer in Ihrem örtlichen Lebensmittelgeschäft sprechen. Sie könnten dem Kassierer auch ein Kompliment machen oder „Danke" sagen, wenn Ihnen jemand die Tür aufhält. Machen Sie sich keine Sorgen, Sie müssen nicht perfekt sein. Konzentrieren Sie sich darauf, Ihr Bestes zu geben. Wenn Sie in einem bestimmten Bereich Schwierigkeiten haben, ändern Sie Ihre Herangehensweise und experimentieren Sie mit verschiedenen Strategien, bis Sie etwas finden, das für Sie gut funktioniert.

Wenn Sie es schwierig finden, ein Gespräch mit Fremden zu beginnen, können Sie erstmal mit einem Freund oder Familienmitglied üben. Versuchen Sie es mit Rollenspielen und spielen Sie verschiedene Szenarien durch, die bei einem Gespräch mit einer Fremden auftreten könnten - zum Beispiel, wenn Sie einen attraktiven Fremden treffen oder sich mit jemandem auf einer Party unterhalten.

2. Verfolgen Sie Ihren Fortschritt

Wenn Sie daran arbeiten, Ihre sozialen Fähigkeiten zu entwickeln, sollten Sie Ihre Fortschritte dokumentieren. Führen Sie ein Tagebuch oder ein Journal und notieren Sie sich, wo Sie die neue Fähigkeit eingesetzt haben und wie es für Sie gelaufen ist. Wenn Sie Ihre Fortschritte derartig bemessen, bleiben Sie motiviert, und wenn Sie sehen, wie sehr Sie sich im Laufe der Zeit verbessert haben, können Sie sich an künftigen Maßnahmen orientieren. Beachten Sie die folgenden Schritte, um Ihre Fortschritte effektiv zu messen:

Identifizieren Sie Ihre Ziele

Beim Small Talk kann Ihr Ziel ganz einfach sein, vielleicht wollen Sie zum Beispiel lediglich versuchen, Ihrem Gegenüber ein Kompliment zu machen - vielleicht ist Ihr Ziel fortgeschrittener und Sie wollen ein ganzes Gespräch ausprobieren. Je detaillierter Sie sich Ihre Ziele setzen, desto einfacher ist es, den eigenen Fortschritt zu messen. Wenn das Ziel beispielsweise darin besteht, ein Gespräch 15 Minuten lang zu führen, ist es einfacher, den Fortschritt zu messen, als wenn das Ziel darin besteht, Small Talk zu machen. Sobald Sie Ihre Ziele festgelegt haben, schreiben Sie sie sich auf. Auf diese Weise können Sie feststellen, ob sich Ihre Bemühungen auszahlen und in welchen Bereichen Sie noch mehr an sich arbeiten müssen.

Setzen Sie sich eine Deadline

Als introvertierter Mensch ist es leicht, soziale Aufgaben aufzuschieben, indem man sagt: „Das mache ich später." Wenn Sie sich jedoch dazu gedrängt fühlen, eine Aufgabe bis zu einem bestimmten Datum zu erledigen, wird sie in Ihrem Kopf immer konkreter und weniger einschüchternd. Wenn Sie zum Beispiel mit einem Bekannten bei der Arbeit Small Talk machen wollen, dies aber noch nicht getan haben, setzen Sie sich eine Frist, dies bis heute in einer Woche zu erledigen.

Sich Meilensteine setzen

Meilensteine sind Zwischenziele, die Ihnen dabei helfen, von Punkt A zu Punkt B zu gelangen. Wenn Sie zum Beispiel mehr Leute treffen möchten, setzen Sie sich den Meilenstein, jede Woche ein Gespräch mit jemandem zu führen. Wenn Sie sich ein Netzwerk aufbauen möchten, aber nicht wissen, wo Sie anfangen sollen:

1. Setzen Sie sich einen Meilenstein zur Kontaktaufnahme mit Ihrem Ehemaligenverein.
2. Sobald Sie sich einen Meilenstein gesetzt haben, notieren Sie ihn sich in Ihrem Kalender.
3. Behalten Sie im Auge, wie Sie Ihr Ziel erreichen wollen, damit Sie es bei Bedarf anpassen können. Wenn Sie sich z.B. mit mehr Leuten treffen wollen, aber nur einmal pro Woche etwas unternehmen, setzen Sie sich für die nächste Woche zwei Ziele (statt nur eines).

Dokumentieren Sie sich Ihren Fortschritt

Die beste Möglichkeit, um sich selbst zur Rechenschaft zu ziehen, besteht darin, den Überblick über Ihre Leistungen zu behalten. Dazu könnten Sie sich einfach Ihre Meilensteine auf einem Blatt Papier aufschreiben und sie an einem Ort anbringen, an dem Sie sie häufig sehen. Alternativ können Sie auch eine Tabelle mit all Ihren Networking-

Meilensteinen führen, so dass Sie leicht sehen können, wie weit Sie mit der Erfüllung dieser Meilensteine vorangekommen sind. Wenn Sie einen Partner oder ein Team haben, das für Sie verantwortlich ist, können Sie ihm die Fortschritte mitteilen, damit er weiß, was in Ihrem Leben passiert.

Legen Sie ein Belohnungssystem für das Ende jeder Woche fest, wenn Sie alle Ihre Meilensteine erreicht haben. Es muss nichts Extravagantes sein, nur etwas, das Ihnen ein gutes Gefühl gibt.

Denken Sie daran: Es geht nicht darum, wie schnell Sie Ihre Meilensteine erreichen können, sondern darum, dass Sie sie langfristig durchhalten.

3. Gute Manieren üben

Gute Manieren sind ein wichtiger Bestandteil des Small Talks. Die Art und Weise, wie Sie sich anderen gegenüber präsentieren, Ihr Tonfall und die Art und Weise, wie Sie mit Ihren Gesprächspartnern interagieren, können über den Erfolg oder Misserfolg eines Gesprächs entscheiden. Das regelmäßige Üben ist der beste Weg, um sich gute Manieren anzugewöhnen. Beobachten Sie die Menschen in Ihrer Umgebung und beobachten Sie, wie sie miteinander umgehen. Wenn jemand in Ihrer Nähe spricht, achten Sie darauf, was er sagt und wie er es sagt. Achten Sie auf den Tonfall, die Körpersprache, die Mimik und die Gestik - alles, was zum Gesamtbild der Person beiträgt.

Eine ausgezeichnete Möglichkeit zum Üben besteht darin, sich einen Film oder eine Fernsehsendung anzusehen. Wenn sich die Figuren miteinander unterhalten, können Sie beobachten, was jede Figur einzigartig macht, und diese Informationen nutzen, wenn Sie mit einem Fremden sprechen. Wenn Sie bei der Arbeit oder in der Schule sind, achten Sie darauf, wie Ihre Lehrer und Professoren mit den Studenten umgehen. Wenn Sie sich mit jemandem unterhalten, versuchen Sie herauszufinden, was die Person einzigartig macht. Ist sie lustig? Ernsthaft? Entspannt? Geschäftstüchtig? Achten Sie auf Dinge, die die Menschen besonders machen, und nutzen Sie diese Eigenschaften, wenn Sie mit jemandem sprechen, der neu ist. Sie werden feststellen, dass es umso einfacher ist, mit Menschen zu sprechen, je mehr Sie aufpassen.

4. Verhalten Sie sich wie ein sozialer Mensch

Vielleicht haben Sie schon einmal das Sprichwort gehört: „Fake it until you make it". Das bedeutet, wenn Sie sich wie ein selbstbewusster, erfolgreicher Mensch verhalten, werden Sie irgendwann von Ihrem Verhalten eingeholt. Das gleiche Konzept gilt für das soziale Verhalten.

Wenn Sie Ihre Fähigkeit verbessern möchten, Small Talk zu führen und Kontakte zu knüpfen, sollten Sie dies täglich üben. Hier sind ein paar Tipps, die Ihnen dabei helfen sollen, besser mit anderen in Kontakt zu treten. Probieren Sie sie aus und finden Sie heraus, welche Methode für Sie am besten funktionieren. Wenn keine davon funktionieren, entwickeln Sie Ihre eigene Art der Kontaktaufnahme.

Tun Sie es aus den richtigen Gründen

Es gibt viele Gründe, warum Menschen soziale Kompetenzen trainieren - um selbstbewusster im Umgang mit anderen zu werden oder um ihre Kommunikationsfähigkeiten zu verbessern, um einen Traumjob oder eine Beziehung zu bekommen. Wenn Sie jedoch besser im Small Talk werden und Kontakte knüpfen wollen, muss Ihre Motivation aus Eigeninteresse kommen und nicht aus dem Bedürfnis nach Anerkennung oder Bestätigung. Wenn Ihr Ziel beispielsweise darin besteht, selbstbewusster zu werden, wenn Sie auf Partys mit Fremden sprechen, dann konzentrieren Sie sich darauf, wie Sie davon profitieren können (z.B. neue Freunde finden, Spaß haben). Wenn Sie dazu motiviert sind, ein großartiger Gesprächspartner zu sein und von anderen für diese Fähigkeit gelobt zu werden, wird Ihr innerer Druck die Sorge bei Ihnen hervorrufen, ob Sie im Gespräch mit neuen Menschen als talentiert angesehen werden.

Anderen Komplimente machen

Wenn Sie eine starke Beziehung zu jemandem aufbauen möchten, ist ein Kompliment eine der besten Möglichkeiten, um dies zu erreichen. Damit ist keinesfalls gemeint, dass Sie jemandem sagen, dass er gut aussieht oder dass er etwas gut gemacht hat. Es bedeutet lediglich, dass Sie bestimmte Dinge an seiner Persönlichkeit und an seinem Verhalten bewundern (z.B. seinen Sinn für Humor, seine Intelligenz usw.).

Wenn Sie einem Kollegen ein Kompliment für seine Präsentation zu machen oder das Design seines Hemdes kommentieren, kann dies das Eis brechen. Aber der Kommentar muss von Herzen kommen, nicht nur aus Ihrem Mund. Hier sind einige Tipps dazu, wie Sie jemandem ein aufrichtiges Kompliment machen können:

Achten Sie auf das, was Sie wirklich an der Person mögen, damit sie sich wirklich geschätzt und gewürdigt fühlt.

- Seien Sie mit Ihrem Verhalten nicht zu offensichtlich. Achten Sie stattdessen auf die kleinen Dinge, die Sie einzigartig machen, wie z.B. Ihr Lieblingsessen oder -hobby, und nutzen Sie diese, um

der Person zu vermitteln, was das Besondere an ihr ist und es zu einem unvergesslichen Erlebnis für Sie beide zu machen.
- Verlassen Sie sich nicht auf die gleichen alten Komplimente oder Antworten. Achten Sie stattdessen auf persönliche Eigenheiten und loben Sie diese.

Beteiligen Sie sich aktiv

Es kann verlockend sein, sich zurückzulehnen und zuzusehen, wie sich die Party entfaltet, wenn Sie soziale Situationen meiden. Es ist jedoch viel hilfreicher, sich aktiv einzubringen. Überlegen Sie sich ein soziales Hobby, wie z.B. ehrenamtliche Arbeit bei örtlichen Wohltätigkeitsorganisationen oder das Erlernen einer neuen Sprache, damit Sie regelmäßig Small Talk führen können. Wenn es Ihnen schwerfällt, ein Gespräch mit anderen zu beginnen, denken Sie daran, dass es mindestens ein Thema gibt, das alle Teilnehmer verbindet: ihr gemeinsames Interesse an der gemeinsamen Aktivität.

Veranstalten Sie einen Brunch

Ein Brunch bietet Ihnen eine hervorragende Gelegenheit, um mit Freunden, Familienmitgliedern und Kollegen ins Gespräch zu kommen. Es bietet Ihnen auch eine perfekte Gelegenheit für diejenigen, die bei Partys und Small Talk zu Schüchternheit oder Unbeholfenheit neigen. Die ungezwungene Atmosphäre eines Brunch-Treffens trägt dazu bei, dass Sie sich entspannen und wohlfühlen. Sie können Spiele oder Aktivitäten planen, um die Leute zum Reden und Lachen zu bringen. Hier sind einige Ideen für Brunch-Aktivitäten:

Spielideen

- Wortspiele
- Trivia-Spiele (mit Fragen zum Thema Essen, Kochen oder Unterhaltung)
- Schnitzeljagd

Melden Sie sich für einen Kurs an

Sie müssen sich verschiedenen sozialen Umgebungen aussetzen, um mit neuen Menschen in Kontakt zu kommen. Die Teilnahme an Kursen, die Sie interessieren, wie z.B. Kochen oder Malen, kann Ihnen dabei helfen, Ihren sozialen Kreis zu erweitern und so neue Fähigkeiten zu entwickeln. Beginnen Sie ein Gespräch mit jemandem, der ebenfalls den Kurs besucht; Gespräche sind einfacher, wenn man gemeinsame

Interessen hat. Wenn Sie niemanden kennen, der denselben Kurs machen möchte, sollten Sie sich einer Gruppe oder einem Club anschließen, der ähnliche Kurse anbietet.

Verabreden Sie sich mit anderen Menschen

Wenn Sie sich in Einzelgesprächen wohler fühlen als in großen Gruppen, organisieren Sie sich eine Art Date. Gehen Sie auf ein Date mit nur einer Person, anstatt mit Ihrer ganzen Mannschaft auszugehen. Das bietet Ihnen eine hervorragende Gelegenheit, mit einer neuen Person Small Talk zu betreiben, und noch besser ist es, wenn Sie etwas mit der Person gemeinsam haben. Wenn Sie mutig sind, können Sie Menschen über die sozialen Medien oder persönlich um ein Date bitten. Wenn Sie Angst vor Ablehnung haben, brauchen Sie das nicht. Viele Menschen fühlen sich geschmeichelt, wenn jemand sie um ein Date bittet.

Informieren Sie sich über aktuelle Ereignisse

Sie müssen kein Nachrichtenjunkie sein, um sich über aktuelle Ereignisse auf dem Laufenden zu halten. Die meisten Menschen sprechen gerne über politische Themen oder Ereignisse in der Popkultur, so dass dies Ihnen eine gute Möglichkeit bietet, um ein Gespräch zu beginnen. Stellen Sie einfach eine Frage, wenn Sie sich nicht sicher sind, wie Sie ein Thema ansprechen sollen. Fragen Sie zum Beispiel: „Was halten Sie von Trumps Firma Truth Social?" oder „Haben Sie gestern Abend die Oscar-Verleihung im Fernsehen gesehen?"

Wenn Sie etwas abenteuerlustiger sind, teilen Sie anderen Ihre Meinung zu einem aktuellen Ereignis mit. Sagen Sie so etwas wie: „Ich finde Trumps Verhalten lächerlich". Sie werden vielleicht nicht einer Meinung mit Ihrem Gesprächspartner sein, aber zumindest haben Sie so etwas, worüber Sie reden können.

5. Üben, Üben, Üben

Sie müssen Zeit und Energie aufwenden und Ihre Fähigkeiten verbessern, um ein Meister des Small Talks zu werden. Bei diesem Vorhaben geht es nicht nur darum, ein paar Worte zu sagen und wieder zu gehen. Um Ihre Konversationsfähigkeiten zu perfektionieren, sollten Sie mit jedem sprechen. Jede Person hat etwas Interessantes zu sagen, von der Kassiererin im Supermarkt bis hin zu Ihrem Chef oder Ihren Kollegen. Hier sind alle Orte, an denen Sie das Gespräch beginnen können:

Übungen im Spiegel

Stellen Sie sich vor den Spiegel und üben Sie, das, was Sie sagen wollen, laut auszusprechen (schauen Sie sich nicht direkt an). Diese Übung hilft Ihnen dabei, sich bewusst zu werden, was in Ihren Sprachmustern und in Ihrem Tonfall natürlich oder ungeschickt klingt, was Ihnen dabei helfen wird, selbstbewusster aufzutreten.

Soziale Medien

Wenn Sie Angst davor haben, ein Gespräch mit Fremden zu beginnen, machen Sie online Small Talk, bevor Sie jemanden im wirklichen Leben ansprechen. So gewöhnen Sie sich an den Gedanken, mit anderen Menschen zu sprechen, und lernen, wie Sie jemanden ansprechen, der Sie nicht kennt. Wenn sich das seltsam oder zu sehr nach Online-Dating anhört, machen Sie sich keine Sorgen. Sie können über alles Mögliche reden, vom Wetter bis hin zu einem interessanten Artikel, den Sie im Internet gelesen haben.

Das reduziert den Druck und hilft Ihnen dabei, die Konversation in einer Umgebung zu üben, in der nicht viel auf dem Spiel steht. Sie haben außerdem Zeit, sich Ihre Antworten gründlich zu überlegen und fühlen sich nicht gezwungen, sich auf der Stelle etwas Witziges einfallen zu lassen. Denken Sie daran, dass Online-Gespräche den persönlichen Small Talk nicht ersetzen können. Mit dieser Übung können Sie üben, mit anderen Menschen zu sprechen und sich mit dem Gedanken vertraut zu machen.

Freunde und Familienmitglieder

Ihre Freunde und Familienmitglieder sind die perfekten Menschen Partner, um mit dem Üben zu beginnen. Sie kennen Sie gut und können Ihnen dabei helfen, unangenehme Momente zu überbrücken und konstruktives Feedback zu geben. Es ist auch einfacher, mit ihnen über aktuelle Ereignisse zu sprechen, wenn Sie ein gemeinsames Interesse haben - zum Beispiel, wenn eine Freundin ihre Hochzeit plant oder Ihre Mutter sich einer Chemotherapie unterzieht.

Es ist schwieriger, Gemeinsamkeiten mit Menschen zu finden, die Sie erst seit ein paar Minuten kennen. Hier fällt es Ihnen möglicherweise schwerer, über persönliche Themen zu sprechen. Üben Sie also, indem Sie so tun, als wären Sie kein Fremder oder Arbeitskollege. Dadurch werden Sie gezwungen, über das, was Sie sagen, nachzudenken, anstatt das Gespräch unnötig in die Länge zu ziehen.

Arbeitskollegen

Ihre Kollegen sind Menschen, mit denen Sie regelmäßig zu tun haben, also sind sie gute potenzielle Gesprächspartner. Wenn Sie Kollegen haben, die nicht Ihre Freunde sind, kann es schwieriger sein, mit ihnen zu üben. Solche Kollegen sind meist mit ein Grund dafür, dass Sie überhaupt nervös sind, wenn es um Small Talk geht. Sie wissen nicht, ob Ihre Kollegen Sie mögen oder verurteilen werden, weil Sie etwas Falsches gesagt haben. Wenn Sie also mit Ihren Kollegen üben, sollten Sie sich nicht darauf konzentrieren, was diese von Ihnen denken. Konzentrieren Sie sich stattdessen darauf, ganz Sie selbst zu sein und das Gespräch für Sie beide einfacher zu gestalten. Wenn einer Ihrer Kollegen Sie zum Beispiel fragt, wie Ihr Wochenende war, versuchen Sie nicht bloß, „schön" oder „gut" zu antworten. Denken Sie an etwas Bestimmtes, das passiert ist, damit Sie über etwas Interessanteres sprechen können, als nur zu sagen, dass es gut war.

Wenn Sie Schwierigkeiten haben, ein Gesprächsthema zu finden, fragen Sie Ihre Kollegen nach deren neuesten Arbeitsprojekten oder über den Büroklatsch. So haben Sie etwas, worüber Sie sprechen können, und zeigen Interesse an dem, was um Sie herum geschieht. Sie können Ihre Kollegen auch nach ihren Hobbys fragen oder danach, wie lange sie schon für Ihren Arbeitgeber arbeiten.

Einzelhandelsangestellte

In Ihrem täglichen Leben begegnen Sie vielen Mitarbeitern im Einzelhandel. Vielleicht gehen Sie oft mit einem Freund oder mit Ihrer Familie einkaufen und müssen an der Kasse warten, oder Sie sind im Geschäft und suchen etwas Bestimmtes. In jedem Fall haben Sie die Gelegenheit, mit dem Kassierer Small Talk zu machen.

Sie können den Kassierer nach dem Wetter, den neuesten Nachrichten oder sogar nach seinem Tag fragen. Wenn andere mit Ihnen in der Schlange stehen, beginnen Sie ein Gespräch mit den anderen Personen. Eine einfache Begrüßung wie „Hallo, wie geht es Ihnen?" reicht dabei aus, um ein Gespräch in Gang zu bringen. Sie können die Person auch fragen, wie ihnen die Arbeit in dem Geschäft gefällt oder welche Erfahrungen sie dort gemacht haben.

Wenn Sie das Gefühl haben, dass Small Talk an der Kasse nicht Ihre Stärke ist, gibt es andere Dinge, die Sie tun können, um sich das Erlebnis angenehmer zu gestalten. Eine Möglichkeit ist es, zu lächeln und jeden in der Schlange zu grüßen. Das mag wie eine kleine Geste erscheinen, aber es zeigt, dass Sie freundlich und zugänglich sind. Sie können sich auch im Geschäft umsehen und mit den Angestellten oder anderen Kunden ein nettes Gespräch führen. Beginnen Sie das Gespräch, indem Sie nach deren Meinung zu einem Produkt oder nach Kaufempfehlungen fragen.

Fremde

Sie treffen fast jeden Tag auf Fremde: auf der Straße, in einem Geschäft oder in der Warteschlange bei der Bank. Vielleicht fühlen Sie sich in solchen Situationen unwohl oder unbeholfen, weil Sie sich nicht kennen, aber Sie können diese Momente trotzdem angenehm gestalten. Um einen guten ersten Eindruck zu hinterlassen, lächeln Sie und grüßen Sie die Person. Wenn die Person positiv reagiert, fragen Sie sie, wie ihr Tag war.

Wenn die Person, die an Ihnen vorbeigeht, verloren oder verwirrt aussieht, lächeln Sie und sagen Sie: „Brauchen Sie Hilfe?" oder „Brauchen Sie eine Wegbeschreibung?" Das Angebot, der Person zu helfen, bricht das Eis zwischen Fremden und führt schnell zu einem angenehmen Gespräch. Wenn Sie in der Schlange vor der Bank stehen, fragen Sie, wie lange die Person schon wartet oder was sie von den neuen Sicherheitsvorkehrungen hält, die kürzlich eingeführt wurden. So können Sie sich die Zeit vertreiben und beide Seiten fühlen sich wohler miteinander. Wenn Sie einen Haarschnitt brauchen, aber nicht wissen, wo Sie hingehen sollen, fragen Sie eine andere Person in der Schlange, ob sie einen Laden in der Nähe empfehlen kann. Wenn ein Fremder ein interessantes Schmuckstück oder Kleidungsstück trägt und Sie wissen möchten, woher er es hat, fragen Sie ihn.

Zu lernen, wie man sich unterhält und Small Talk macht, ist ein komplexer Prozess. Es ist eine Fähigkeit, die Zeit braucht, um sich zu entwickeln und perfekt zu beherrschen. Es gibt zwar viele Tipps und Tricks, die Ihnen dabei helfen können, Small Talk zu führen, aber der beste Weg, um sich zu verbessern, besteht darin, einfach zu üben. Sie müssen sich selbst auf die Probe stellen und Ihren Ängsten ins Auge sehen. Je mehr Sie üben, desto leichter wird Ihnen der Small Talk fallen. Sie werden lernen schnell, ein Gleichgewicht zwischen dem Reden über sich selbst und dem Zuhören zu finden und merken, wie Sie ein Gespräch in Gang halten können, damit die Leute weiterhin mit Ihnen reden wollen. Wenn Sie die Kunst des Small Talks erst einmal beherrschen, wird es viel einfacher, Kontakte zu anderen Menschen zu knüpfen. Es eröffnet Ihnen mehr Möglichkeiten in Ihrem privaten und sowie in Ihrem beruflichen Leben. Sie finden dadurch leichter Freunde, knüpfen bei Veranstaltungen Kontakte und bekommen sogar bessere Jobs bei Unternehmen, die jemanden suchen, der sich leicht mit anderen unterhalten kann. Wenn Sie das nächste Mal ausgehen, machen Sie Small Talk mit den Menschen um Sie herum. Es spielt dabei keine Rolle, ob es sich um eine geschäftliche Veranstaltung oder einen Besuch in einer Bar mit Freunden handelt, fangen Sie einfach an zu reden.

Bonus: Checkliste für Small Talk

Herzlichen Glückwunsch, dass Sie alle neun Kapitel dieses Buches gelesen und Ihr Wissen über Small Talk ausführlich erweitert haben. Möchten Sie noch weitere Tipps erhalten oder das Gelernte weiter vertiefen (wenn Sie es nicht schon getan haben)?

Mit Ihrer Entschlossenheit haben Sie sich ein Bonuskapitel verdient. Alle wichtigen Punkte, die Sie in den neun Kapiteln gelesen haben, werden in diesem Bonuskapitel als Erinnerungshilfen präsentiert. Diese sind sehr nützlich, besonders wenn Sie nichts aus diesem Buch vergessen wollen. Sie erhalten eine Checkliste in Form eines Übungswortschatzes, mit der Sie Ihre Fortschritte beim Meistern von Small Talk verfolgen können.

In der heutigen Welt sind soziale Fähigkeiten unerlässlich. Sie ermöglichen es Ihnen, Beziehungen zu anderen Menschen zu knüpfen, erfolgreich zu kommunizieren und mit anderen in Kontakt zu treten. Es ist wichtig, mit einem größeren Gefühl der Erfüllung durchs Leben zu gehen und Freundschaften zu schließen. Die Fähigkeit, souveränen Small Talk zu führen, wird Ihnen in Ihrem Leben von großem Nutzen sein.

Ich kenne die wichtigste soziale Fähigkeit

Laut dem Cambridge Wörterbuch ist Small Talk ein *„Gespräch über unwichtige Dinge, oft zwischen Menschen, die sich nicht gut kennen"*.

Small Talk beschreibt eine ungezwungene und informelle Unterhaltung, die kaum mehr als leeres Geschwätz ist. Er bietet Menschen die Möglichkeit, Höflichkeiten miteinander auszutauschen und sich in einem sozialen Umfeld besser kennenzulernen. Er wird oft verwendet, um eine Beziehung zu anderen aufzubauen und so eine freundliche Atmosphäre zu schaffen. Beim Small Talk kann es um verschiedene Themen gehen, wie zum Beispiel das Wetter, aktuelle Ereignisse, Hobbys und andere allgemeine Interessen. Der Small Talk soll nicht tiefgründig oder bedeutungsvoll sein, sondern ist vielmehr eine Möglichkeit, um Kontakte zu knüpfen und soziale Interaktionen zu pflegen.

Jeder Mensch auf diesem Planeten unterhält sich ständig mit irgendjemandem. Sie können überall ein Gespräch mit einem völlig Fremden beginnen, z.B. in Flugzeugen, auf Kongressen, auf Partys, in Klassenzimmern, in Büros und bei anderen Zusammenkünften. Der Small Talk kann Sie zu einigen der interessantesten Gespräche Ihres Lebens führen.

Obwohl Small Talk wichtig ist, sollten Sie wissen, dass es ebenso wichtig ist, sich über andere Themen als Small Talk zu unterhalten. Menschen mit sozialen Ängsten, geringem Selbstwertgefühl oder Schüchternheit vermeiden oft Small Talk. Ohne diese oder andere soziale Fähigkeiten können Sie nicht effektiv kommunizieren. Wie sprechen Sie also jemanden an?

- Überwinden Sie Ihre Schüchternheit, unterhalten Sie sich mehr mit Menschen, die Sie bereits kennen.
- Steigern Sie Ihr Selbstvertrauen und damit auch Ihre Ausstrahlung.
- Nehmen Sie an Veranstaltungen teil.
- Sehen Sie sich Filme und Dokumentationen an, die sich mit der Kunst des Sprechens beschäftigen.
- Lesen Sie Bücher.
- Wenn Sie es noch nicht bereits haben, werden Sie feststellen, dass Small Talk eine wichtige und nützliche soziale Fähigkeit im Leben ist, wenn nicht sogar die wichtigste.
- Small Talk bietet Ihnen einen guten Gesprächseinstieg.
- Small Talk hilft Ihnen dabei, Verbindungen zwischen sich selbst und anderen herzustellen oder zu stärken. Eine gute Beziehung ist wichtig für das persönliche Wachstum.
- Small Talk hilft Ihnen dabei, Ihr Selbstvertrauen und Ihre Redegewandtheit zu verbessern.

- Er ermöglicht es Ihnen, viele weitere soziale Fähigkeiten wie Kommunikation, aktives Zuhören und Kooperation zu entwickeln.

Ich habe die Schwierigkeiten, die mit Small Talk einhergehen, überwunden

Es ist möglich, dass man eine falsche Vorstellung davon bekommt, wie schwierig Small Talk ist, wenn man nur etwas über Small Talk liest oder jemandem zuhört, der darüber spricht. Der Small Talk kann jedoch durch verschiedene Faktoren erschwert werden, wie z.B. geringes Selbstvertrauen, soziale Ängste, mangelhafte soziale Fähigkeiten wie ein schlecht gewählter Tonfall, unbeholfene Gesten, eine schlechte Körpersprache und ein Mangel an sozialer Bildung. Ein geringes Selbstwertgefühl und Introvertiertheit sind ebenfalls Problemfaktoren.

Wenn Sie Schwierigkeiten haben, sollten Sie sich keine Sorgen machen, denn diese können überwunden werden. Obwohl viele dieser Schwierigkeiten erfordern, dass Sie sich an einen Psychiater wenden, können die folgenden Tipps und Tricks nutzen, die Ihnen dabei helfen, sie zu überwinden. In der folgenden Checkliste sind zunächst die Schwierigkeiten aufgeführt, gefolgt von den möglichen Lösungen. Wählen Sie nur diejenigen aus, die auf Sie zutreffen.

- **Geringes Selbstvertrauen** - Erinnern Sie sich daran, dass Sie genauso interessant und mutig sind wie alle anderen.
- **Soziale Ängste** - Setzen Sie sich das Ziel, in Ihrem nächsten Gespräch so viel über sich selbst zu erzählen wie Ihr Gegenüber. Sie können zuerst mit einem engen Freund üben. Tun Sie dies regelmäßig.
- **Geringes Selbstwertgefühl** - Erkennen Sie, worin Sie gut sind, tun Sie es weiterhin und lernen Sie, sich durchzusetzen.

Ich bin introvertiert, aber ich kann ein paar Tricks beim Small Talk einsetzen

Es ist in der realen Welt schwierig, ein introvertierter Mensch zu sein. Im Gegensatz zu extrovertierten Menschen, die überall Energie aus kleinen und großen Gesprächen schöpfen, werden Introvertierte durch diese erschöpft. Dies hat verschiedene natürliche Ursachen. Ein Grund besteht darin, dass Introvertierte häufig der Meinung sind, dass Small Talk für ihre introspektive Seele zu oberflächlich ist, um sich vollständig auf ihn einzulassen.

Forbes hat acht Strategien aufgelistet, mit denen Sie als Introvertierter den Small Talk üben können. Diese Strategien sind die Dinge, die Sie ständig tun sollten.

- Suchen Sie nach Affirmationen wie „Ich bin des Glücks und des Erfolgs würdig" oder „Ich bleibe meinem Wesen treu, ich lebe in Frieden und bin hervorragend darin, andere zu verstehen". Diese Affirmationen helfen Ihnen dabei, Ängste abzubauen.
- Seien Sie nett zu sich selbst und tun Sie sich etwas Gutes.
- Stellen Sie Fragen, um das Gespräch in Gang zu halten und um sich nicht in den Vordergrund zu drängen.
- Fügen Sie Ihren Antworten pikante Leckerbissen hinzu. Wenn Sie zum Beispiel gefragt werden, was Sie am Wochenende gemacht haben, sagen Sie nicht, dass Sie ins Kino gegangen sind, sondern: „Ich war im Kino, um Titanic zu sehen. Ich fand die Stelle toll, an der Jack sein Leben für Rose aufgibt. Haben Sie den Film gesehen?"
- Stellen Sie bei Gesprächen immer offene Fragen, um das Gespräch zu vertiefen.
- Lenken Sie Ihre innere Neugierde darauf, herauszufinden, wie die andere Person tickt.
- Erkennen Sie subtile Signale, um angemessen auf Sie zu reagieren. Üben Sie dies mit vertrauten Personen.
- Halten Sie Small Talk immer für sinnvoll, indem Sie sich darin üben, zielgerichtet zu kommunizieren.

Ich kann mich mit jedem der besten Small Talk-Themen unterhalten.

Denken Sie daran, dass bestimmte Themen bei jedem gesellschaftlichen Anlass akzeptabel sind und Ihnen dabei helfen werden, erfolgreichen Small Talk zu führen. Diejenigen, die Small Talk beherrschen, werden Ihnen sagen, dass bestimmte Themen ein Gespräch ganz natürlich verlaufen lassen. Dazu gehören Themen wie:

- **Familie**

  Sie können Dinge fragen wie: „Wie geht es Ihrer Familie?" Oder machen Sie Ihrem Gegenüber Komplimente wie: „Ich habe gerade Ihren Mann und die Kinder gesehen. Sie haben eine tolle Familie. Was ist Ihr Geheimnis?"

- **Kunst und Unterhaltung**

Wenn niemand über Kunst und Unterhaltung spricht, lohnt es sich überhaupt, über Kunst zu sprechen? Sie müssen nur wissen, wann Sie dieses Thema am besten ansprechen sollten.

- **Promi-Klatsch**

Dieses Thema eignet sich gut für Partys, den Vergnügungspark und sogar für die Schule.

- **Arbeit**

Hierbei handelt es sich zwar um einen guten Gesprächseinstieg, aber Sie sollten nicht nur über Ihre Arbeit sprechen, wenn Sie nicht auf der Suche nach neuen Freunden sind.

- **Hobbies**

Hobbys sind ein gutes Thema. Aber irgendetwas muss Sie auf dieses Thema bringen, z.B. ein Gespräch über Heimatstädte.

- **Reisen**

Sie können dieses Thema gut an Flughäfen zur Sprache bringen. Sie könnten zum Beispiel sagen: „Ich sehe, Sie fliegen nach XYZ. Ist das Ihr erstes Mal?"

- **Sport**

Nicht jeder schaut gerne Sport, also müssen Sie mit diesem Thema vorsichtig sein und es auch nicht überall erwähnen.

- **Das Wetter**

Wenn sich zwei Menschen zum ersten Mal treffen, unterhalten Sie sich bei ihrem ersten Gespräch oft über das Wetter: „Hey, mein Freund, ich liebe das Wetter heute und wie der Wind durch mich hindurchweht. Du spürst das doch auch, oder?" Dieser Einstieg führt sie dann zu den wichtigeren Themen.

Ich kenne die schlimmsten Small Talk-Themen

Einige Themen eignen sich sehr gut für Small Talk, während andere Ihre Gespräche ruinieren und Sie als Drückeberger entlarven.

- **Erscheinungsbild**

Jeder liebt Komplimente, aber seien Sie sehr vorsichtig mit diesem Thema, wenn Sie über das Aussehen von jemand anderem sprechen.

- **Beleidigende Witze**

  Das Schlüsselwort hier ist „beleidigend". Solche Witze müssen Sie vermeiden.

- **Tod**

  Nutzen Sie dieses Thema niemals für Ihren Small Talk, auch nicht bei einer Beerdigung, schon gar nicht gegenüber der trauernden Person.

- **Vergangene Beziehungen**

  Auch dieses Thema ist ein Tabu, ähnlich wie der Tod. Sie sollten Ihr Gespräch nicht mit diesem Thema beginnen, wenn Sie jemanden zum ersten Mal treffen.

- **Politik und Religion**

  Suchen Sie nach einer Möglichkeit, eine Beziehung zu beenden, bevor sie beginnt? Reden Sie über diese Themen.

- **Finanzen**

  Halten Sie sich von diesem Thema fern, es sei denn, Sie befinden sich auf einer Veranstaltung, auf der über Finanzen gesprochen wird, oder Sie sprechen über ein Problem mit der Bank.

Weitere Tabuthemen sind Sex, Gesundheit und andere persönliche Themen.

Ich kann mit jedem ein Gespräch anfangen

Es gibt verschiedene Möglichkeiten, um ein Gespräch mit einem Fremden zu beginnen. Diese drei Szenarien werden Sie an das erinnern, was in Kapitel 6 besprochen wurde.

- Sind Sie auf einer Party? Stellen Sie offene Fragen wie „Warum haben Sie diesen Studiengang gewählt?" oder „Was wünschen Sie sich für Ihre Zukunft?"
- Reisen Sie mit öffentlichen Verkehrsmitteln? Sie können damit beginnen, jemandem ein Kompliment zu machen, aber nicht damit, über das Aussehender Person zu sprechen.
- Sind Sie in einem Sportschauzentrum? Sprechen Sie über das letzte Spiel der jeweiligen Mannschaften.

Denken Sie daran, dass es von den Umständen und der Umgebung abhängt, ob Sie ein Gespräch mit einem Fremden beginnen können. Darüber hinaus gibt es ein paar Tipps, die Ihnen dabei helfen, mit jedem ein Gespräch zu beginnen.

- Seien Sie nicht pessimistisch.
- Beschweren Sie sich nicht.
- Engagieren Sie sich durch aktives Zuhören.
- Bleiben Sie positiv.
- Machen Sie anderen immer Komplimente.
- Diskutieren Sie optimistische Themen.
- Wechseln Sie das Thema, wenn Ihnen das Gespräch unangenehm wird

Ich kenne ein paar narrensichere Fragen, die Sie jedem stellen können

Sie haben in diesem Buch nur gelernt, wie man ein Gespräch anfängt und was man beim Small Talk beachten sollte. Die nächste Stufe des Small Talks ist das Stellen von Fragen, insbesondere narrensichere Fragen sind sehr wichtig.

Eine narrensichere Frage ist einfach, aber fehlerfrei und zuverlässig. Mit einer solchen Frage kann nichts schiefgehen. In Kapitel 7 finden Sie fünfzig sichere Fragen, mit denen Ihnen selbst der unangenehmste Small Talk leichtfällt. Kunst, Wetter, Sport, Familie, Reisen, Arbeit, Unterhaltung, Essen, Hobbys, Klatsch und Tratsch über Prominente, die Heimatstadt und ähnliche Themen liefern Ihnen die Grundlage für diese Fragen. Hier sind ein paar Beispiele.

- Was würden Sie gerne tun, wenn Sie nicht hier arbeiten würden?
- Wie sind Sie [Berufsbezeichnung] geworden?
- Was würden Sie essen, wenn Sie für den Rest Ihres Lebens nur noch eine Sache essen könnten?
- Welches Restaurant ist der beste Geheimtipp hier in der Gegend?
- Wohin würden Sie reisen, wenn Sie überall auf der Welt hinfliegen könnten?

Ich habe die Kunst der Augen- und Körpersprache gemeistert

Das Stellen von narrensicheren Fragen bietet Ihnen eine hervorragende Möglichkeit, um ein Gespräch zu beginnen und es so lange und tiefgreifend zu führen, wie Sie wollen. Eine einzige Methode reicht jedoch nicht aus, um eine gute Verbindung zu einer anderen Person herzustellen. Small Talk ist erfolgreicher, wenn Sie Augenkontakt herstellen und Ihre Körpersprache einsetzen. Was wir nicht sagen können oder wollen, kann Ihnen durch Augenkontakt und Körpersprache vermittelt werden.

Im Folgenden finden Sie Beispiele für üblichen Augenkontakt und Körpersprache:

- Ein Augenaufschlag, der Aufmerksamkeit signalisiert.
- Schnelles Blinzeln, das ein Zeichen von Not sein könnte.
- Anspannen der Lippen, um Abneigung zu zeigen.
- Geballte Fäuste, um Wut oder Solidarität zu zeigen.
- Verschränkte Arme könnten zur Verteidigung eingesetzt werden oder dazu dienen, den Körper zu stützen.
- Gesichtsausdrücke, die Verwirrung, Ärger oder Freude zeigen.

Hier sind einige der Vorteile dieser Regeln

- Ständiger Augenkontakt sorgt dafür, dass sich die Menschen auf das Gespräch konzentrieren.
- Augenkontakt und Körpersprache verbessern das Verständnis, die Kommunikation und das Vertrauen der anderen Partei in Sie.
- Diese Tipps helfen Ihnen dabei, die wahren Gefühle anderer Personen schneller zu erkennen, da die Körpersprache oder der Augenkontakt einer Person mit dem übereinstimmen sollten, was sie zu Ihnen sagt.
- Die Körpersprache bietet Ihnen ein weiteres Ventil, um zu zeigen, wie Sie sich fühlen

Obwohl Menschen oft anderen durch ihre Körpersprache mitteilen, was wirklich wahr ist, müssen Sie daran denken, dass Ihre Annahmen nicht immer zutreffen.

Ich kenne und praktiziere die Geheimnisse zum Beherrschen sozialer Fähigkeiten

Wenn Sie alle obigen Tipps gewissenhaft befolgt haben, werden Sie bestätigen zustimmen, dass die Schritte hilfreich sind. Sie müssen sich nun fragen: „Wie geht es weiter?" oder „Wie werde ich besser im Small Talk?" Die einfache Antwort, das Geheimnis der Meister auf jedem Gebiet der Welt, ist die Übung in der PRAXIS.

Perfekte Praxis (Praxis zur richtigen Zeit, am richtigen Ort, mit den richtigen Werkzeugen) macht alles andere auch perfekt. Wie bei vielen anderen Handbüchern auch, werden die Leser dieses Buches sofort Erfolge sehen wollen, manche sogar noch vor dem Lesen des ersten Kapitels. Dennoch wird niemand über Nacht zum Experten. Ob Sie ein Experte werden, hängt ganz davon ab, mit welcher Hingabe Sie die Fähigkeiten üben.

Welche Bedeutung haben tägliche Wiederholungen und ständiges Üben?

- Sie helfen Ihnen dabei, Ihre Fähigkeiten vom bewussten Zustand auf das Unterbewusstsein zu übertragen.
- Sie helfen Ihnen dabei, das Lernen im Gehirn zu stärken.
- Sie erhöhen das Vertrauen.
- Sie verbessern Ihre Geschwindigkeit.
- Sie erlauben es Ihnen, Ihre Fähigkeiten zu meistern.

Sie können nicht nur mit Menschen üben, die Sie kennen, sondern müssen auch in die reale Welt hinausgehen und bei Gesprächen mit Fremden üben. Der Versuch, mit Fremden in öffentlichen Verkehrsmitteln, in Wartezimmern, Geschäften oder an anderen öffentlichen Orten ein Gespräch zu beginnen, ist ein guter Ausgangspunkt, um Ihren Small Talk und Ihre soziale Kompetenz zu üben und schließlich ein Experte zu werden.

Vielleicht haben Sie in der Vergangenheit schon einmal gesagt: „Ich hasse Small Talk", aber ich wette, dass Sie jetzt eine andere Einstellung haben und sich jederzeit und überall auf Small Talk einlassen und Ihre sozialen Fähigkeiten verbessern werden. Kein Buch kann *Sie dazu bringen,* ein Gespräch zu beginnen; das liegt immer noch an Ihnen, und Übung ist der beste Anfang.

Small Talk kann Wunder bewirken. Er fördert nicht nur die zwischenmenschlichen Beziehungen, sondern auch das Vertrauen und den Respekt. Guter Small Talk zeigt immer Ihre sprachliche Kompetenz und Ihre Vertrautheit mit Ihrer Umgebung und mit Ihrem Beruf. Small Talk ist der erste Schritt, um mit jemandem zu sprechen oder erfolgreiche Beziehungen zu anderen Menschen aufzubauen.

Wie weit sind Sie gekommen?

Beachten Sie die folgende Checkliste für Small Talk:

☐ Höre ich der anderen Person aktiv zu und zeige ich Interesse an dem, was sie sagt?

☐ Stelle ich offene Fragen, um das Gespräch im Fluss zu halten?

☐ Erzähle ich persönliche Anekdoten oder Geschichten, die mit dem Thema zu tun haben?

☐ Erinnere ich mich an frühere Gespräche oder Details über die andere Person und bringe sie zur Sprache?

☐ Verwende ich eine angemessene Körpersprache, wie z.B. Augenkontakt und häufiges Lächeln?

☐ Halte ich mich von kontroversen oder sensiblen Themen fern?

☐ Gelingt es mir, das Gespräch leicht und positiv zu halten?

☐ Halte ich das Gespräch im Gleichgewicht und lasse den anderen auch reden?

☐ Setze ich Humor und Lachen in der Unterhaltung angemessen ein?

☐ Gebe ich mir Mühe, das Gespräch höflich und reibungslos zu beenden?

Fazit

Da es so viele Individuen auf der Welt gibt, müssen wir uns ständig in Gespräche mit anderen Menschen vertiefen. Diese Gespräche beginnen häufig mit Small Talk, den das Cambridge Wörterbuch als *„Gespräch über unwesentliche Dinge, oft zwischen Menschen, die sich nicht gut kennen"* definiert.

Small Talk ist eine soziale Fähigkeit, die es Ihnen ermöglicht, sich mit jedem über jedes Thema zu unterhalten. Small Talk bietet Ihnen eine großartige Möglichkeit, um Selbstvertrauen und dauerhafte Beziehungen zu anderen Menschen aufzubauen. Menschen, die mit sozialen Situationen zu kämpfen haben, finden solche kurzen Gespräche in der Regel langweilig. Die gute Nachricht ist, dass Sie Ihre Small Talk Fähigkeiten verbessern können.

Die in diesem Buch besprochenen Strategien für den Small Talk helfen introvertierten Menschen dabei, Spaß in der Welt zu haben. Wenn Sie introvertiert sind und aktiv an Gesprächen teilnehmen möchten, können Sie Bestätigung suchen, freundlich zu sich selbst sein, offene Fragen stellen und Ihre Einstellung zum Small Talk anpassen.

Einige der interessantesten und ansprechendsten Small Talk-Themen sind die Themen Familie, Freunde, Hobbys, Wetter, Kunst und Unterhaltung, Reisen und Promi-Klatsch. Themen über Aussehen, obszöne Witze, Tod, Politik, Religion und frühere Beziehungen sollten Sie bei lockeren Gesprächen aber vermeiden.

Sie können ein Gespräch mit einem Fremden auf unterschiedliche Weise beginnen, und die Dinge, über die Sie sprechen, werden sich abhängig vom Gesprächskontext ändern. Sie müssen das Thema verstehen, das am besten zu Ihrem Umfeld passt.

Beachten Sie die Ratschläge in diesem Buch genau, um sich Ihren Erfolg zu garantieren. Wenn sich das Gespräch unangenehm anfühlt, sollten Sie sich eine heitere Haltung bewahren, die andere Personen ergänzen und das Thema wechseln. Am besten wäre es, wenn Sie das Leben nicht negativ sehen und sich nicht zu viel beschweren.

Ihr Small Talk ist unvollständig, wenn Sie nicht wissen, wie Sie Fragen stellen können, insbesondere narrensichere Fragen. Eine narrensichere Frage ist einfach, fehlerfrei und zuverlässig - da kann nichts schiefgehen.

Die Beherrschung der Augen- und Körpersprache ist eine weitere wichtige Kommunikationsebene des Small Talks. Diese Fähigkeiten werden Ihren Small Talk so weit bringen, dass Sie stets eine Möglichkeit haben, das, was Sie zu kommunizieren wünschen, auszudrücken. Die Beispiele in diesem Buch sollen Ihre Kommunikation verbessern und Ihr Vertrauen in andere stärken.

Regelmäßige Übung ist die einzige Möglichkeit, um jede Fähigkeit zu meistern, einschließlich Ihrer sozialen Fähigkeiten. Übung macht den Meister (üben Sie zur richtigen Zeit, am richtigen Ort, mit den richtigen Mitteln). Dies stärkt Ihr Selbstvertrauen und verbessert Ihre Fähigkeiten, indem es Ihre Konzentration vom Bewusstsein in das Unterbewusstsein verlagert.

Wahrscheinlich haben Sie dieses Buch gelesen, weil Sie lernen wollten, wie Sie geselliger werden können oder weil Sie sich für Psychologie interessieren. Small Talk wirkt Wunder; mit dieser Fähigkeit können Sie mit jedem reden. Nutzen Sie die Bonuscheckliste, um sich weiter zu verbessern und um Ihre Ziele zu erreichen.

Das Lesen allein wird Ihnen nicht das gewünschte Ergebnis bringen. Sie müssen die hilfreichen Tipps und den Leitfaden zum aktiven Zuhören aktiv befolgen und die skizzierten praktischen sozialen Fähigkeiten, wie den Einsatz der Körpersprache und die Herstellung von Blickkontakt, bewusst üben, um Ihre Angst vorm sozialen Kontakt mit anderen Menschen zu überwinden.

Sie haben die Richtlinien dieses Buches gelesen und befolgt, und nun brauchen Sie nie wieder Angst vor gesellschaftlichen Zusammenkünften zu haben!

Teil 2: Wie Sie Menschen dazu bringen, Sie zu mögen

Psychologische Tricks, Gewohnheiten und Scherze zur sofortigen Steigerung Ihrer Ausstrahlung und Ihrer Fähigkeit, Menschen zu beeinflussen

Einführung

Fühlen Sie sich einsam? Möchten Sie lernen, wie Sie andere dazu bringen können, Sie zu mögen?

Fällt es Ihnen als introvertierter Mensch schwer, neue Freunde zu finden oder haben Sie den Eindruck, dass niemand Sie mag?

Möchten Sie von anderen gemocht, geschätzt und anerkannt werden?

Wie sehr möchten Sie Ihr Selbstvertrauen, Ihre Ausstrahlung und Ihre allgemeine Sympathie verbessern?

Reizt Sie der Gedanke an ein besseres, bequemeres und erfüllteres Leben?

Wenn auch nur eine dieser Fragen auf Sie zutrifft, sind Sie nicht allein. In dieser schnelllebigen und digital vernetzten Welt sind wir mehr denn je auf uns selbst gestellt. Die Gründe dafür sind vielfältig - die Menschen sind zu beschäftigt, oder Sie haben sich von den sorgfältig kuratierten Beiträgen in den sozialen Medien anstecken lassen, die fast jeder konsumiert und von denen wir wissen, dass sie kein wirkliches Abbild des normalen Lebens sind.

Dieses Buch zeigt Ihnen, wie Sie damit umgehen können, damit Sie nicht länger unter FOMO leiden müssen.

Die Fähigkeit, schnell und einfach neue Leute kennenzulernen, kann weitreichende Folgen für Ihr Privat- und Berufsleben haben. Ganz gleich, ob es Ihr Ziel ist, beruflich voranzukommen oder einfach nur interessante Menschen an einem neuen Ort kennenzulernen - es lohnt sich, diese Fähigkeit zu verbessern.

Jeder hat schon einmal jemanden getroffen, den er sofort mochte. Obwohl die Person sich nicht bemüht hat, ist sie wie ein Verkaufsschlager, der bei allen gut ankommt. Man spürt sofort, dass man dieser Person vertrauen kann.

Es könnte der Geschäftsführer des Unternehmens sein, für das Sie gearbeitet haben, dessen anziehende Persönlichkeit der Schlüssel zu seinem anhaltenden Erfolg ist. Oder vielleicht kennen Sie jemanden, der eine Party allein besucht und sie mit ein paar neuen Freunden verlässt, ohne sich groß anzustrengen. Wie diese Menschen so populär sind, ist ein echtes Rätsel. Glauben Sie, dass Sie lernen können, andere dazu zu bringen, Sie zu mögen?

Nicht jeder wird mit der Fähigkeit geboren, neue Freunde zu finden. Trotzdem können wir alle unsere Sympathie verbessern. Mit ein wenig Anleitung können Sie anfangen, Routinen zu entwickeln, die Ihre sozialen Interaktionen mit anderen verbessern.

Die Grundlagen dafür, dass andere Sie mögen, liegen auf der Hand: Seien Sie freundlich, höflich und ein guter Mensch. Es gibt aber auch weniger offensichtliche und verborgene Dinge, die Sie tun können, um die Art und Weise, wie andere Sie sehen, zu beeinflussen.

Die Lösung liegt in Ihren Händen. Mit diesem Buch begeben Sie sich auf eine einzigartige Reise zur Selbstverbesserung und lernen, wie Sie ein liebenswerterer und attraktiverer Mensch werden. Sie werden kein vergleichbares Buch finden, das sich durch seine praktischen Ratschläge von der Konkurrenz abhebt.

Auch wenn der Prozess Erfahrung und Selbstvertrauen erfordert, werden diejenigen, die über bewährte Strategien und detaillierte Anleitungen verfügen, leicht damit zurechtkommen.

Kapitel 1: Soziale Kontakte: Warum sind sie so wichtig?

Entschuldigung liebe Introvertierte, aber soziale Kontakte sind gut für Ihre psychische Gesundheit und Ihr Wohlbefinden. Laut Mental Health UK haben jüngste Studien ergeben, dass sich soziale Kontakte erheblich auf die psychische Gesundheit eines Menschen auswirken können. Das Leben in einer Gemeinschaft und die Nähe zu Familie und Freunden kann Sie glücklicher machen und Ihre körperliche Gesundheit verbessern. Gesunde Beziehungen können das Leben verlängern, denn sie schützen vor psychischen Problemen und anderen Risiken, die die Lebenserwartung verringern können. Manche Menschen machen den Fehler zu glauben, dass es bei sozialen Beziehungen nur auf die Quantität und nicht auf die Qualität ankommt - die Art der Beziehungen, die Sie in Ihrem Leben haben, ist wichtiger als deren Anzahl. Wenn man sich mit den falschen Menschen umgibt, kann das negative Auswirkungen auf das psychische Wohlbefinden haben. Negative soziale Beziehungen erhöhen die Angst und das Risiko einer Depression.

Soziale Kontakte zu knüpfen ist wichtig, denn dadurch können Sie sich weiterentwickeln.¹²

Die meisten Menschen achten auf ihre Ernährung, ihren Lebensstil und ihre Schlafgewohnheiten und vergessen dabei, dass auch Beziehungen für das eigene Wohlbefinden wichtig sind. Konzentrieren Sie sich daher beim Aufbau von Beziehungen auf Menschen, die Ihnen ein gutes Gefühl geben, nachdem Sie Zeit mit ihnen verbracht haben, und nicht auf diejenigen, die Sie erschöpft und gestresst zurücklassen. Der Aufbau solider und unkomplizierter Beziehungen spielt eine große Rolle bei der Regulierung Ihrer geistigen Gesundheit. Positive Beziehungen machen Sie zu einem besseren Menschen, stärken Ihr Selbstvertrauen, verbessern Ihre Lebensqualität und machen Sie vertrauensvoller und einfühlsamer. Menschen, die sich in einem Genesungsprozess befinden, brauchen auch die Nähe ihrer Liebsten, denn das kann ihren Heilungsprozess beschleunigen. Starke Beziehungen können auch das Immunsystem stärken und das Risiko einer Demenzerkrankung senken.

Der Mensch ist nicht dafür geschaffen, allein zu leben. Seit Anbeginn der Menschheit verstanden die Menschen, dass das Leben in Gruppen überlebenswichtig ist, und so haben sich ganze Stämme entwickelt. Tausende von Jahren später hat die Wissenschaft bestätigt, was die Menschen in der Vorzeit schon immer wussten - soziale Verbindungen sind notwendig. Während der COVID-19-Pandemie, als die Menschen isoliert waren und zu Hause bleiben mussten, litten viele unter psychischen Problemen. Selbst Introvertierte kämpfen mit der Isolation und vermissen eine echte menschliche Verbindung.

Stellen Sie sich vor, Sie haben einen schlechten Tag auf der Arbeit. Sie sind überarbeitet, Ihr Chef scheint Sie nie zu schätzen und Sie fühlen sich gestresst. Sie schicken eine Textnachricht an Ihre Arbeitsgruppe und schreiben: „Ich hatte heute den schlimmsten Tag auf der Arbeit. Ich halte es nicht mehr aus." Sekunden später erhalten Sie eine Nachricht von drei Ihrer Arbeitskollegen, in der sie Ihnen mitteilen, dass sie mit Ihnen mitfühlen und vorschlagen, dass Sie alle nach der Arbeit ausgehen, um gemeinsam Dampf abzulassen. Sie gehen in ein nettes Restaurant, essen köstlich und verbringen den ganzen Abend damit, zu reden, zu lachen und Spaß zu haben. Sie gehen nach Hause und haben das Gefühl, dass Ihnen eine Last von den Schultern genommen wurde. Ihr Job ist zwar immer noch schrecklich, aber Sie sind nicht mehr so gestresst oder wütend wie zuvor, weil Sie eine starke Solidargemeinschaft bei der Arbeit haben.

Soziale Kontakte machen Ihr Leben besser. In diesem Kapitel erfahren Sie, welchen Wert sie haben und wie sie Ihr Leben bereichern können.

Was sind soziale Beziehungen?

Soziale Beziehungen sind die Beziehungen, die Sie zu den Menschen in Ihrem Leben pflegen, seien es Familienmitglieder, Freunde, Mitarbeiter, Nachbarn usw. Sie müssen nicht mit allen Ihren sozialen Beziehungen eng befreundet sein. Einige Beziehungen können zwanglos sein. Auch die Größe Ihres sozialen Kreises ist unerheblich. Die meisten Menschen gehen davon aus, dass Sie eine riesige Anzahl von sozialen Verbindungen haben sollten, mit Hunderten von Freunden auf Facebook und Tausenden von Followern auf Instagram und LinkedIn. Sie können Hunderte von Freunden in Ihrer Kontaktliste haben und keiner von ihnen wird für Sie da sein, wenn Sie Hilfe brauchen. Es reicht, wenn Sie ein paar enge Freunde haben, die Sie unterstützen, lieben und respektieren. Es spielt keine Rolle, wie viele Menschen Sie um sich haben. Was zählt, ist, wie Sie sich mit ihnen fühlen.

Soziale Verbundenheit in einer Gemeinschaft bedeutet, an einem Ort zu leben, an dem Sie sich nicht wie ein Fremder fühlen. Sie gehören dort hin. Sie kennen Ihre Nachbarn und die Menschen in Ihrer Gemeinde. Sie haben eine stabile Sozialgruppe und sind von Menschen umgeben, mit denen Sie starke und gesunde Beziehungen aufbauen können.

Der Mensch ist von Natur aus ein soziales Wesen. Von dem Moment an, in dem Sie geboren werden, knüpfen Sie sofort eine Verbindung zu

Ihren Eltern und Geschwistern, und während Sie älter werden, bauen Sie immer neue Verbindungen auf. Die erste Bindung, die Sie zu Ihren Eltern aufbauen, wirkt sich auf Ihre übrigen Beziehungen aus. Wenn Sie liebevolle und fürsorgliche Eltern haben, wird sich das auf die Wahl der Menschen auswirken, mit denen Sie sich umgeben, denn Sie werden eher zu gesunden Beziehungen neigen. Nach den Forschungen von Matthew Lieberman (Autor, Sozialpsychologe an der UCLA und Gründungsherausgeber der Zeitschrift Social Cognitive and Affective Neuroscience) sehnt sich der Mensch nach Interaktion; wir sind dazu bestimmt, Beziehungen zu anderen aufzubauen.

Elemente von sozialen Verbindungen

Um soziale Bindungen zu verstehen, müssen Sie die einzelnen Elemente verstehen.

Zugehörigkeit

Jeder möchte das Gefühl haben, dazuzugehören. Das Konzept der sozialen Bindung wird seit jeher mit dem Zugehörigkeitsgefühl, der Zugehörigkeit zu einer Gruppe und dem Zusammensein mit Menschen, die Ihnen ähnlich sind, in Verbindung gebracht. Die Entwicklung sozialer Beziehungen entspringt einem tiefen psychologischen Bedürfnis, sich mit anderen zu verbinden, was zu Ihrer Lebensqualität beiträgt.

Wenn Sie sich mit anderen verbinden und das Gefühl haben, dass man sich um Sie kümmert, Sie respektiert und wertschätzt, haben Sie das Gefühl, dazuzugehören. Jeder möchte das Gefühl haben, irgendwo dazuzugehören. Auch dies hat mit unserer Evolution zu tun und damit, dass unsere Vorfahren Stämme gründeten, um sich als Teil einer Gemeinschaft zu fühlen. Sie schließen Freundschaften, gehen in die Kirche, verbringen Zeit mit Familienmitgliedern und versuchen, Ihre Mitarbeiter dazu zu bringen, Sie zu mögen, damit Sie sich als Teil einer Gemeinschaft fühlen können. Ein Gefühl der Zugehörigkeit kann Sie vor Einsamkeit und Isolation schützen und macht Sie widerstandsfähiger.

Es gibt einen Unterschied zwischen dem Gefühl, allein zu sein, und der Einsamkeit. Keines davon hängt mit der Anzahl der Menschen in Ihrem Leben zusammen. Sie können Hunderte von Beziehungen haben oder mit einem Dutzend Menschen zusammen sein und sich trotzdem einsam fühlen, wenn Sie keine dieser Beziehungen als erfüllend empfinden. Allein sind Sie hingegen, wenn Sie keine Menschen um sich haben. Sie fühlen sich jedoch nicht einsam, wenn die Beziehungen in Ihrem Leben erfüllend sind, selbst wenn Sie nur zwei Freunde haben.

Unterstützung

Unterstützung ist ein wesentliches Element in sozialen Beziehungen. Menschen bauen Beziehungen auf, um sich von ihren Lieben unterstützt zu fühlen. Soziale Unterstützung bedeutet, dass eine Person oder eine Gruppe Ihnen hilft, ein Problem zu lösen oder ein Ziel zu erreichen. Es gibt verschiedene Arten von sozialer Unterstützung. Die erste ist die emotionale Unterstützung, die in intimen Beziehungen zu finden ist, die Sie aber auch bei anderen Arten von Beziehungen erfahren können. Sie beinhaltet Liebe, Verständnis und Sympathie.

Informationelle Unterstützung bedeutet, dass Sie jemanden mit hilfreichen Informationen unterstützen, z.B. indem Sie einen Freund über ein Stellenangebot informieren oder ihm wertvolle Ratschläge für eine Beziehung oder einen medizinischen Rat geben. Instrumentelle Unterstützung ist die letzte Art der Unterstützung, die eher praktisch ist, wie z.B. einem Freund Geld zu leihen.

Geselligkeit

Geselliges Beisammensein bedeutet, mit anderen Menschen etwas zu unternehmen, z.B. einen Film zu sehen, essen zu gehen oder ein Konzert zu besuchen. Diese Aktivitäten ermöglichen es Ihnen, Zeit mit Ihren Lieben oder mit Kollegen zu verbringen, so dass Sie eine Verbindung aufbauen können. Viele Aktivitäten machen mehr Spaß, wenn Sie sie mit anderen Menschen unternehmen.

Arten von sozialen Kontakten

Sie wählen nicht einfach wahllos Menschen aus, die zu Ihrem sozialen Umfeld gehören. Soziale Beziehungen basieren auf bestimmten Kriterien; es gibt also verschiedene Arten. Wenn Sie Ihren Bekanntenkreis erweitern und neue Kontakte knüpfen möchten, ist es wichtig, diese Arten zu verstehen.

Intime Bindungen

Intime Beziehungen sind nicht dasselbe wie sexuelle Beziehungen. Laut der Psychologin Megan Fleming geht es bei intimen Beziehungen um tiefe, intensive Nähe zu einer Person. Diese entsteht nicht sofort - sie entwickelt sich mit der Zeit. Wenn Sie sie erreicht haben, wird diese Person zu Ihrer Komfortzone. Und diese Art von Verbindung entsteht nicht nur zwischen romantischen Partnern, sondern auch mit Familienmitgliedern, Freunden, Arbeitskollegen usw. Intimität kann entstehen, wenn Sie eine emotionale, intellektuelle, spirituelle und - im Falle von romantischen Partnern - körperliche Verbindung eingehen.

Partnerschaftliche Beziehungen

Partnerschaftliche Beziehungen entstehen, wenn Sie sich auf andere einlassen und gesunde Beziehungen zu Menschen aufbauen, mit denen Sie gerne zusammen sind. Ganz gleich, ob es sich um Freunde, Kollegen oder Familienmitglieder handelt, diese Menschen haben ein gemeinsames Interesse oder eine gemeinsame Aktivität, so dass es einfach ist, sich mit ihnen zu beschäftigen. Wenn Sie zum Beispiel eine Beziehung zu Ihren Kollegen aufbauen, können Sie gut im Team zusammenarbeiten und kreative Lösungen für Ihre Probleme finden.

Kollektive Verbindung

Bei einer kollektiven Verbindung handelt es sich in der Regel um eine Gruppe von Menschen, die eine direkte oder indirekte Verbindung haben. Sie kann sich auf Menschen mit ähnlichem Hintergrund oder ähnlicher Kultur beziehen. Amerikaner, die im Ausland arbeiten, schließen sich beispielsweise in der Regel mit anderen Amerikanern zusammen, da ihre Heimat sie miteinander verbindet.

Die Relevanz guter sozialer Beziehungen

Soziale Beziehungen sind für unser Überleben notwendig. Wir Menschen werden mit dem Bedürfnis geboren, Kontakte zu knüpfen; es liegt in unserer DNA. Wenn Babys geboren werden, schreien sie nach ihren Müttern. Auch wenn sie nicht verstehen, wie die Welt funktioniert, werden sie von dem Drang getrieben, sich mit ihrer Bezugsperson zu verbinden. Das Gleiche gilt für alte Gesellschaften, die zwar nicht über die wissenschaftlichen Erkenntnisse verfügten, die wir heute haben, die aber die Notwendigkeit verstanden, in Gruppen zu leben. Ihre Stammesinstinkte setzten ein, als sie feststellten, dass das Leben in einem Stamm ihnen Unterstützung, Schutz und eine Identität bot. Historische Filme und Fernsehsendungen haben uns gezeigt, wie Familien zusammen in einem Haus lebten und füreinander sorgten. Es spielte keine Rolle, ob das Haus groß oder klein war; nichts konnte die Familienmitglieder voneinander trennen.

Kontaktfreudig zu sein gibt Ihnen Selbstvertrauen.[13]

Die Dinge haben sich in der modernen Welt geändert. Nicht nur, dass die Menschen ausziehen, wenn sie ein bestimmtes Alter erreichen, manche Familienmitglieder sehen sich auch über Jahre hinweg nicht. Die meisten Menschen haben einen vollen Terminkalender, der ihnen keine Zeit lässt, sich mit ihren Lieben zu treffen. Sogar im Zeitalter der sozialen Netzwerke, die uns angeblich das Gefühl geben sollen, mehr miteinander verbunden zu sein, haben wir uns nie weiter voneinander entfernt gefühlt. Ihre Freunde und Familienangehörigen erstellen WhatsApp-Chatgruppen, damit jeder mit jedem in Kontakt treten kann. Aber wie können Sie sich mit jemandem hinter einem Bildschirm verbinden? Wissenschaftler haben herausgefunden, dass sich viele Menschen heute mehr denn je einsam und isoliert fühlen.

Isolation und Einsamkeit veranlassen die Menschen nicht dazu, hinauszugehen und sinnvolle Verbindungen zu finden. Im Gegenteil, sie führen dazu, dass man sich festgefahren fühlt, da man sich an diese Gefühle gewöhnt und Schwierigkeiten hat, Bindungen zu anderen aufzubauen. Negative Emotionen ziehen weitere negative Emotionen an, die sich auf Ihr geistiges und körperliches Wohlbefinden auswirken und andere Bereiche Ihres Lebens, wie z.B. Ihre Arbeitsleistung, beeinträchtigen.

Erinnern Sie sich daran, wie Sie sich als Kind gefühlt haben, wenn andere Kinder nicht mit Ihnen spielen wollten? Wissenschaftler haben herausgefunden, dass negative soziale Interaktionen und

Zurückweisungen die gleichen Auswirkungen auf das Gehirn haben wie körperliche Schmerzen. Sie brauchen nicht nur soziale Kontakte, sondern auch positive und gesunde Beziehungen.

Gesunde Beziehungen können die Art und Weise verändern, wie Sie die Welt um sich herum wahrnehmen. Stellen Sie sich zwei Menschen in einem Krankenhaus vor. Der eine hat seine Familie und Freunde an seiner Seite, die ihn unterstützen, während der andere einen Raum voller Blumen, aber keinen einzigen Menschen um sich hat. Was denken Sie, wie jeder von ihnen über sich selbst und die Welt denkt? Das Alleinsein in einer kritischen Zeit wie dieser kann sich auf die Heilung eines Menschen auswirken, da er wahrscheinlich länger braucht, um sich zu erholen, als jemand, der von seinen Lieben umgeben ist. Laut dem Autor Shawn Achor (Harvard) empfinden Sie einen Berg, den Sie allein erklimmen, als 30 % steiler, als wenn Sie ihn mit einem Freund erklimmen. Mit anderen Worten: Menschen haben das Gefühl, dass sie Herausforderungen und schwierige Zeiten überstehen können, wenn sie einen Freund oder eine Solidargemeinschaft an ihrer Seite haben.

Ein Mangel an sozialen Kontakten in Ihrem Leben kann Ihre körperliche Gesundheit ernsthaft beeinträchtigen. Er kann den Blutzuckerspiegel auf gefährliche Werte ansteigen lassen, Entzündungen verursachen, den Blutdruck erhöhen, das Immunsystem beeinträchtigen und das Risiko von Krebs und Herz-Kreislauf-Erkrankungen erhöhen. In einigen schweren Fällen kann es sogar zu Selbstmordgedanken führen.

Andere Vorteile guter sozialer Beziehungen
Erhöhen Sie Ihre Lebenserwartung

Laut einer Studie der University of North Carolina aus dem Jahr 2016 können Einsamkeit und Isolation Ihre Lebensspanne verkürzen und zu einem frühen Tod führen. Ein Mangel an sozialen Kontakten ist für Ihre Gesundheit gefährlicher als Rauchen und Fettleibigkeit. Selbst wenn Sie Ihre Freunde nicht oft sehen oder nicht jeden Tag mit ihnen sprechen, reicht das Wissen, dass sie da sind und Sie unterstützen, um sich besser und gesünder zu fühlen, was Ihre Lebenserwartung erhöhen kann. Langlebigkeit ist in diesem Sinne nicht an ein bestimmtes Alter oder Geschlecht gebunden. Jeder kann von guten sozialen Kontakten in seinem Leben profitieren.

Verbessern Sie Ihr Leben

Ein Mangel an sozialen Kontakten kann auch Ihre emotionale Gesundheit beeinträchtigen. Laut einer Studie der American Chemical

Society aus dem Jahr 2018 kann Isolation das Risiko von Fettleibigkeit, Schlaganfall und Rauchen erhöhen. Positive soziale Kontakte verbessern Ihre Lebensqualität und machen Sie glücklicher.

Steigern Sie Ihre Widerstandsfähigkeit

Wenn Sie von unterstützenden Menschen umgeben sind, insbesondere nach einem traumatischen Erlebnis, kann dies Ihre Widerstandsfähigkeit erhöhen und Ihnen helfen, schneller wieder auf die Beine zu kommen. Wenn Sie eine schwierige Zeit durchmachen, sind Sie gestresst und werden von negativen Gedanken und Emotionen beherrscht. Ein Perspektivwechsel oder die Sichtweise, dass das Glas halb voll ist, fällt schwer, wenn Sie sich nur auf das Negative konzentrieren. Ein guter Freund kann Sie aufmuntern, Ihre Stimmung heben und Ihren Blickwinkel verändern. Herausforderungen erscheinen nicht mehr so groß, wenn Sie wissen, dass Sie sie nicht allein bewältigen müssen. Ihr sozialer Kreis gibt Ihrem Leben einen Sinn, was auch Ihre Widerstandsfähigkeit erhöht.

Steigern Sie Ihr Selbstvertrauen

Jeder hat negative Gedanken und einen inneren Kritiker, der manchmal das Selbstvertrauen zerstören kann. Gute Freunde und unterstützende Familienmitglieder können dafür sorgen, dass Sie sich selbst besser fühlen, Ihren inneren Kritiker zum Schweigen bringen und Ihr Selbstvertrauen stärken. Das Gefühl, geliebt und geschätzt zu werden, ist wichtig für Ihr Wohlbefinden und kann Ihr Selbstwertgefühl steigern. Sie haben das Gefühl, wertvoll zu sein, wenn sich jemand um Sie kümmert und Ihnen das Gefühl gibt, dass Sie geliebt und gebraucht werden. Außerdem wird das Gefühl der Zugehörigkeit gestärkt, das Sie aufblühen lässt und andere Bereiche Ihres Lebens verbessern kann. Ihre Bezugsgruppe gibt Ihnen das Gefühl von Sicherheit und Unterstützung. Die Gewissheit, dass jemand immer hinter Ihnen steht und für Sie da ist, wenn Sie ihn brauchen, kann Ihnen das Selbstvertrauen und die Kraft geben, alle Herausforderungen zu meistern.

Soziale Kontakte und psychische Gesundheit

Die COVID-19-Pandemie hat bewiesen, dass unsere psychische Gesundheit ohne menschliche Beziehungen leidet. Einsamkeit kann das Risiko für verschiedene Probleme wie Depressionen und Angstzustände erhöhen. Soziale Kontakte geben Ihnen das Gefühl, dazuzugehören. Wenn Sie zum Beispiel ein lukratives Jobangebot im Ausland erhalten, werden Sie die Gelegenheit nicht sofort ergreifen, weil der Gedanke, Ihre

Lieben zurückzulassen, so schwierig ist. Ihr Zuhause ist kein Ort, sondern Sie fühlen sich dort zuhause, wo Ihre Freunde und Ihre Familie sind. Wenn man an einen neuen Ort zieht, knüpft man zunächst Kontakte zu den Menschen in seiner Umgebung, um sich weniger allein und isoliert zu fühlen. Menschliche Kontakte machen die Dinge einfacher. Egal, ob Sie eine Trennung durchmachen oder einen nahestehenden Menschen verlieren, das Wissen, dass Sie jemanden haben, auf den Sie sich verlassen und mit dem Sie eine Verbindung haben, kann Ihnen eine große Last von den Schultern nehmen.

Gefühle der Erfüllung

Stellen Sie sich vor, Sie erhalten einen Anruf von Ihrem besten Freund aus der Schulzeit, den Sie seit Jahren nicht mehr gesehen oder von ihm gehört haben. Sie treffen sich mit ihm und umarmen ihn und weinen Tränen der Freude, weil Sie endlich wieder mit einem alten Freund zusammen sind. In einem anderen Szenario kommen Ihre Freunde mit Essen und Getränken vorbei und jeder von Ihnen verbringt seine Zeit damit, sich über die Arbeit oder Beziehungen auszulassen. Im letzten Szenario gehen Sie mit Ihren Arbeitskollegen zum Abendessen aus, wo Sie Spaß haben, Witze machen und lachen. In den drei Szenarien haben Sie unterschiedliche Emotionen zum Ausdruck gebracht, was dazu führt, dass das Gehirn den Glücksstoff Dopamin ausschüttet, so dass Sie sich bei jedem Ereignis leichter und erfüllt fühlen. Ob Sie nun weinen oder lachen, das Freisetzen von Emotionen kann Ihre Stimmung verbessern. Die Pflege gesunder Beziehungen bei der Arbeit kann auch dazu führen, dass Sie sich in Ihrem Job erfüllter fühlen, was Ihre Leistung und Produktivität steigert.

Verringern von Selbstmordgedanken

Es ist keine Übertreibung zu sagen, dass menschliche Beziehungen Ihr Leben retten können. Wie bereits erwähnt, sind sie für Ihr Überleben unerlässlich. Einsamkeit kann zu Depressionen führen, von denen bekannt ist, dass sie Selbstmordgedanken verstärken. Gesunde Beziehungen können dafür sorgen, dass Sie unterstützt und gehört werden und weniger allein sind, was Selbstmordgedanken vorbeugen kann. Außerdem haben Sie so jemanden, mit dem Sie reden können und der Sie in Ihren dunkelsten Zeiten begleitet.

Das Leben ist anstrengend genug, selbst mit Menschen an Ihrer Seite zu haben, die Sie unterstützen. Denken Sie daran, dass Liebe und Unterstützung in beide Richtungen gehen. Um soziale Beziehungen zu pflegen, müssen Sie auch die Menschen in Ihrem Leben unterstützen und akzeptieren. In Beziehungen geht es um Geben und Nehmen - und wenn Sie nehmen, ohne zu geben, werden Ihre Beziehungen darunter leiden. Geben Sie den Menschen in Ihrem Leben einen sicheren Raum, in dem sie ihre Probleme aussprechen können, und helfen Sie ihnen bei Bedarf, Lösungen zu finden - oder haben Sie einfach ein offenes Ohr.

Wir alle wollen lieben und geliebt werden. Das ist einer der Gründe, warum wir menschliche Beziehungen suchen. Die Menschen wurden auf diese Erde gebracht, um Kontakte zu knüpfen. Nichts kann jemals menschliche Beziehungen ersetzen. Auch wenn Sie nicht gesellig sind, brauchen Sie jemanden, der Ihnen den Rücken stärkt und Ihnen in schweren Zeiten zur Seite steht. Jeder braucht manchmal Hilfe. Selbst die schlimmsten und miserabelsten Situationen können mit einem Freund an Ihrer Seite leichter sein. Denken Sie daran: Not macht erfinderisch.

Um soziale Kontakte zu knüpfen oder Ihren Bekanntenkreis zu erweitern, müssen Sie Menschen treffen und neue Freundschaften schließen. Wenn Sie möchten, dass man Sie mag, sollten Sie sich darauf konzentrieren, einen guten ersten Eindruck zu hinterlassen. Es kann weniger als eine Minute dauern, bis jemand entscheidet, ob er Sie mag. Sie haben nur ein paar Sekunden Zeit, um einen starken und guten Eindruck zu hinterlassen. Das ist nicht so kompliziert, wie Sie denken. Im nächsten Kapitel erfahren Sie, wie Sie einen starken ersten Eindruck hinterlassen können, der dafür sorgt, dass jeder, den Sie treffen, Sie nicht mehr vergisst.

Kapitel 2: Wie Sie einen guten ersten Eindruck hinterlassen

Wir alle kennen das Sprichwort: Der erste Eindruck ist alles. Und obwohl es stimmt, dass der erste Eindruck wichtig ist, gibt es eine Menge psychologischer und wissenschaftlicher Gründe, warum er so wichtig ist. Zunächst einmal sind unsere Gehirne so verdrahtet, dass sie auf der Grundlage von sehr wenigen Informationen ein vorschnelles Urteil über Menschen fällen. Untersuchungen haben gezeigt, dass wir den ersten Eindruck in nur einer Zehntelsekunde gewinnen. Diese Fähigkeit, jemanden schnell einzuschätzen, ist eine evolutionäre Eigenschaft, die unseren Vorfahren half, in der Wildnis zu überleben, indem sie schnell erkannten, ob jemand ein Freund oder Feind war.

Der erste Eindruck hinterlässt Spuren bei den Menschen.[14]

Heutzutage müssen wir uns zum Glück keine Sorgen mehr machen, von Tigern oder anderen Raubtieren gefressen zu werden. Aber die Funktionsweise unseres Gehirns bedeutet, dass der erste Eindruck immer noch einen großen Einfluss darauf hat, wie wir Menschen sehen. Sobald wir uns eine erste Meinung über jemanden gebildet haben, neigen wir dazu, alle zukünftigen Informationen über diese Person aus diesem Blickwinkel zu betrachten. Wenn wir also einen positiven ersten Eindruck von jemandem haben, sehen wir ihn mit größerer Wahrscheinlichkeit auch in Zukunft in einem positiven Licht. Wenn unser erster Eindruck negativ ausfiel, werden wir diese Person mit größerer Wahrscheinlichkeit auch weiterhin negativ sehen.

Es gibt ein paar Dinge, die Sie tun können, um einen guten ersten Eindruck zu hinterlassen. Erstens: Kleiden Sie sich der Situation entsprechend - ob Business Casual für ein Vorstellungsgespräch oder Ihr bestes Party-Outfit für eine Partynacht. Zweitens: Achten Sie auf Ihre Körpersprache und seien Sie sich bewusst, wie Sie wirken - Selbstvertrauen ist der Schlüssel. Und schließlich sollten Sie versuchen, Sie selbst zu sein und Ihre Persönlichkeit durchscheinen zu lassen - Menschen fühlen sich von Authentizität angezogen.

Ein guter erster Eindruck ist wichtig, um im Leben voranzukommen. Wenn Sie verstehen, warum der erste Eindruck so wichtig ist, können Sie lernen, wie Sie sich immer von Ihrer besten Seite zeigen können.

Was ist der erste Eindruck?

Ein erster Eindruck ist das erste Urteil, das eine Person über eine andere Person fällt. Er entsteht, wenn wir jemandem zum ersten Mal begegnen und kann auf dessen Aussehen, Körpersprache, Tonfall oder Kleidung basieren. Der erste Eindruck entsteht oft sehr schnell - innerhalb von Sekunden nach der ersten Begegnung - und lässt sich nur schwer ändern. Ein altes Sprichwort besagt, dass man nur eine Chance hat, einen guten ersten Eindruck zu hinterlassen. Auch wenn wir uns dessen nicht bewusst sind, machen wir uns oft einen ersten Eindruck, ohne zu denken. Das liegt daran, dass unser Gehirn ständig versucht, die Flut von Informationen zu verarbeiten und in Sekundenbruchteilen zu beurteilen, was sie bedeuten. Tatsächlich haben Studien gezeigt, dass Menschen in der Regel innerhalb von Sekunden nach der Begegnung mit einer Person entscheiden, ob sie diese mögen oder nicht. Der erste Eindruck beruht zwar oft auf oberflächlichen Faktoren, aber es steckt auch eine gewisse Psychologie dahinter. So hat die Forschung beispielsweise gezeigt, dass

Menschen dazu neigen, andere Menschen nach ihrer Attraktivität zu beurteilen. Gutaussehende Menschen werden oft als erfolgreicher, glücklicher und intelligenter wahrgenommen. Es gibt auch Hinweise darauf, dass Menschen die Körpersprache des anderen nachahmen, wenn sie sich zum ersten Mal treffen, wodurch eine Beziehung zwischen ihnen entsteht. Der erste Eindruck ist nicht immer zutreffend, aber wenn er einmal entstanden ist, kann er schwer zu ändern sein. Deshalb sollten Sie sich des Eindrucks bewusst sein, den Sie auf andere machen, und versuchen, sich von Ihrer besten Seite zu zeigen, wenn Sie neue Leute treffen.

Warum ist der erste Eindruck so wichtig?

Man sagt, dass man nie eine zweite Chance bekommt, einen ersten Eindruck zu hinterlassen. Das gilt besonders für Vorstellungsgespräche. Auf dem hart umkämpften Arbeitsmarkt von heute gewinnt das Vorstellungsgespräch immer mehr an Bedeutung, und ein guter erster Eindruck entscheidet oft darüber, ob Sie die Stelle bekommen oder übergangen werden.

Es gibt mehrere Gründe, warum der erste Eindruck so wichtig ist. Zum einen gibt er den Ton für den Rest des Gesprächs an. Wenn Sie einen ausgezeichneten ersten Eindruck hinterlassen, wird der Gesprächspartner Sie eher positiv sehen und Ihnen Fragen stellen, die auf positivere Antworten abzielen. Wenn der erste Eindruck hingegen eher schlecht ausfällt, wird der Gesprächspartner den Rest des Gesprächs damit verbringen, sich von diesem Eindruck zu erholen. Darüber hinaus basiert der erste Eindruck oft auf nonverbalen Hinweisen wie Körpersprache und Tonfall. Diese Hinweise können genauso wichtig sein wie das, was Sie tatsächlich sagen. Sie können dem Gesprächspartner einen Eindruck von Ihrer Persönlichkeit vermitteln und ihm zeigen, ob Sie gut in das Unternehmen passen würden oder nicht.

Schließlich sollten Sie daran denken, dass der erste Eindruck oft schon entsteht, bevor Sie überhaupt den Mund aufmachen. Die Art und Weise, wie Sie sich kleiden, Ihre Körperhaltung und Ihr allgemeines Auftreten können zu dem ersten Eindruck beitragen, den Sie hinterlassen. Nehmen Sie sich daher etwas Zeit, um sich rechtzeitig auf Ihr Vorstellungsgespräch vorzubereiten, damit Sie den bestmöglichen Eindruck bei Ihrem potenziellen Arbeitgeber hinterlassen.

Was ist ein schlechter erster Eindruck?

Ein schlechter erster Eindruck kann weitreichende Auswirkungen haben, die auch dann noch nachwirken, wenn man nicht mehr in der Gegenwart der anderen Person ist. Ein schlechter erster Eindruck kann aus einer Vielzahl von Gründen entstehen, wie z.B. schwache Kommunikationsfähigkeiten, niedriges Selbstvertrauen oder mangelnder Enthusiasmus oder auch nur die unbewusste Assoziation, die ein anderer mit bestimmten körperlichen Merkmalen hat. Achten Sie auf Ihre Körpersprache, Ihre Haltung und Ihre Worte, wenn Sie einen positiven Eindruck hinterlassen möchten. Eine negative Denkweise kann sich schnell bemerkbar machen, eine ungünstige Atmosphäre schaffen und zu einer sofortigen Ablehnung durch die andere Partei führen. Tatsächlich zeigen Studien, dass wir innerhalb der ersten Sekunden nach der Begegnung mit einem anderen Menschen ein erstes Urteil über ihn fällen. Und wenn wir uns einmal eine Meinung gebildet haben, ist es schwer, sie zu ändern. All dies bedeutet, dass ein guter erster Eindruck unerlässlich ist, wenn Sie im Leben erfolgreich sein wollen. Aber wie genau können Sie es vermeiden, einen schlechten Eindruck zu hinterlassen?

Menschen beurteilen andere aufgrund von Aussehen, Körpersprache und Verhalten. Wenn Sie ungepflegt, nachlässig oder feindselig aussehen, werden Sie wahrscheinlich einen negativen Eindruck hinterlassen. Und wenn Sie nervös oder schüchtern wirken, nimmt man sich vielleicht nicht die Zeit, Sie näher kennenzulernen. Achten Sie auch darauf, was Sie sagen und tun, denn andere werden sich daran erinnern, wenn Sie sie mit Ihren Worten oder Handlungen kränken. Und schließlich sollten Sie bedenken, dass der erste Eindruck oft subjektiv ist. Selbst wenn Sie glauben, dass Sie einen guten ersten Eindruck gemacht haben, kann es sein, dass Ihr Gegenüber das anders sieht.

Wie hinterlasse ich einen guten ersten Eindruck?

1. Seien Sie pünktlich

Jeder, der schon einmal ein erstes Date hatte, weiß, wie wichtig es ist, einen guten ersten Eindruck zu hinterlassen. Natürlich gibt es viele Möglichkeiten, dies zu erreichen, dabei steht ganz oben auf der Liste etwas das ganz einfach zu bewerkstelligen ist, und zwar dass Sie einfach pünktlich sind. Warum ist das so? Nun, es hat sich herausgestellt, dass es eine psychologische Erklärung dafür gibt.

Wenn wir jemanden neu kennenlernen, versucht unser Gehirn automatisch, ihn einzuschätzen und festzustellen, ob er vertrauenswürdig ist. Ein Teil dieses Prozesses besteht darin, nach Hinweisen zu suchen, die uns verraten, ob die Person zuverlässig ist oder nicht. Einer der wichtigsten Anhaltspunkte ist, ob die Person pünktlich ist. Denn wenn jemand nicht einmal pünktlich zu einem ersten Date erscheinen kann, wie zuverlässig wird er dann wohl in anderen Bereichen seines Lebens sein? Verspätungen vermitteln den Eindruck, dass Sie die Zeit anderer Menschen nicht respektieren, was Sie egoistisch und unzuverlässig erscheinen lässt.

Wenn Sie dagegen pünktlich (oder sogar zu früh) sind, zeigt das, dass Sie bereit sind, sich um einen reibungslosen Ablauf zu bemühen und die Zeit anderer genauso zu schätzen wissen wie die eigene. Wenn Sie also einen guten ersten Eindruck hinterlassen wollen, sollten Sie pünktlich (oder sogar ein wenig zu früh) erscheinen. Das sendet die richtige Botschaft und trägt dazu bei, dass sich Ihr Date wohl fühlt.

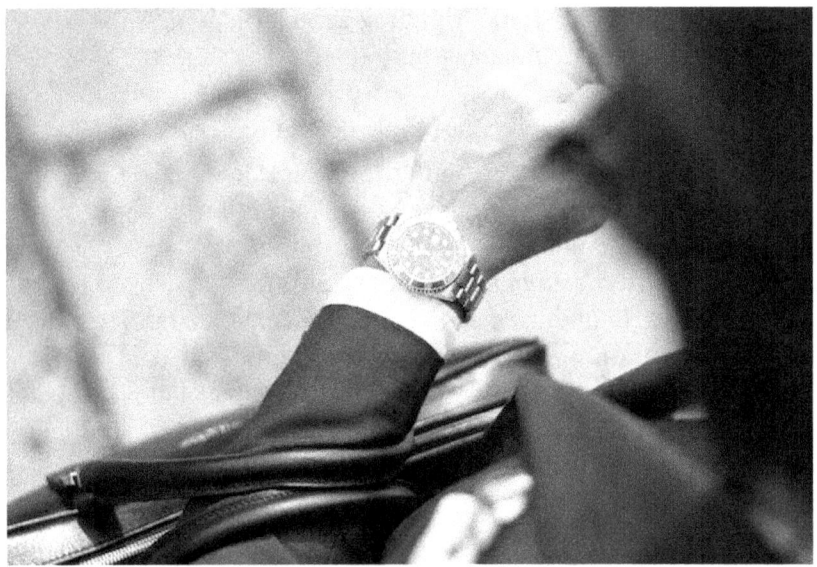

Pünktlichkeit hinterlässt einen dauerhaft guten Eindruck bei anderen.[15]

2. Stellen Sie Blickkontakt her

Wenn Sie jemanden zum ersten Mal treffen, trägt die Art und Weise, wie Sie Blickkontakt herstellen, dazu bei, die Meinung der anderen Person zu beeinflussen. Blickkontakt vermittelt Vertrauen und Interesse und hilft, eine Verbindung mit der anderen Person herzustellen. Wenn Sie jemandem neu begegnen, nehmen Sie sich einen Moment Zeit, um ihm in die Augen zu sehen und ihm ein aufrichtiges Lächeln zu schenken. Das signalisiert, dass Sie selbstbewusst und daran interessiert sind, die

Person besser kennen zu lernen. Sie können auch die Hand zum Händeschütteln ausstrecken, was eine weitere nonverbale Art ist, Ihr Interesse zu zeigen. Es ist auch eine nonverbale Botschaft, dass Sie aufmerksam sind und sich auf das Gespräch einlassen. Außerdem kann Blickkontakt dazu beitragen, dass sich Ihr Gesprächspartner wohlfühlt und es ihm leichter fällt, mit Ihnen zu sprechen. Wenn Sie also einen exzellenten ersten Eindruck machen wollen, sollten Sie Ihren Blick auf das Wesentliche richten. Blickkontakt ist eine der einfachsten und effektivsten Möglichkeiten, einen guten ersten Eindruck zu hinterlassen.

3. Zeigen Sie ein strahlendes Lächeln (aber kein falsches!)

Jeder weiß, wie wichtig der erste Eindruck ist. Sie wollen sich von Ihrer besten Seite zeigen, wenn Sie jemanden kennenlernen. Eine der einfachsten Möglichkeiten, dies zu tun, ist schlicht und einfach ein Lächeln. Lächeln ist ein wirkungsvolles nonverbales Zeichen, das eine Menge Informationen vermittelt. Zum einen vermittelt es Freundlichkeit und Aufgeschlossenheit. Lächeln ist eine der universellen Formen der nonverbalen Kommunikation und vermittelt eine Reihe von Emotionen, von Freude und Heiterkeit bis hin zu Liebe und Interesse. Es ist auch ein unglaublich wirkungsvolles Mittel, um einen guten ersten Eindruck zu hinterlassen. Wenn Sie jemanden anlächeln, ist die Wahrscheinlichkeit größer, dass er zurücklächelt, was wiederum dazu führt, dass sich Ihr Gegenüber gut fühlt. Und wenn sich Menschen in Ihrer Nähe gut fühlen, assoziieren sie eher positive Eigenschaften mit Ihnen, wie zum Beispiel freundlich, vertrauenswürdig und kompetent zu sein.

Sie wirken dann wie jemand, mit dem man gerne spricht und mit dem man gerne Zeit verbringt. Ein Lächeln kann Sie auch kompetenter und vertrauenswürdiger erscheinen lassen. Mit anderen Worten: Wenn Sie lächeln, machen Sie sich sympathischer - und wirken wie jemand, der seine Zeit wert ist.

Warum also hat Lächeln eine so starke Wirkung? Zum Teil hat es mit der Biologie zu tun. Wenn wir jemanden lächeln sehen, wird in unserem Gehirn die Ausschüttung von Dopamin ausgelöst, das uns glücklich macht. Wenn wir lächeln, werden unsere Gesichtsmuskeln, die für die Erzeugung positiver Emotionen verantwortlich sind, aktiviert. Mit anderen Worten: Wenn wir lächeln, fühlen wir uns insgesamt glücklicher und positiver. Wenn Sie also das nächste Mal jemandem begegnen, sollten Sie ihm Ihr schönstes Lächeln schenken! Wenn Sie also einen guten ersten Eindruck machen wollen, vergessen Sie nicht zu lächeln. Es mag wie eine

Kleinigkeit erscheinen, aber es kann sehr viel dazu beitragen, dass andere Sie in einem positiven Licht sehen.

4. Verwenden Sie eine positive Körpersprache

Wenn Sie jemanden zum ersten Mal treffen, was fällt Ihnen an ihm auf? Wahrscheinlich achten Sie zuerst auf seine Körpersprache. Studien haben gezeigt, dass wir andere Menschen bereits in den ersten Sekunden nach der Begegnung anhand ihrer Körpersprache beurteilen. Das bedeutet, dass ein guter erster Eindruck entscheidend ist, um positive Beziehungen zu anderen aufzubauen. Was können Sie also tun, um sicherzustellen, dass Sie sich von Ihrer besten Seite zeigen? Einer der wichtigsten Punkte ist eine positive Körpersprache. Dazu gehört, dass Sie Blickkontakt halten, lächeln und eine offene Körperhaltung einnehmen. Zu einer negativen Körpersprache gehören dagegen Dinge wie das Verschränken der Arme, der Blick nach unten und das Vermeiden von Blickkontakt.

Eine positive Körpersprache signalisiert Ihrem Gesprächspartner, dass Sie an ihm und dem, was er zu sagen hat, interessiert sind. Sie lässt Sie auch selbstbewusster und zugänglicher erscheinen. Eine negative Körpersprache hingegen kann Sie desinteressiert, unsicher und sogar feindselig erscheinen lassen. Es mag wie ein einfacher Ratschlag erscheinen, aber diese kleinen Gesten können einen guten Eindruck hinterlassen. Wenn wir zum Beispiel lächeln, löst dies eine Ausschüttung von Endorphinen im Gehirn aus, wodurch wir uns glücklich fühlen und attraktiver auf andere wirken.

Wenn wir den Blickkontakt aufrechterhalten, signalisieren wir unserem Gegenüber, dass wir an ihm interessiert sind, und geben ihm das Gefühl, wertgeschätzt zu werden. Schließlich zeigt eine offene Körperhaltung, dass wir ansprechbar und vertrauenswürdig sind. Zusammenfassend lässt sich sagen, dass wir durch eine positive Körpersprache eine sofortige Beziehung zu anderen aufbauen und den Grundstein für eine dauerhafte Beziehung legen.

5. Seien Sie einfühlsam

Empathie ist die Fähigkeit, die Gefühle einer anderen Person zu verstehen und zu teilen. Es geht darum, die Dinge aus ihrer Perspektive zu sehen und ein tiefes Verständnis für ihre Gefühle zu haben. Wenn Sie sich in jemanden einfühlen, hören Sie nicht nur zu, was er sagt, sondern Sie versuchen auch zu fühlen, was er fühlt. Auf diese Weise können Sie sich mit jemandem verbinden und eine Beziehung aufbauen.

Eine der einfachsten Möglichkeiten, Einfühlungsvermögen zu zeigen, besteht darin, einfach zu reflektieren, was die andere Person sagt. So wissen Sie, dass Sie Ihr Gegenüber hören und verstehen. Sie können auch Fragen stellen, um mehr über seine Erfahrungen und Gefühle zu erfahren. Sie könnten zum Beispiel sagen: „Das klingt wirklich hart. Wie kommen Sie damit zurecht?" Aktives Zuhören, d.h. die volle Aufmerksamkeit auf das, was jemand sagt, ohne ihn zu unterbrechen, ist eine weitere Möglichkeit, Empathie zu zeigen. Dazu gehört, dass Sie Blickkontakt herstellen, eine offene Körperhaltung einnehmen und regelmäßig nicken oder bejahen.

Wenn Sie sich die Zeit nehmen, anderen gegenüber einfühlsam zu sein, signalisieren Sie ihnen, dass Sie sich für ihren Gesprächspartner interessieren und ihm zuhören möchten. Auf diese Weise können Sie Beziehungen aufbauen und einen positiven Eindruck hinterlassen.

6. Kleiden Sie sich dem Anlass entsprechend

Ganz gleich, ob Sie zu einem ersten Date, einem Vorstellungsgespräch oder zu einer Party gehen, es ist wichtig, einen guten ersten Eindruck zu hinterlassen. Und eine der einfachsten Möglichkeiten ist, sich dem Anlass entsprechend zu kleiden. Wenn Sie sich zum Beispiel mit jemandem auf einen Kaffee treffen, müssen Sie wahrscheinlich keinen dreiteiligen Anzug tragen. Aber wenn Sie zu einem Vorstellungsgespräch gehen, ist es eine gute Idee, sich professionell zu kleiden. Wenn Sie die richtige Kleidung tragen, signalisieren Sie, dass Sie die Situation ernst nehmen und die Person oder die Personen, mit denen Sie sich treffen, respektieren. Es kann auch Ihr Selbstvertrauen stärken, was für einen guten Eindruck sehr wichtig ist. Wenn Sie also das nächste Mal ein Treffen oder eine Veranstaltung haben, nehmen Sie sich etwas Zeit, um darüber nachzudenken, was Sie anziehen werden. Sich dem Anlass entsprechend zu kleiden, ist eine simple, aber effektive Möglichkeit, sich von Ihrer besten Seite zu zeigen. Wenn Sie sich dem Anlass entsprechend kleiden, können Sie einen guten ersten Eindruck hinterlassen.

7. Seien Sie Sie selbst

Authentisch zu sein bedeutet, ehrlich zu sein, wer Sie sind und woran Sie glauben. Es bedeutet, dass Sie in Ihren Interaktionen echt sind und Ihren Werten und Prinzipien treu bleiben. Die Menschen spüren, wenn Sie sich verstellen oder versuchen, sich zu verstellen, und das wirkt unaufrichtig. Wenn Sie hingegen authentisch sind, können die Menschen sehen, dass Sie echt sind, und das ist viel ansprechender. Wenn Sie ehrlich sind, können die Menschen Ihr wahres Ich sehen, was dazu beitragen kann, Vertrauen und Beziehungen aufzubauen. Authentizität ist auch wichtig für den Aufbau dauerhafter Beziehungen. Denn wie können Sie eine echte Verbindung zu jemandem aufbauen, wenn Sie nicht ehrlich zu sich selbst sind? Wenn Sie also das nächste Mal in einer Situation sind, in der Sie einen guten Eindruck machen wollen, lassen Sie sich nicht dazu hinreißen, sich zu verstellen. Seien Sie einfach Sie selbst und zeigen Sie der Welt, was für ein toller Mensch Sie sind.

8. Recherchieren Sie

Eine der besten Möglichkeiten, einen bleibenden ersten Eindruck zu hinterlassen, besteht darin, für den Anlass zu recherchieren. Das zeigt, dass Sie sich die Zeit nehmen, etwas über die andere Person zu erfahren und daran interessiert sind, einen guten Eindruck zu hinterlassen. Nehmen wir zum Beispiel an, Sie treffen sich mit jemandem zu einem Geschäftstreffen. In diesem Fall sollten Sie sich über das Unternehmen und die Branche informieren, in der die Person tätig ist. So haben Sie etwas, worüber Sie sprechen können und zeigen, dass Sie vorbereitet sind. Wenn Sie jemanden zu einem gesellschaftlichen Anlass treffen, sollten Sie dessen Interessen recherchieren, um eine gemeinsame Basis zu finden. Dadurch wird das Gespräch reibungsloser verlaufen, und Ihr Gegenüber wird sich wohler fühlen. Wenn Sie sich die Zeit nehmen, um zu recherchieren, zeigt das, dass Sie einen guten Eindruck hinterlassen wollen und bereit sind, sich die Mühe zu machen, dies zu tun.

9. Legen Sie Ihr Telefon beiseite

In der heutigen Zeit wird es immer üblicher, dass sich die Menschen für so gut wie alles auf ihr Telefon verlassen. Von der Wegbeschreibung bis zum Ablesen der Uhrzeit sind unsere Telefone zu einem Teil von uns selbst geworden. Wenn Sie jedoch eine neue Person treffen, sollten Sie Ihr Telefon weglegen und dem Gesprächspartner Ihre volle Aufmerksamkeit schenken. Hierfür gibt es einige Gründe. Erstens zeigt es, dass Sie daran interessiert sind, was Ihr Gegenüber zu sagen hat. Zweitens können Sie so unangenehme Momente vermeiden, wenn Sie Ihr Telefon versehentlich fallen lassen oder während des Gesprächs eine Benachrichtigung erhalten. Und schließlich vermittelt es die Botschaft, dass Sie im Moment präsent sind und die Gesellschaft Ihres Gegenübers schätzen. Wenn Sie also das nächste Mal jemandem begegnen, sollten Sie Ihr Handy weglegen, um einen guten ersten Eindruck zu hinterlassen.

10. Hören Sie mehr zu, als Sie sprechen

Menschen lieben es, über sich selbst zu sprechen. Das liegt in der menschlichen Natur. Wenn Sie also Ihrem Gegenüber das Reden überlassen, wirken Sie nicht nur wie ein guter Zuhörer, sondern erfahren auch mehr über ihn. Was er mag, was er nicht mag, welche Hobbys er hat usw. Und all diese Informationen können Ihnen dabei helfen, herauszufinden, ob es eine mögliche Verbindung gibt oder nicht. Zuhören zeigt auch, dass Sie die andere Person und ihre Meinung respektieren. Es zeigt, dass Sie seine Gedanken und Ideen schätzen und daran interessiert sind, zu hören, was er zu sagen hat. Das kann viel dazu beitragen, ein gutes Verhältnis und Vertrauen aufzubauen.

11. Seien Sie offen, aber selbstbewusst

Der erste Eindruck ist wichtig, aber es kann schwierig sein, ihn zu kontrollieren. Sie wollen offen und freundlich sein, aber nicht verzweifelt oder übereifrig wirken. Es kommt darauf an, das richtige Gleichgewicht zwischen Selbstbewusstsein und Ansprechbarkeit zu finden. Eine Möglichkeit, dies zu erreichen, besteht darin, Blickkontakt herzustellen und zu lächeln, wenn Sie jemanden kennenlernen. Das zeigt, dass Sie daran interessiert sind, die Person kennenzulernen, aber es vermittelt auch Vertrauen. Eine weitere Möglichkeit, einen guten ersten Eindruck zu hinterlassen, ist, optimistisch zu sein. Das bedeutet nicht, dass Sie übermäßig fröhlich sein müssen, aber es bedeutet, dass Sie Negativität vermeiden sollten. Und schließlich sollten Sie daran denken, dass der erste Eindruck nur ein erster Eindruck ist. Machen Sie sich nicht zu viele Gedanken. Entspannen Sie sich einfach und seien Sie Sie selbst, dann werden Sie einen guten Eindruck hinterlassen.

Da Sie nun wissen, was einen guten ersten Eindruck ausmacht, sollten Sie diesen Rat befolgen. Wenn Sie das nächste Mal jemandem begegnen, sollten Sie unbedingt lächeln, Blickkontakt herstellen und einen festen Händedruck geben. Und vergessen Sie nicht, Ihr Äußeres ordentlich und gepflegt zu halten. Geben Sie einen Händedruck, stellen Sie sich vor und machen Sie Smalltalk. Wenn Sie diese einfachen Tipps befolgen, können Sie sicherstellen, dass Sie sich immer von Ihrer besten Seite zeigen.

Kapitel 3: Körpersprache verstehen und einsetzen

Den meisten von uns ist nicht bewusst, dass unser Körper viel über unsere Persönlichkeit verraten kann. Wenn Sie die Körpersprache einer Person beobachten, können Sie oft feststellen, ob sie selbstbewusst oder schüchtern, extrovertiert oder introvertiert ist usw. Natürlich müssen Sie den Kontext berücksichtigen, in dem jemand ein bestimmtes Verhalten an den Tag legt. Ein Beispiel: Jemand, der normalerweise sehr kontaktfreudig ist, verhält sich vielleicht anders, wenn er sich in einer großen Gruppe von Fremden befindet. Die Körpersprache kann jedoch ein zuverlässiger Indikator für die Persönlichkeit einer Person sein.

Die Körpersprache sagt viel über Ihre Absichten und Ihre Stimmung aus.[16]

Einige gängige Merkmale der Körpersprache können Ihnen Aufschluss darüber geben, wie sich eine Person fühlt. Menschen, die sich mit sich selbst und anderen wohlfühlen, haben zum Beispiel eine offene Körperhaltung, bei der Arme und Beine nicht gekreuzt sind. Sie nehmen auch Blickkontakt auf und lächeln häufig. Jemand, der sich in sozialen Situationen unwohl fühlt, hat dagegen eine verschlossene Körpersprache, verschränkt z.B. die Arme oder Beine oder vermeidet den Blickkontakt. Ein weiteres Indiz ist das Zappeln - Menschen, die ängstlich sind oder sich unwohl fühlen, neigen dazu, mehr zu zappeln als diejenigen, die entspannt sind.

Natürlich dürfen Sie nicht vergessen, dass jeder Mensch einzigartig ist und dass eine Vielzahl von Dingen die Körpersprache eines Menschen beeinflussen kann. Wenn Sie jedoch auf die oben genannten Hinweise achten, bekommen Sie eine ziemlich gute Vorstellung davon, was für ein Mensch jemand ist - auch wenn dieser kein einziges Wort sagt!

Was kann unsere Körpersprache verraten?

1. Gedanken

Wenn es darum geht, die Gedanken einer Person zu verstehen, sind Worte nur ein Teil des Ganzen. Unsere Körpersprache liefert wertvolle Hinweise darauf, was wir wirklich denken und kann schwer zu kontrollieren sein. Wenn wir zum Beispiel an jemandem interessiert sind, lehnen wir uns vielleicht ungewollt vor oder stellen mehr Blickkontakt her als sonst. Umgekehrt verschränken wir vielleicht die Arme oder vermeiden den Blickkontakt ganz, wenn wir uns defensiv fühlen. Wenn wir auf diese subtilen Hinweise achten, können wir viel besser einschätzen, was jemand denkt, selbst wenn er es zu verbergen versucht. Bevor Sie sich ein Urteil bilden, sollten Sie unbedingt die Hinweise der Körpersprache und andere Hintergrundinformationen berücksichtigen, denn sie können leicht falsch verstanden werden. Wenn sie jedoch richtig eingesetzt werden, können sie ein mächtiges Werkzeug sein, um die Gedanken der Menschen zu lesen.

Körpersprache ist eine Form der nonverbalen Kommunikation, bei der Informationen durch körperliche Aktivitäten anstelle von Worten dargestellt oder vermittelt werden. Zu diesen Aktivitäten gehören Körperhaltung, Blickführung, Gesichtsausdruck, Berührung, Gesten und Raumnutzung. Sowohl Tiere als auch Menschen zeigen Körpersprache, aber wir werden uns darauf konzentrieren, wie Menschen die Körpersprache nutzen, um ihre Emotionen darzustellen. Man geht davon aus, dass die Körpersprache den größten Teil unserer nonverbalen Kommunikation ausmacht. Allerdings wird sie oft falsch interpretiert oder nicht beachtet. Die falsche Körpersprache kann Angst, Verwirrung und sogar Feindseligkeit hervorrufen. Sie kann auch dazu dienen, den inneren Dialog einer Person durch Hinweise wie Mimik, Körperhaltung und Gestik zu interpretieren. Wenn wir auf diese Hinweise achten, können wir besser verstehen, wie sich jemand fühlt, was er denkt, wie sein innerer Dialog aussieht und was er möglicherweise mitteilen möchte. Die Interpretation der Körpersprache kann je nach Kultur und Kontext variieren. Einige universelle Hinweise haben jedoch in allen Kulturen die gleiche Bedeutung. Zum Beispiel ist das Berühren des Gesichts oder der Nase oft ein Zeichen von Täuschung, während das Abwenden des Blicks oft ein Zeichen von Scham oder Schuld ist. Bei der Analyse der Körpersprache ist der Kontext von entscheidender Bedeutung, da einige Indikatoren mehrere Bedeutungen haben können. Wenn Sie beispielsweise die Arme vor der Brust verschränken, kann das auf Abwehr oder Selbstvertrauen hindeuten. Um die Körpersprache einer Person richtig zu deuten, müssen Sie die Situation und alle anderen vorhandenen nonverbalen Hinweise berücksichtigen. Wenn wir auf die Körpersprache achten, können wir den inneren Dialog zwischen anderen und uns selbst besser verstehen.

2. Den emotionalen Zustand

Die Körpersprache kann verwendet werden, um den emotionalen Zustand einer Person zu entschlüsseln und Emotionen zu vermitteln. Verschränkte Arme können zum Beispiel darauf hinweisen, dass sich eine Person defensiv oder unwohl fühlt, während eine offene Körperhaltung signalisieren kann, dass sie entspannt und ansprechbar ist. Gesichtsausdrücke sind Hinweise auf Emotionen. Lächeln und Lachen zeigen Freude an, während gerunzelte Brauen und zusammengebissene Kiefer Ärger oder Frustration vermitteln können. Wenn wir auf diese und andere Hinweise achten, können wir besser verstehen, wie sich jemand fühlt, was bei persönlichen und beruflichen Interaktionen hilfreich sein kann.

3. Die wahren Absichten

Die meisten Menschen sind sich der Bedeutung der Körpersprache nicht bewusst. Die Beobachtung der Körpersprache einer Person kann Hinweise auf deren Absichten geben. Wenn zum Beispiel jemand sehr nahe bei Ihnen steht, versucht er vielleicht, Sie einzuschüchtern. Wenn sich jemand nach vorne lehnt und Blickkontakt herstellt, ist er möglicherweise an dem interessiert, was Sie sagen. Die Beachtung der Körpersprache kann uns helfen, die Menschen um uns herum besser zu verstehen und sogar unsere eigene Kommunikation zu verbessern.

Was ist positive Körpersprache?

1. Positive Gesichtsausdrücke

Ein positiver Gesichtsausdruck ist nicht zu übersehen, wenn Sie ihm begegnen. Die Augenbrauen sind hochgezogen, die Mundwinkel sind nach oben gezogen und die Augen sind oft gerunzelt. Es sieht aus, als würde die Person gleich lachen - und tatsächlich haben Studien gezeigt, dass ein echtes Lächeln die gleichen Muskeln im Gesicht aktiviert wie ein Lachen. Ein positiver Gesichtsausdruck ist nicht nur ein Zeichen von Freude, sondern auch von Offenheit und Vertrauen. Es ist eine Art zu sagen: „Ich bin ansprechbar und ich bin daran interessiert, was du zu sagen hast."

Wenn wir sehen, dass jemand einen positiven Gesichtsausdruck hat, schafft das ein Gefühl von Vertrauen und Verbundenheit. Wir fühlen uns instinktiv zu Menschen hingezogen, die körperlich offen und aufnahmebereit sind, im Gegensatz zu denen, die verschlossen und zurückhaltend sind. Aus diesem Grund ist eine positive Körpersprache für den ersten Eindruck von grundlegender Bedeutung: Sie vermittelt Freundlichkeit und die Bereitschaft, sich auf andere einzulassen.

- **Lächeln**

Ein Lächeln ist der häufigste und allgemein anerkannte positive Gesichtsausdruck. Es steht für Freude, kann aber auch Erleichterung, Belustigung oder sogar Schüchternheit ausdrücken. Ein echtes Lächeln zeichnet sich durch ein Zusammenkneifen der Augen aus und ist nach dem französischen Arzt, der es erstmals beschrieb, als Duchenne-Lächeln bekannt. Im Gegensatz dazu fehlt beim falschen Lächeln oder sozialen Lächeln oft dieses Fälteln und kann von geschulten Beobachtern leicht erkannt werden.

- **Nicken**

Nicken ist ebenfalls ein positiver Gesichtsausdruck, der verschiedene Bedeutungen haben kann. Ein Beispiel: Wenn Sie nicken, während jemand spricht, signalisieren Sie damit, dass Sie zuhören und aufmerksam sind. Sie können auch nicken, um Zustimmung zu signalisieren, z.B. wenn Sie auf eine Frage mit dem Kopf nicken. In einigen Fällen kann Nicken auch als Zeichen des Respekts oder der Anerkennung verwendet werden, z.B. wenn Sie jemandem zunicken, der gerade etwas Bemerkenswertes gesagt hat. Unabhängig vom Kontext wird Nicken im Allgemeinen als eine positive Geste angesehen, die Interesse, Unterstützung oder Zustimmung ausdrückt.

- **Lachen**

Lachen ist ein positiver Ausdruck, der Freude, Vergnügen oder Belustigung ausdrückt. Wenn wir lachen, ziehen sich unsere Gesichtsmuskeln zusammen und unsere Atmung beschleunigt sich. Lachen ist ansteckend. Man sagt oft, dass man nicht anders kann, als zu lächeln, wenn man jemanden lachen sieht. Lachen ist auch gut für unsere Gesundheit. Es kann helfen, Stress abzubauen, unsere Stimmung zu verbessern und sogar unser Immunsystem zu stärken. Schon ein paar Minuten Lachen können dazu beitragen, dass sich andere entspannter und glücklicher fühlen.

Positive Gesichtsausdrücke beschränken sich nicht nur auf ein Lächeln. Gesichtsausdrücke können eine Vielzahl von Emotionen ausdrücken, von Stolz und Freude bis hin zu Mitgefühl und Liebe. Interessanterweise beruhen viele dieser Ausdrücke auf der so genannten Gesichts-Feedback-Hypothese, die besagt, dass unsere Gesichtsmuskeln unseren emotionalen Zustand beeinflussen. Mit anderen Worten: Wenn wir lächeln oder die Stirn runzeln, können wir unseren emotionalen Zustand beeinflussen. Das Lesen und Interpretieren positiver Gesichtsausdrücke und offener Körpersprache kann in verschiedenen sozialen Situationen, vom Vorstellungsgespräch bis zum ersten Date, unglaublich nützlich sein. Wenn wir uns der Macht der nonverbalen Kommunikation bewusst sind, können wir sie bei persönlichen und beruflichen Interaktionen zu unserem Vorteil nutzen. Indem wir durch unsere Körpersprache positive Signale aussenden, erhöhen wir die Wahrscheinlichkeit, dass andere positiv auf uns reagieren.

2. Positive Blickführung

Positive Blickführung ist eine spezielle Art der Körpersprache, die besonders hilfreich sein kann, um Vertrauen und Offenheit zu vermitteln. Zu einer positiven Blickführung gehört, dass Sie mit Ihrem Gesprächspartner Blickkontakt aufnehmen, sich im Raum umsehen und gelegentlich Blickkontakt mit anderen Personen im Raum aufnehmen. Diese Art der Blickführung vermittelt Selbstvertrauen, denn sie zeigt, dass Sie sich wohl fühlen, wenn Sie Blickkontakt aufnehmen und sich auf andere einlassen. Sie vermittelt auch Offenheit, denn sie zeigt, dass Sie an dem interessiert sind, was um Sie herum geschieht. In Kombination mit anderen Formen positiver Körpersprache kann eine positive Blickführung ein wirkungsvolles Instrument sein, um Vertrauen und Offenheit zu vermitteln.

Wenn wir jemanden sehen, nehmen wir normalerweise unbewusst seine Körpersprache auf. Angefangen bei der Art und Weise, wie die Person sich hält, bis hin zu der Art und Weise, wie sie mit den Menschen um sie herum interagiert, nimmt unser Gehirn ständig diese subtilen Hinweise auf und trifft in Sekundenbruchteilen Entscheidungen über die Person. Einer der wichtigsten Hinweise, auf die wir achten, ist die Blickführung. Wo eine Person hinschaut, kann uns viel über ihren Gemütszustand verraten. Beispiele: Menschen, die sich schuldig fühlen oder verlegen sind, vermeiden oft den Blickkontakt. Menschen, die selbstbewusst und selbstsicher sind, werden dagegen in der Regel Ihren Blick halten.

Interessanterweise kann die Blickführung auch als Hinweis auf eine positive Körpersprache dienen. Insbesondere, wenn Menschen in der Nähe von Personen sind, die sie attraktiv finden, neigen sie dazu, ihre Augen in einem Dreiecksmuster zu bewegen, angefangen bei den Augen, dann zur Nase und schließlich zu den Lippen. Es hat sich gezeigt, dass dieses Muster die Anziehungskraft erheblich steigert, selbst wenn die Teilnehmer sich dessen nicht bewusst sind! Wenn Sie also das nächste Mal ein Date haben oder jemanden kennenlernen, achten Sie auf die Blickführung. Wenn Ihr Gegenüber ab und zu einen Blick auf Ihre Lippen wirft, könnte das ein gutes Zeichen sein!

Warum ein guter Blickkontakt wichtig ist

Es ist kein Geheimnis, dass Blickkontakt entscheidend ist. Blickkontakt ist wichtig, um eine Verbindung herzustellen, sei es in einer Besprechung, bei einer Präsentation oder einfach bei einem Gespräch mit einem Freund. Und es geht nicht nur darum, einen guten Eindruck zu hinterlassen - Blickkontakt kann Sie sympathisch und vertrauenswürdig erscheinen lassen. Aber warum ist das so?

Zunächst einmal hilft er uns, uns zu konzentrieren und aufmerksam zu sein. Wenn wir mit jemandem Blickkontakt aufnehmen, hören wir eher zu, was er sagt, und lassen uns weniger von anderen Dingen um uns herum ablenken. Der Blickkontakt ermöglicht es uns auch, nonverbale Signale wie Mimik und Körpersprache wahrzunehmen, insbesondere in

Verhandlungen oder anderen Situationen, in denen es wichtig ist, die Gefühle und Absichten des anderen zu lesen.

Schließlich zeigt der Blickkontakt, dass wir uns für unser Gegenüber interessieren und für das, was er zu sagen hat. Es vermittelt die Botschaft, dass wir die Person respektieren und ihre Meinung schätzen. Wenn Sie also das nächste Mal ein Gespräch führen, denken Sie daran, Ihrem Gesprächspartner in die Augen zu schauen - das wird für den Verlauf des Gesprächs den entscheidenden Unterschied ausmachen.

3. Positive Handbewegungen

- **Fester Händedruck**

Ein fester Händedruck ist eine der am häufigsten verwendeten Formen der nonverbalen Kommunikation. Obwohl es eine einfache Geste ist, kann sie viel über eine Person aussagen. Ein fester Händedruck vermittelt Vertrauen, Vertrauenswürdigkeit und Professionalität. Er wird oft verwendet, um einen guten ersten Eindruck in geschäftlichen und gesellschaftlichen Situationen zu hinterlassen.

Die Psychologie hinter einem festen Händedruck ist interessant. Studien haben gezeigt, dass Menschen, die sich fest die Hand geben, als sympathischer und vertrauenswürdiger wahrgenommen werden. Das mag daran liegen, dass ein fester Händedruck als Zeichen von Dominanz und sozialem Status angesehen wird. Mit anderen Worten, er vermittelt Vertrauen und Autorität. Wenn wir jemandem die Hand schütteln, tauschen wir im Wesentlichen Informationen über unseren sozialen Rang aus.

Ein fester Händedruck kann Sie auch kompetenter und glaubwürdiger erscheinen lassen. Auch dies kann daran liegen, dass ein fester Griff Vertrauen und Macht vermittelt. Wenn Sie jemandem die Hand schütteln, stellen Sie Blickkontakt her und lächeln Sie. So wirken Sie freundlich und ansprechbar.

Kurzum, ein fester Händedruck ist ein wichtiges Instrument für einen guten ersten Eindruck. Er vermittelt Selbstvertrauen, Seriosität und Kompetenz. Wenn Sie das nächste Mal jemandem begegnen, sollten Sie daran denken, ihm fest die Hand zu schütteln.

- **Offene Handflächen**

Offene Handflächen sind ein Zeichen für eine positive Körpersprache. Offene Handflächen werden oft als ein Zeichen von Ehrlichkeit und Aufrichtigkeit angesehen. Denn wenn wir unsere Handflächen öffnen, entblößen wir unsere verletzlichen Unterarme. Dies ist eine nicht bedrohliche Geste, die zeigt, dass wir nichts zu verbergen haben. Im Gegensatz dazu werden geschlossene Fäuste oder geballte Hände als Zeichen von Feindseligkeit oder Verteidigungsbereitschaft angesehen. Sie zeigen, dass wir bereit sind, zu kämpfen oder uns zu verteidigen.

Die Psychologie dahinter ist, dass wir, wenn wir uns gut fühlen, unsere Handflächen öffnen und sie vor uns halten. Auf diese Weise zeigen wir unser Selbstvertrauen und dass wir ansprechbar sind. Offene Handflächen können auch ein Zeichen der Unterwerfung oder des Appells sein. Wenn wir zum Beispiel unsere Hände zum Gebet zusammenlegen, zeigen wir damit, dass wir keine Bedrohung darstellen und bereit sind, zuzuhören. In einem geschäftlichen Umfeld können offene Handflächen als Angebot eines Händedrucks oder als Hinweis darauf interpretiert werden, dass wir zu einem Gespräch bereit sind. Sie vermitteln Vertrauenswürdigkeit und Offenheit, was dazu beitragen kann, ein gutes Verhältnis aufzubauen. Letztlich sind offene Handflächen ein Zeichen für guten Willen und positive Absichten, was sie zu einem wichtigen körpersprachlichen Zeichen macht, auf das Sie achten sollten.

- **Nicht verschränkte Hände**

Wenn Sie schon einmal jemanden gesehen haben, der seine Hände vor sich verschränkt hat, haben Sie sich vielleicht gefragt, was das bedeutet. Betet diese Person? Meditiert sie? Oder ruht sie einfach nur ihre Hände aus? Tatsächlich ist diese Geste als Position der ungekreuzten Arme bekannt und gilt als positives Zeichen der Körpersprache.

Es gibt einige mögliche Erklärungen dafür, warum die ungekreuzten Arme als positive Geste angesehen werden. Zum einen zeigt sie an, dass die Person entspannt ist und sich wohlfühlt. Sie verkrampft sich nicht und versucht nicht, etwas zu verbergen, was sie vertrauenswürdiger erscheinen lassen kann. Nicht verschränkte Arme nehmen weniger Platz ein als verschränkte Arme, was ein Gefühl der Offenheit vermittelt. Dies kann die Person zugänglicher und einladender erscheinen lassen.

Ist Ihnen schon einmal aufgefallen, dass jemand, der sich selbstbewusst und positiv fühlt, seine Hände normalerweise nicht verschränkt? Dafür gibt es einen Grund. Experten für Körpersprache sind der Meinung, dass verschränkte Arme oder Beine eine Form der Selbstumarmung sind, die Menschen anwenden, wenn sie sich unsicher oder bedroht fühlen. Wenn Sie hingegen Ihre Hände nicht verschränken, sondern öffnen, ist das ein Zeichen dafür, dass Sie offen für das sind, was andere zu sagen haben, und dass Sie sich in Ihrer eigenen Haut wohl fühlen. Wenn Sie also das nächste Mal in einer Besprechung oder einem Vorstellungsgespräch sind, sollten Sie darauf achten, dass Sie Ihre Hände nicht verschränken, um die richtige Botschaft zu vermitteln.

Positive Körperhaltungen
1. Behalten Sie eine gute Körperhaltung bei

Eine gute Körperhaltung ist mehr als nur gute Manieren. Wenn Sie aufrecht stehen und die Schultern nach hinten ziehen, vermitteln Sie eine Botschaft des Vertrauens und der Stärke. Die meisten von uns haben schon einmal gehört, dass eine aufrechte und offene Haltung ein Zeichen von Selbstvertrauen ist, und tatsächlich haben Untersuchungen gezeigt, dass Menschen mit einer guten Körperhaltung als selbstbewusster und kompetenter angesehen werden als diejenigen, die die Schultern hängen lassen. Auf der anderen Seite signalisiert eine krumme oder gebückte Haltung Unsicherheit und Niedergeschlagenheit. Interessanterweise hat die Forschung gezeigt, dass sogar vorgetäuschtes Selbstvertrauen zu echtem Erfolg führen kann. Aber warum ist das so? Es stellt sich heraus, dass unsere Körpersprache eng mit unserem psychologischen Zustand verbunden ist. Wenn wir uns gut fühlen, neigen wir dazu, aufrecht zu stehen und unseren Brustkorb zu öffnen, während wir, wenn wir uns niedergeschlagen oder besiegt fühlen, eher die Schultern hängen lassen und unseren Körper schließen. Diese Verbindung zwischen Körpersprache und innerem Zustand ist so stark, dass sie auch in umgekehrter Richtung funktioniert: Wenn wir aufrecht stehen, fühlen wir uns selbstbewusster, auch wenn wir das im ersten Moment nicht unbedingt spüren.

Es geht aber nicht nur darum, gut auszusehen. Eine aufrechte Haltung hat viele körperliche Vorteile. Sie hilft, Ihre Wirbelsäule in einer geraden Linie zu halten, was Schmerzen vorbeugt und Ihre allgemeine Beweglichkeit verbessert. Außerdem hilft eine gute Haltung Ihnen, leichter und tiefer zu atmen, was Ihr Energieniveau und Ihre Konzentration steigert. Kurz gesagt, es gibt nur wenige Probleme, die sich nicht durch aufrechtes Stehen lösen lassen. Wenn Sie sich also das nächste Mal dabei ertappen, wie Sie krumm sitzen, nehmen Sie sich einen Moment Zeit, um Ihre Haltung zu korrigieren. Sie werden nicht nur selbstbewusster aussehen, sondern auch Ihrem Körper einen Gefallen tun.

2. Lehnen Sie sich beim Reden oder Zuhören vor

Eine gute Kommunikation ist das A und O einer jeden erfolgreichen Beziehung, ob beruflich oder privat. Eines der wichtigsten Elemente einer effektiven Kommunikation ist die Körpersprache. Die Art und Weise, wie wir uns bewegen und mit anderen interagieren, kann viel darüber aussagen, was wir denken und fühlen, selbst wenn wir nichts sagen. Eine gängige Form der Körpersprache ist das Hineinlehnen. Wenn wir jemanden sehen, der sich zu uns herüberbeugt, während er uns zuhört, vermittelt dies im Allgemeinen den Eindruck, dass diese Person an dem interessiert ist, was wir zu sagen haben. Sie macht sich für uns verfügbar und sendet die Botschaft, dass sie hören möchte, was wir zu sagen haben. Es ist eine nonverbale Art zu sagen: „Ich höre zu", und es trägt dazu bei, eine Beziehung zwischen Sprecher und Zuhörer herzustellen. Wenn Sie sich dagegen von jemandem weglehnen, kann dies Desinteresse oder Ungeduld signalisieren.

Einige Studien belegen, dass das Hineinlehnen beim Sprechen das Gespräch für beide Parteien angenehmer macht. Wenn wir uns beim Sprechen nach vorn lehnen, signalisieren wir unserem Gesprächspartner, dass wir uns engagieren und in das Gespräch investieren. Das kann dazu führen, dass die Person sich wohler fühlt und die Interaktion insgesamt positiver verläuft. Unsere Körpersprache kann viele verschiedene Signale aussenden, aber das Hineinlehnen ist definitiv eines der positivsten. Es zeigt Interesse, Engagement und Respekt für die andere Person und kann dazu beitragen, ein Gespräch angenehmer zu gestalten. Wenn Sie also zeigen möchten, dass Sie sich für das interessieren, was jemand sagt, beugen Sie sich vor und nehmen Sie Blickkontakt auf. Das könnte den entscheidenden Unterschied ausmachen.

Kapitel 4: Wie Sie Selbstvertrauen gewinnen und sich Respekt verschaffen

Selbstvertrauen ist keine Fähigkeit, sondern eine Denkweise, die sich weiterentwickelt. Positives Denken, regelmäßiges Üben, formelles Training, mehr Wissen und soziale Interaktion können Ihnen helfen, Ihr Selbstvertrauen zu stärken.

Selbstvertrauen zu gewinnen ist der erste Schritt zu sozialem Erfolg.[17]

Ein gutes Selbstwertgefühl, die Wertschätzung Ihrer körperlichen und geistigen Fähigkeiten und der Glaube an Ihr Wissen und Ihre Erfahrung sind allesamt notwendige Zutaten für ein gesundes Maß an Selbstvertrauen. Die meisten Menschen möchten sich selbstbewusster fühlen, und es ist auch möglich, dies zu erreichen.

Dieses Kapitel soll Ihnen helfen, Ihr Selbstvertrauen zu finden und zu stärken und den Wert anderer zu schätzen.

Was ist Selbstvertrauen?

Obwohl viele Menschen unterschiedliche Definitionen für Selbstvertrauen haben, bedeutet es im Wesentlichen, an sich selbst zu glauben. Ihr Selbstvertrauen wird davon beeinflusst, was Sie erlebt haben und wie Sie gelernt haben, mit Widrigkeiten umzugehen. Ihr Selbstwertgefühl schwankt im Laufe der Zeit.

Der Grad des Selbstbewusstseins einer Person spiegelt in der Regel die Werte und Lektionen wider, die sie im Laufe ihres Lebens gelernt hat.

Die Art und Weise, wie uns beigebracht wurde, zu sehen und zu handeln, prägt unsere Grundannahmen darüber, wer wir sind und wie wir andere behandeln sollten. Dies wird auch durch Umweltfaktoren beeinflusst, die wir erlebt haben, sei es eine missbräuchliche Kindheit oder eine glückliche, ausgeglichene Erziehung. Unser Vertrauen in unsere Fähigkeit, mit unserer Verantwortung umzugehen und schwierige Situationen zu meistern, ist von Mensch zu Mensch unterschiedlich.

Geringes Selbstvertrauen

Zukunftsängste, negatives Feedback, Unzufriedenheit mit dem eigenen Aussehen, das Versäumnis, vorauszuplanen oder sich die notwendigen Fähigkeiten anzueignen, und die Unfähigkeit, aus Fehlern zu lernen, können zu einem Mangel an Selbstvertrauen führen.

Wenn es Ihnen an Selbstvertrauen mangelt, liegt das in der Regel daran, dass Sie sich Sorgen darüber machen, was andere Menschen von Ihnen denken. Diese Art des Denkens kann Sie davon abhalten, das zu tun, von dem Sie wissen, dass es für Sie vorteilhaft ist, weil Sie Angst vor Unbehagen oder Peinlichkeit haben.

Übermäßiges Selbstvertrauen

Ein ungesundes Maß an Selbstvertrauen kann zu dem falschen Glauben führen, dass jedes Ziel erreicht werden kann, selbst wenn es dem Einzelnen an der nötigen Kompetenz fehlt. Unter diesen Umständen geht unangebrachtes Selbstvertrauen häufig nach hinten los.

Ein übersteigertes Selbstvertrauen erhöht die Wahrscheinlichkeit, dass andere Sie als eingebildet oder arrogant wahrnehmen. Die Leute werden sich eher über Ihren Untergang freuen, wenn sie Sie als arrogant und unerträglich empfinden.

Das wollen Sie aber nicht. Sie wollen ein gesundes Maß an Selbstvertrauen zeigen, das Ihnen den Respekt der anderen einbringt.

Ist Selbstvertrauen notwendig für eine gute Gesundheit?

Wenn Sie ein positives Selbstbild haben, zeigt sich das in den Entscheidungen, die Sie treffen. Ihre Chancen, Aspekte Ihres Lebensstils wie Selbstfürsorge, soziales Engagement, körperliche Aktivität und Ernährung zu verbessern, steigen.

Positivität und eine optimistische Lebenseinstellung kommen auch Ihrer geistigen und emotionalen Gesundheit zugute und sind das Ergebnis von Selbstvertrauen. Wenn es Ihnen an Selbstvertrauen mangelt, können Ihr Selbstwertgefühl und Ihre Würde darunter leiden.

In diesem Fall kann es schwierig sein, Entscheidungen zu treffen und Probleme zu bewältigen. Sie könnten anfangen, an Ihren Fähigkeiten zu zweifeln. Neue Menschen kennenzulernen und an neuen Aktivitäten teilzunehmen, kann zu einer großen Herausforderung werden.

Sie könnten sich zurückziehen und soziale Situationen vermeiden, aus Angst, von anderen verletzt zu werden. All dies könnte zu einer Negativspirale führen, da Sie anfangen, Situationen zu meiden, die Ihnen Unbehagen bereiten und Ihr Selbstvertrauen weiter schwinden lassen.

Respekt und seine Bedeutung

Respekt ist einer der grundlegenden Eckpfeiler erfolgreicher zwischenmenschlicher Beziehungen und des eigenen Selbstbewusstseins. Respekt ist ein universelles Grundbedürfnis. Er spielt eine wichtige Rolle bei der Gestaltung dessen, was wir als Individuen sind, und bei der Stärkung unserer Bindungen zueinander.

Eine andere Person zu tolerieren ist ein Versuch, sie nicht unhöflich zu behandeln. Es ist ein Konzept, das besagt, dass wir die Worte und Handlungen eines anderen respektieren sollten, auch wenn wir nicht immer damit einverstanden sind oder sie unterstützen. Wenn Sie jemanden respektieren, fällen Sie kein Urteil über ihn aufgrund seiner Ideen, Handlungen oder Überzeugungen.

Warum ist es wichtig, Respekt zu zeigen?

Wenn wir uns selbst nicht wertschätzen, wird es auch niemand anderes tun. Ein sicherer Raum, in dem Menschen sich ausdrücken können, ohne befürchten zu müssen, verurteilt zu werden, ist entscheidend.

Wenn Sie sich selbst und andere respektieren, zeigt sich das unweigerlich in Ihren Interaktionen mit ihnen und mit dem Rest der Welt. Ihre Interaktionen mit anderen werden mit der Zeit immer respektvoller und harmonischer.

Wenn Sie sich selbst und andere respektieren, können Sie tiefere Beziehungen aufbauen. Respektvolles Verhalten verbessert Ihre Fähigkeit, bedeutungsvolle Beziehungen zu anderen Menschen aufzubauen und aufrechtzuerhalten, ganz gleich in welchem Umfeld.

Wenn Sie sich um sich selbst kümmern, sich und andere wertschätzen, werden Sie selbstsicherer, glücklicher und erfolgreicher.

Beispiele für respektvolles Verhalten

Nachfolgend finden Sie einige Beispiele für respektvolles Verhalten:

Zuhören

Jeder Mensch braucht Aufmerksamkeit und Anerkennung. Zuzuhören, was jemand zu sagen hat, ist eine grundlegende Form der Höflichkeit. Sie sollten nicht einmal darüber nachdenken, ob die Person etwas Wertvolles beizutragen hat oder nicht. Wenn Sie einem anderen Menschen Zeit widmen, zeigen Sie ihm gegenüber Respekt.

Unterstützen

Wenn Sie jemanden unterstützen, zeigen Sie ihm, dass Sie an ihn glauben und an seine Fähigkeit, etwas zu bewirken. Sie können anderen das Gefühl geben, wichtig zu sein und Respekt zu verdienen. Das Teilen eines virtuellen Abzeichens der Unterstützung kann eine einfache Möglichkeit sein, Ihre Bewunderung für jemanden zu zeigen. Wenn Sie jemanden beobachten und etwas Positives über ihn sagen, zeigen Sie damit Ihre Unterstützung.

Freundlichkeit praktizieren

Freundlichkeit unterscheidet sich vom Dienst an einer Person. Mitgefühl erfordert nicht, dass jemand es verdient, aber es ist schwierig, Mitgefühl zu empfinden, wenn Sie nicht glauben, dass es verdient ist. Wenn Sie anderen gegenüber Freundlichkeit zeigen, demonstrieren Sie Selbstlosigkeit und Großzügigkeit. Freundlichkeit ist im Grunde ein Zeichen von Respekt. Respekt und Hilfe für Bedürftige sind untrennbar miteinander verbunden.

Höflich sein

Jemanden höflich zu behandeln ist eine der einfachsten Möglichkeiten, sich Respekt zu verschaffen. Ein freundliches Auftreten kann Menschen das Gefühl geben, geschätzt zu werden und Freude zu empfinden. Um Ihren hart erkämpften Respekt zu behalten, müssen Sie zu sich selbst und anderen höflich sein.

Die Bedeutung von Selbstvertrauen bei sozialen Interaktionen

Selbstbewusst zu sein hat auch zahlreiche Vorteile für Ihre sozialen Beziehungen. Bedenken Sie die folgenden Vorteile von Selbstvertrauen:

Sie sind frei, Sie selbst zu sein

Es ist viel einfacher, in einer Gruppe von Menschen Sie selbst zu sein, wenn Sie ein gesundes Maß an Selbstvertrauen und Selbstachtung haben. Die Menschen können in der Regel erkennen, wenn Sie aufrichtig sind. Wenn Sie sich sicher genug fühlen, um Ihr wahres Ich zum Ausdruck zu bringen, steigt die Wahrscheinlichkeit, dass Sie ein bedeutungsvolles Gespräch mit einem anderen Menschen führen.

Die Fähigkeit, sich selbst auszudrücken

Wenn Sie über ein gesundes Selbstwertgefühl verfügen, ist es wahrscheinlicher, dass Sie für das eintreten, woran Sie glauben, und dass Sie angesichts von Widrigkeiten standhaft bleiben. Diese Kraft hilft Ihnen, Ihre Integrität und Authentizität zu bewahren, selbst wenn Sie mit einem Gegner konfrontiert werden. Wenn Sie selbstbewusst sind, sind Sie frei von den Ängsten, die mit Selbstzweifeln einhergehen.

Seien Sie stolz auf sich selbst und Ihre Fähigkeiten

Ein solides Selbstvertrauen ermöglicht es Ihnen auch, sich selbst und Ihre Fähigkeiten besser zu schätzen. Ähnlich wie der vorhergehende Vorteil wird dies zu stärkeren Beziehungen mit anderen und einer besseren Lebenseinstellung führen. Darüber hinaus ermöglicht es Ihnen bessere und produktivere soziale Kontakte.

Verbesserte Leistung

Selbstvertrauen steigert die Leistung. Anstatt Zeit und Ressourcen damit zu verschwenden, sich über Ihre Unzulänglichkeiten zu ärgern, können Sie sich auf Ihre Bemühungen konzentrieren.

Bessere Bindungen

Selbstvertrauen beeinflusst Ihre Lebenseinstellung und Ihre Fähigkeit, Ihre Mitmenschen zu verstehen und zu schätzen. Es stärkt Ihre Entschlossenheit, einen Partner zu verlassen, der Ihre Erwartungen nicht erfüllt.

Bereitschaft, neue Dinge auszuprobieren

Wenn Sie an sich selbst glauben, sind Sie offener für neue Erfahrungen. Risiken einzugehen, wie z.B. sich für einen neuen Job zu bewerben oder einen Kochkurs zu belegen, wird viel einfacher, wenn Sie Selbstvertrauen haben.

Techniken zur Stärkung des Selbstbewusstseins und des gesellschaftlichen Ansehens

Die Entwicklung von Selbstvertrauen besteht aus zwei Teilen. Während es wichtig ist, an der Verbesserung Ihres inneren Selbstbewusstseins zu arbeiten, ist es ebenso wichtig, darüber nachzudenken, wie Sie nach außen hin ein Gefühl der Sicherheit vermitteln und die Bewunderung anderer gewinnen. Die folgende Liste enthält mehrere mögliche Strategien, um dies zu erreichen.

Schließen Sie sich mit optimistischen Menschen zusammen

Denken Sie einen Moment an die emotionale Wirkung, die Ihre Freunde auf Sie haben. Geben sie Ihnen ein gutes oder schlechtes Gefühl? Fühlen Sie sich ständig verurteilt oder werden Sie tatsächlich akzeptiert?

Ihre Freunde können Ihr Selbstwertgefühl mehr beeinflussen, als Ihnen klar ist. Daher sollten Sie sich der Gefühle der Menschen in Ihrer Umgebung bewusst sein. Wenn Sie sich in der Nähe von jemandem schlecht fühlen, sollten Sie sich nicht scheuen, die Beziehung zu diesem Menschen zu beenden.

Umgeben Sie sich stattdessen mit Menschen, denen Ihr Erfolg wirklich am Herzen liegt. Wenn Sie sich mit positiven, unterstützenden Menschen umgeben, können Sie Ihr Selbstvertrauen, Ihr allgemeines Wohlbefinden und Ihre Aussichten steigern. Selbstvertrauen und eine positive Grundhaltung gehen Hand in Hand.

Kümmern Sie sich besser um Ihren Körper

Eine Möglichkeit, Ihr Selbstwertgefühl zu steigern, besteht darin, dass Sie aufhören, Ihrem Körper zu schaden, denn das führt nur dazu, dass Sie sich selbst schlecht fühlen. So sehr es heutzutage auch ein Schlagwort ist,

Selbstfürsorge ist ein grundlegender Faktor für das Gleichgewicht Ihrer allgemeinen Gesundheit. Indem Sie sich um sich selbst kümmern, verbessern Sie Ihre emotionale, geistige und körperliche Gesundheit, was wiederum Ihr Selbstwertgefühl stärkt.

Sie können Ihr Selbstvertrauen stärken, indem Sie die folgenden Selbstfürsorgeroutinen anwenden:

Ernährung

Eine gesunde Ernährung hat mehrere Vorteile, darunter ein gesteigertes Selbstwertgefühl und Selbstvertrauen. Der Verzehr von nährstoffreichen Mahlzeiten verbessert Ihre Gesundheit, Ihre Kraft und Ihr Energieniveau, was wiederum Ihr Selbstwertgefühl stärkt.

Sport

Das Selbstwertgefühl steigt, wenn sich Ihr Körperbild verbessert. Körperliche Aktivität ist eine einfache Möglichkeit, das Selbstwertgefühl zu steigern; je mehr Sie sich bewegen, desto besser fühlen Sie sich.

Meditation

Meditation ist eine angenehme Art, sich zu entspannen und hat mehrere Vorteile für das Selbstwertgefühl. Die ruhige Zeit kann zur Selbstbeobachtung genutzt werden, damit Sie sich selbst erkennen und akzeptieren. Meditation kann Ihnen auch dabei helfen, die widersprüchliche Stimme in Ihrem Kopf zum Schweigen zu bringen und sich von dem Strom bedeutungsloser Gedanken zu lösen, die Ihr Selbstvertrauen schmälern können.

Schlaf

Schlafmangel wird sich negativ auf Ihre Stimmung auswirken. Ausreichender Schlaf wird dagegen mit optimistischeren Eigenschaften wie Enthusiasmus und Freude in Verbindung gebracht. Selbstfürsorge ist entscheidend für das Selbstwertgefühl.

Stellen Sie sich Ihren Ängsten

Schieben Sie die Partnersuche oder die Jobsuche nicht auf, weil Sie unsicher sind. Wenn Sie sich Ihren Ängsten stellen und sie überwinden, können Sie sich in diesen Situationen sicherer fühlen.

Erkennen und benennen Sie einige der Ängste, die Sie bisher daran gehindert haben, Ihr volles Potenzial auszuschöpfen. Auch wenn Sie Angst haben, sich zu blamieren oder einen Fehler zu machen, sollten Sie es trotzdem versuchen. Ihre Zweifel können sich zu Ihren Gunsten auswirken und Ihnen sogar zu besseren Leistungen verhelfen. Überzeugen

Sie sich selbst davon, dass es nur ein Test ist, und beobachten Sie dann die Ergebnisse.

Vielleicht stellen Sie fest, dass Ihre Befürchtungen unbegründet waren oder dass ein paar Fehler nicht das Ende der Welt bedeuten. Und das Beste daran ist, dass Ihr Selbstwertgefühl mit der Steigerung Ihrer Leistung wächst. Letztlich könnte Angst Sie davon abhalten, Entscheidungen mit weitreichenden, möglicherweise lebensverändernden positiven Folgen zu treffen.

Tun Sie, was Sie am besten können

Was passiert, wenn Sie sich auf Ihre Stärken konzentrieren? Ihr Selbstwertgefühl beginnt zu steigen. Wenn Sie sich auf Ihre Stärken konzentrieren, werden diese noch stärker, und Ihr Selbstvertrauen wächst. Ein weiterer Vorteil dieser Strategie ist eine höhere Lebenszufriedenheit.

Es besteht ein Zusammenhang zwischen dem Glauben an die eigene Leistungsfähigkeit (die Überzeugung, dass Sie Ihre Stärken ausbauen können) und der Freude. Und um diese Verbindung zu stärken, beginnen Sie damit, Ihre Stärken zu erkennen.

Wenn Sie eine Sportart besonders gut beherrschen, sollten Sie sie ein- oder zweimal pro Woche spielen oder trainieren. Konzentrieren Sie sich darauf, die Dinge, in denen Sie gut sind, auch am Arbeitsplatz öfter zu tun. Die Entwicklung Ihrer Fähigkeiten wird Ihnen helfen, Ihr Selbstvertrauen zu stärken.

Meistern Sie die Kunst des Nein-Sagens

Das Selbstvertrauen kann durch die Teilnahme an Aktivitäten gestärkt werden, in denen Sie überragend sind, aber es ist auch notwendig, sich der Situationen bewusst zu sein, die es untergraben. Vielleicht haben Sie festgestellt, dass Sie sich bei einem bestimmten Hobby immer schlecht fühlen.

Sie haben das Recht, eine Einladung abzulehnen oder nicht an Aktivitäten teilzunehmen, die Ihr Selbstwertgefühl beeinträchtigen könnten. Sie sollten sich jedoch darüber im Klaren sein, dass das Erleben von Schmerz ein normaler Teil des Erlernens neuer Fähigkeiten und der Erweiterung Ihres Horizonts ist; meiden Sie daher Aktivitäten, die diesen Effekt haben, nicht völlig. Es ist zwar gut, wenn Sie an Ihre Grenzen gehen, aber es ist auch wichtig, Ihre Grenzen zu kennen und einen goldenen Mittelweg zu finden.

Wenn Sie sich gesunde Grenzen für Ihren emotionalen und sozialen Austausch setzen, erhöht dies Ihr Gefühl der geistigen Sicherheit. Es gibt Ihnen auch ein Gefühl der Kontrolle. Die Kontrolle über Ihr Leben zu haben, ist eine Schlüsselkomponente des Selbstbewusstseins. Grenzen tragen zu diesem Gefühl der Kontrolle bei.

Wenn Ihnen jemand etwas vorschlägt, das Ihnen unangenehm ist, lehnen Sie höflich ab. Sie müssen es auch nicht gänzlich vermeiden. Wenn Sie herausgefunden haben, wie Sie Ihr Selbstvertrauen verbessern können, werden Sie sich bereit fühlen, es noch einmal zu versuchen.

Setzten Sie sich erreichbare Ziele

Wenn Sie Ihre Ziele verfolgen, gehört es dazu, dass Sie wahrscheinlich mehrmals scheitern werden, bevor Sie eine Strategie entdecken, die funktioniert. Das kann dazu führen, dass Sie an Ihren eigenen Fähigkeiten zweifeln. Wenn das passiert, fragen Sie sich vielleicht, wie Sie Ihr Selbstvertrauen stärken können, ohne Ihre Ziele zu gefährden. Die Antwort ist, sich realistische Ziele zu setzen und in kleinen Schritten darauf hinzuarbeiten.

Wenn Sie sich hochgesteckte Ziele setzen und diese nicht erreichen, sinkt Ihr Selbstvertrauen. Im Gegensatz dazu sind realistische Ziele greifbar. Je erfolgreicher Sie sind, desto mehr Vertrauen haben Sie in Ihre eigenen Fähigkeiten und Ihre Bedeutung, und desto größer können Ihre Ziele werden.

Indem Sie Ihre Ziele schriftlich festhalten, können Sie sicherstellen, dass sie nicht verloren gehen oder vergessen werden. Beurteilen Sie anschließend Ihre Erfolgsaussichten. Das Ziel könnte zu hochgesteckt sein, wenn Ihre Erfolgsaussichten gering sind. Verringern Sie es, um es realisierbar und umsetzbar zu machen.

Zeigen Sie Selbstmitgefühl

Eine Möglichkeit, sich in Selbstmitgefühl zu üben, besteht darin, sanft mit sich selbst umzugehen, wenn Sie Fehler machen oder Ihre Ziele nicht erreichen. Wenn Sie lernen, flexibel mit Ihren Emotionen umzugehen und schwierige Situationen zu meistern, können Sie eine tiefere Verbindung zu sich selbst und anderen aufbauen.

Es gibt eine Verbindung zwischen Selbstmitgefühl und Selbstvertrauen. Wenn Sie wissen, dass Misserfolge oder Fehler normal und zu erwarten sind, fällt es Ihnen leichter, mit Widrigkeiten umzugehen, wenn sie das nächste Mal auftreten. Versuchen Sie, mit sich selbst mitfühlend umzugehen, während Sie diese Schwierigkeiten durchstehen.

Positive Selbstgespräche

Wenn Sie sich sagen: „Ich schaffe das nicht", „Das ist zu schwierig" oder „Ich sollte es gar nicht erst versuchen", dann sagen Sie damit Ihrem Verstand, dass Sie es nicht schaffen und dass Ihre Fähigkeiten unzureichend sind. Positive Selbstgespräche können Ihnen helfen, sich selbst besser zu verstehen, was Ihr Selbstvertrauen stärkt und es Ihnen ermöglicht, größere Aufgaben zu übernehmen.

Wenn Sie das Gefühl haben, dass Sie nicht in eine Besprechung gehören, erinnern Sie sich daran, dass negative Gedanken nicht immer richtig sind. Der nächste Schritt ist zu lernen, wie Sie negative Selbstgespräche durch konstruktive Alternativen ersetzen können.

Ziehen Sie die folgenden Vorschläge in Betracht, um Ihr Selbstwertgefühl zu stärken, indem Sie negative Selbstgespräche bekämpfen:

Aus „Ich bin nicht stark genug" oder „Ich kann das nicht schaffen" wird „Ich habe nichts zu verlieren, wenn ich es versuche" oder „Ich habe alles zu gewinnen, wenn ich erfolgreich bin."

Das negative Selbstgespräch „Ich kann es nicht richtig machen" wird durch ein positives Selbstgespräch wie „Ich werde es besser machen" oder „Ich habe etwas gelernt" ersetzt.

Entwickeln Sie Ihr Durchsetzungsvermögen

Wenn Sie durchsetzungsfähig sind, schätzen Sie die Bedürfnisse und Perspektiven anderer und setzen sich für sie ein, während Sie das Gleiche für sich selbst erreichen.

Eine Technik besteht darin, aggressive Menschen zu beobachten und ihre Handlungen bis zu einem gewissen Grad zu imitieren.

Sie sollten allerdings nicht so tun, als wären Sie jemand anderes. Stattdessen sollten Sie sich an Menschen orientieren, die Sie bewundern, und Ihr authentisches Selbst zum Vorschein kommen lassen.

50 einfache Wege, sich Respekt zu verschaffen und dabei selbstbewusst zu bleiben

Jeder wünscht sich Respekt, sei es von einem Vorgesetzten, einem Kollegen oder einem geliebten Menschen. Um sich diesen Respekt zu verdienen, muss man jedoch arbeiten. Sie müssen erst lernen, andere zu respektieren, bevor Sie erwarten können, dass man Ihnen vertraut.

Hier finden Sie eine umfassende Liste mit einfachen, aber effektiven Methoden, um sich Respekt zu verschaffen:

1. Geben Sie mehr als Sie nehmen. Respekt muss erst gegeben werden, bevor er empfangen werden kann.
2. Haben Sie Respekt vor sich selbst: Wahrer Respekt beginnt von innen.
3. Zeigen Sie Respekt: Respektieren Sie Ihre Umgebung.
4. Bewahren Sie Ihre Integrität: Ehrlichkeit ist das Fundament, auf dem Respekt aufgebaut ist.
5. Halten Sie Ihr Wort: Nur diejenigen, die ihre Versprechen halten, werden respektiert.
6. Schaffen Sie Mehrwert: Ihr Ruf wird sich verbessern, wenn Sie sich mehr um das Wohlergehen anderer kümmern.
7. Widerstehen Sie dem Drang, alles preiszugeben, was Ihnen in den Sinn kommt: Niemand muss wissen, was Sie denken. Um sich Respekt zu verschaffen, halten Sie die Dinge einfach.
8. Nehmen Sie Rücksicht auf die Gefühle der anderen: Sie sind genauso wichtig wie Ihre eigenen.
9. Halten Sie sich an die Fakten: Drücken Sie sich wahrheitsgemäß aus.
10. Achten Sie auf die Dinge, die wirklich wichtig sind: Verwenden Sie Ihre Zeit und Energie auf wichtige Dinge.
11. Treten Sie aus Ihrer Komfortzone heraus: Menschen bewundern diejenigen, die Risiken eingehen und neue Herausforderungen suchen.
12. Nehmen Sie Ihr Urteilsvermögen zurück: Rechnen Sie damit, kritisiert zu werden, aber urteilen Sie nicht über andere.
13. Setzen Sie Ihre Ideale in die Tat um: Reden Sie nicht nur über Ihre Ziele, sondern setzen Sie sie in die Tat um.
14. Seien Sie aufrichtig: Scheuen Sie sich nicht, Risiken einzugehen, die Dinge im Leben auf Ihre Weise zu tun und sich selbst treu zu bleiben.
15. Drücken Sie Dankbarkeit aus: Die am meisten bewunderten Menschen drücken ihre Dankbarkeit mit Klarheit und Positivität aus.
16. Seien Sie ehrlich und bleiben Sie diplomatisch: Es ist besser, ehrlich zu sein, als zu beeindrucken.

17. Behalten Sie eine positive Grundhaltung bei: Menschen schätzen Optimismus.
18. Bemühen Sie sich, wichtige Themen zu beeinflussen: Diejenigen, die erkennen, welche Kämpfe lohnenswert sind, werden bewundert.
19. Seien Sie neugierig: Stellen Sie offene Fragen und hören Sie zu.
20. Strengen Sie sich besonders an: Nehmen Sie andere mit. Übertreffen Sie alle Erwartungen.
21. Schaffen Sie Verbindungen: Schließen Sie sich mit Menschen zusammen, die Ihre Werte teilen.
22. Verstehen Sie Ihre Prioritäten: Bestimmen Sie die wichtigsten Aspekte Ihres Lebens, so dass Sie diese in den Vordergrund stellen können.
23. Nutzen Sie Ihre Sympathie: Unabhängig von Ihrer Position können Sie immer noch daran arbeiten, bedeutungsvolle Beziehungen zu Ihren Kollegen aufzubauen.
24. Sie sollten ein ausgezeichnetes Gedächtnis haben: Wenn Sie sich nach den wichtigen Ereignissen im Leben einer Person erkundigen, kann das zu starken positiven Reaktionen führen.
25. Geben Sie die Verantwortung ab, wenn es angebracht ist: Wenn Sie anderen erlauben, ihre Macht zu demonstrieren und sie dafür bewundern, werden sie sich revanchieren und Sie mehr respektieren.
26. Seien Sie motivierend: Menschen, die andere zu Großem inspirieren, werden im Allgemeinen am meisten respektiert.
27. Seien Sie immer pünktlich: Das zeigt Rücksichtnahme auf andere.
28. Denken Sie an die Zukunft: Denken Sie an andere Menschen und versuchen Sie herauszufinden, wie Sie ihnen helfen können, Antworten zu erhalten oder Änderungen vorzunehmen, die ihnen zugutekommen.
29. Äußern Sie sich: Respekt verdient man sich, indem man starke Meinungen und viele Ideen hat. Machen Sie nur keine große Sache daraus.
30. Bereiten Sie sich vor: Es zeugt von Respekt, wenn Sie wissen, was Sie von jeder Aufgabe, jedem Treffen oder jeder Diskussion erwarten können.

31. Scheuen Sie sich nicht zu fragen, wie Sie helfen können. Gehen Sie Menschen, die Probleme haben, nicht aus dem Weg. Selbst wenn sie Ihr Angebot ablehnen, werden Sie einen bleibenden Eindruck hinterlassen.
32. Geben Sie es zu: Seien Sie von Ihren Fähigkeiten überzeugt, ohne arrogant zu sein, und seien Sie stolz auf das, was Sie erreicht haben, ohne es zu verbergen.
33. Respektieren Sie die Würde der anderen: Diese grundlegende Einstellung ist von unschätzbarem Wert.
34. Entschuldigen Sie sich: Wenn Sie einen Fehler machen, entschuldigen Sie sich einfach.
35. Vertrauen Sie auf Ihren Instinkt: Es ist wichtig zu erkennen, wenn sich etwas falsch anfühlt.
36. Regen Sie sich nicht über triviale Details auf: Auch hier handelt es sich um Kleinigkeiten.
37. Verstehen Sie es, nein zu sagen: Der Respekt wächst, wenn man selbstbewusst nein sagen und erklären kann, warum.
38. Befolgen Sie einen Moralkodex: Legen Sie Ihre Werte fest und zeigen Sie sie dem Rest der Welt durch kleine Taten der Freundlichkeit und Ehrlichkeit.
39. Halten Sie sich immer an Fristen: Der beste Weg, Respekt zu zeigen, ist, Aufgaben effizient und pünktlich zu erledigen.
40. Erkennen Sie den Wert von Personen an, die schwer zu schätzen sind: Es ist nicht immer notwendig, das Verhalten einer Person zu respektieren, aber die Person zu respektieren schon.
41. Hören Sie sich verschiedene Standpunkte an: Hören Sie anderen aufmerksam zu und schätzen Sie unterschiedliche Standpunkte.
42. Seien Sie bereit, Zugeständnisse zu machen: Arbeiten Sie mit anderen zusammen, um eine Lösung zu finden, die für alle Beteiligten akzeptabel ist.
43. Verzichten Sie darauf, alles zu verraten: Es sind oft die Worte, die Sie nicht sagen, auf die es ankommt.
44. Wählen Sie Ihre Kämpfe weise: Es gibt Zeiten, in denen Sie Kompromisse bei Ihren Werten eingehen müssen, um die Harmonie zu erhalten.

45. Entscheiden Sie sich für den anspruchsvollen Weg: Setzen Sie sich täglich herausfordernde, aber erreichbare Ziele und treiben Sie sich an, sie zu erreichen.
46. Üben Sie aufrichtiges Zuhören: Aufmerksames Zuhören zeugt von Anteilnahme.
47. Verschwenden Sie niemals die Zeit anderer: Erkennen Sie die Bedeutung der Freizeit anderer an.
48. Übernehmen Sie Verantwortung: Übernehmen Sie die volle Verantwortung für alles, was Sie tun, sowohl persönlich als auch beruflich.
49. Ziehen Sie sich gut an: Menschen machen sich in Sekundenschnelle ein Bild.
50. Verstehen Sie Ihre Auslöser: Seien Sie sich darüber im Klaren, was Ihre Emotionen auslöst und lassen Sie sich nicht mitreißen.

Der erste Schritt zu einem bedeutungsvollen Leben besteht darin, das Selbstvertrauen und die Selbstsicherheit zu entwickeln, die notwendig sind, um effektiv mit anderen in Beziehung zu treten, sowie die Fähigkeiten, die erforderlich sind, um bedeutungsvolle Beziehungen aufzubauen.

Kapitel 5: Steigern Sie Ihr Charisma und ziehen Sie die Blicke auf sich!

Charisma ist ein Persönlichkeitsmerkmal, von dem viele Menschen glauben, es sei angeboren. Manche Menschen werden jedoch mit dieser Eigenschaft geboren, andere nicht. Forscher haben bestätigt, dass Charisma, wie jede andere Persönlichkeitseigenschaft, erlernt und von jedem entwickelt werden kann, der dies für sich selbst wünscht. Manche Menschen sind charismatischer als andere, weil sie ihr Charisma bewusster entwickeln. Sie haben im Laufe der Zeit so konsequent gehandelt, dass es ein Teil von ihnen geworden ist. Da Sie Charisma kultivieren können, sollten Sie darüber nachdenken, wie Sie es für sich selbst einsetzen können.

Charismatische Menschen wissen, wie man den Blick auf sich zieht.[18]

Bevor wir jedoch dazu kommen, sollten Sie die folgenden Beweggründe für die Steigerung Ihres Charismas bedenken:

Die Bedeutung der Steigerung Ihres Charismas

Im Folgenden finden Sie einige Vorteile, die sich aus dem Aufbau und der Entwicklung von Charisma ergeben.

Mehr Menschen werden Sie mögen

Sie werden mehr Menschen anziehen, die Sie täglich unterstützen und ermutigen werden. Wenn Sie Ihr Charisma steigern, werden Sie von den Menschen mehr gemocht. Man bemerkt Ihr Selbstvertrauen in das, was Sie tun, Ihren Enthusiasmus und Ihren Mut im Umgang mit Menschen und möchte mit Ihnen in Verbindung gebracht werden. All dies ist möglich, weil Sie daran gearbeitet haben, Ihr Charisma so weit zu entwickeln, dass es spürbar ist.

Sie können mühelos Unterstützung finden

Wenn Sie charismatisch sind, brauchen Sie bei Ihren zwischenmenschlichen Beziehungen keine Abstriche zu machen. Sie können sich effektiv und authentisch präsentieren und Menschen durch Ihre Worte, Handlungen und Körpersprache davon überzeugen, Sie zu unterstützen und auf Ihrer Seite zu stehen.

Die Menschen werden sich für Ihre Sache engagieren

Charisma kommt Ihren zwischenmenschlichen Beziehungen zugute, denn Sie können Ihre Beziehungen zu Menschen länger aufrechterhalten. Menschen, die Ihr Charisma wahrnehmen, haben Vertrauen in Ihre Persönlichkeit und Ihr Verständnis für Ihre Einzigartigkeit. Diese Einzigartigkeit hält sie in Ihrer Nähe, denn es ist schön, jemanden zu finden, der Sie versteht und bei dem Sie sich wohlfühlen. Ihnen zuliebe engagieren sich diese Menschen für Ihr Anliegen und werden sogar zu dessen Fürsprechern. Dieses Engagement schafft einen Kreis von Menschen, die Ihnen gegenüber loyal und verpflichtet sind.

Sie haben eine bessere Chance auf Erfolg

Wenn Sie sich aufgrund Ihres Charismas mit guten Menschen umgeben, werden Sie mehr erreichen und glücklicher sein. Wenn Sie gute Beziehungen um sich herum aufbauen, können Sie die Kräfte, die Zeit und die Kompetenz anderer leichter nutzen, als Sie es sonst tun würden. Sie werden feststellen, dass Sie nie allein sind, denn die Menschen sind immer bereit, Sie zu unterstützen.

Wie können Sie nun Ihr Charisma steigern, angesichts der Bedeutung, die dies hat? Im nächsten Abschnitt erfahren Sie die Geheimnisse, wie Sie Ihr Charisma entwickeln und die damit verbundenen Vorteile nutzen können.

Wie Sie Ihr Charisma steigern können

Wir haben festgestellt, dass Charisma eine Charaktereigenschaft ist, die, wenn Sie es wünschen, erlernt und entwickelt werden kann. Hier sind einige Tipps, wie Sie Ihre Ausstrahlung steigern und die Aufmerksamkeit der Menschen auf sich ziehen können.

Konzentriert bleiben

Um Ihr Charisma zu steigern, müssen Sie sich auf die anstehende Aufgabe konzentrieren. Ganz gleich, ob es sich um ein Gespräch mit einer Einzelperson, eine Präsentation vor einem Vorstand, ein Geschäftsgespräch oder einen Vortrag vor einem Publikum handelt, Sie müssen konzentriert bleiben und Ablenkungen vermeiden.

Wenn Sie sich auf den gegenwärtigen Moment konzentrieren, behalten Sie den Überblick über Ihre Worte und Handlungen und vermitteln Ihrem Publikum den Eindruck, dass Sie wissen, wovon Sie sprechen. Ganz gleich, ob Sie ein Date haben oder sich mit einem Freund unterhalten, Sie müssen Ihrem Gegenüber zeigen, dass Sie ihm Ihre volle Aufmerksamkeit schenken.

Ein kleiner Akt der Freundlichkeit wie dieser gibt ihnen das Gefühl, dass sie in Ihre Gesellschaft gehören und sich wohl genug fühlen, um sich Ihnen gegenüber über Dinge zu öffnen, die sie sonst nicht angesprochen hätten. Die Menschen werden das Interesse an Ihrer Gesellschaft verlieren, wenn Sie diesen Charakterzug nicht an den Tag legen. Wenn Sie einer Person oder einer Gruppe von Personen nicht die volle Aufmerksamkeit schenken, werden diese es bemerken, weil Sie irgendwann den Überblick über das Gespräch verlieren und sie zwingen, sich zu wiederholen.

Eine Methode, um konzentriert zu bleiben, besteht darin, Fragen zu stellen, bei denen der Gesprächspartner einige Punkte ausführlicher erklären muss als andere. Das zeigt zunächst einmal, dass Sie geistig und emotional bei der Person sind, und ermöglicht es ihr, sich klar auszudrücken, so dass Sie keine Vermutungen anstellen müssen.

Zeigen Sie Warmherzigkeit

Charismatische Menschen gelten im Allgemeinen als freundlich und zugänglich. Warmherzigkeit in der Kommunikation erhöht die Wahrscheinlichkeit, dass Menschen Ihnen vertrauen und Ihren Ansichten folgen.

Die Wirkung eines aufrichtigen Lächelns wird oft unterschätzt, dabei kann es einen großen Beitrag zur Verbreitung von Positivität leisten. Wenn Sie jemanden anlächeln, erwecken Sie den Eindruck, dass Sie freundlich und optimistisch sind - zwei Eigenschaften, die für Charme unerlässlich sind. Die Spiegelneuronen im Nervensystem werden aktiviert, wenn jemand lächelt, was dazu führt, dass die andere Person zurücklächelt.

Leidenschaft ausdrücken

Einer der attraktivsten Aspekte von Charisma ist der ansteckende Enthusiasmus. Charismatische Menschen sind enthusiastisch und energiegeladen. Andere Menschen fühlen sich allein durch ihre Anwesenheit dazu veranlasst, etwas zu unternehmen.

Menschen sind sensibel für die Gefühle anderer. Starke Emotionen verbreiten sich wie ein Lauffeuer. Wenn Sie also mit jemandem zusammenarbeiten, der bei der Arbeit oft niedergeschlagen ist, wird sich auch Ihre Stimmung verschlechtern, wenn Sie nicht aufpassen. Ähnlich könnte es Ihnen gehen, wenn Sie sich mit jemandem unterhalten, der enthusiastisch und optimistisch ist.

Handeln Sie klug

Klugheit zeigt sich darin, wie Sie sich geben - Ihre Kleidung, Ihr Aussehen, Ihr Auftreten, Ihre Herangehensweise an Probleme, Ihre Manierismen und Gesten. Klug zu sein bedeutet, dass Sie sich sowohl physisch als auch intellektuell ausdrücken. Wenn Sie sich um sich selbst kümmern, werden Sie sich gut fühlen, und das wird sich auch darin zeigen, wie andere Sie behandeln.

Klugheit ist in erster Linie eine Frage des Selbstbewusstseins. Wenn Sie klug aussehen wollen, sollten Sie immer einen angenehmen Gesichtsausdruck haben und niemals Anzeichen von Anspannung zeigen. Ihr Publikum wird kein Interesse an Ihren Sorgen haben und sich auch nicht sonderlich dafür interessieren. Bleiben Sie also fröhlich, und Sie werden mehr Menschen finden, die Ihnen den Rücken stärken und Sie unterstützen, einfach weil Sie charismatisch sind.

Sie glauben an sich und Ihre Fähigkeiten, und Ihr Verhalten spiegelt dies wider. Intelligente Menschen sind immer offen dafür, sich weiterzubilden und zu lernen, was es ihnen ermöglicht, sich immer weiter zu entwickeln.

Aufmerksam zuhören

Aktives Zuhören bedeutet, dass Sie das, was Ihr Gegenüber sagt, in Echtzeit verarbeiten, dem Gespräch auf natürliche Weise folgen, die Fragen Ihres Gesprächspartners zur Kenntnis nehmen und sich gedankliche Notizen über das, was Sie beobachten, machen.

Ein aktiver Zuhörer beobachtet die Körpersprache des Sprechers, ein wesentlicher Aspekt eines jeden Gesprächs. Aufmerksam zu sein bedeutet auch, dass Sie nicht einfach nur zuhören, um so schnell wie möglich und oft defensiv zu reagieren. Statt darauf zu warten, dass Ihr Gesprächspartner zu Ende spricht, damit Sie Ihre Argumente vortragen können, sollten Sie auf das, was er gesagt hat, reagieren, es anerkennen und sich auf das Gesagte einlassen.

Es ist wichtig, dass Sie Ihrem Gesprächspartner versichern, dass Sie keine vorgefassten Meinungen über das haben, was er sagt. Dies stärkt sowohl Ihr eigenes Vertrauen als auch das des Redners.

Lernen Sie, Geschichten zu erzählen

Das Erzählen von Geschichten macht das Sprechen in der Öffentlichkeit und die Teilnahme daran angenehmer und interessanter. Es verbindet Ihre Zuhörer mit Ihnen, während Sie sprechen, egal ob es sich um ein großes Publikum, eine kleine Gruppe oder nur eine Person handelt. Wenn Sie Geschichten in Ihr Gespräch einbauen, bleibt es interessant. Wenn Sie Ihren Zuhörern helfen wollen, Ihre Botschaft besser zu verstehen und einen ernsten Moment in Ihren öffentlichen Auftritten aufzulockern, scheuen Sie sich nicht, auf persönliche Erfahrungen zurückzugreifen, seien es Ihre eigenen oder die von anderen.

Überlegen Sie, wie Sie Parallelen zwischen dem, worüber Sie sprechen, und aktuellen oder vergangenen Ereignissen ziehen können. Wenn Ihnen nichts einfällt, denken Sie sich ein paar fiktive Geschichten aus, um Ihren Standpunkt zu untermauern und Ihrem Publikum zu helfen, Sie besser zu verstehen.

Wenn Sie Ihren Standpunkt effektiv vermitteln wollen, verwenden Sie Beispiele aus dem wirklichen Leben. Anhand dieser Beispiele können Ihre Zuhörer Ihre Behauptungen überprüfen und sehen, was in ähnlichen Situationen passieren könnte.

Seien Sie zielgruppenspezifisch

Seien Sie flexibel in Ihrer Kommunikation und Ihren Beziehungen. Sie müssen wissen, was in Ihrer Kommunikation und Ihren Beziehungen zu bestimmten Personen oder Gruppen funktioniert. Ihre Prinzipien sollten fest und streng sein, aber Sie sollten sie flexibel anwenden, denn unterschiedliche Personen oder Gruppen erfordern eine andere Herangehensweise bei Ihren Interaktionen mit ihnen. Wenn Sie lernen, verschiedene Strategien in Ihrer Kommunikation und in Ihren Beziehungen zu unterschiedlichen Zielgruppen anzuwenden, werden Sie im Umgang mit Menschen spezifischer und direkter sein. Diese Flexibilität stärkt Ihr Selbstvertrauen und damit auch Ihr Charisma.

Ein weiterer Vorteil ist, dass Sie lernen, nicht über Ihr Publikum zu sprechen. Es ist auch wichtig, dass Sie mit Ihrem Publikum in der Sprache sprechen, die es versteht. Die Sprache, die Sie mit Schülern verwenden, sollte sich von der Sprache unterscheiden, die Sie im Geschäftsleben mit Erwachsenen verwenden. Lernen Sie, die Worte und Handlungen zu verwenden, die Ihre Botschaft für jedes Publikum am besten vermitteln. Diese sprachliche Flexibilität wird dazu beitragen, die Kommunikation und die zwischenmenschlichen Beziehungen zu verbessern.

Seien Sie achtsam

Ihre Fähigkeit, über das Gesagte hinaus zuschauen zu können, wird Ihnen helfen, Ihr Charisma zu verbessern. Achten Sie auf die Emotionen und die Körpersprache anderer Menschen, wenn Sie mit ihnen in Beziehung treten oder kommunizieren. Sie können zwischen den Zeilen ihrer Handlungen und Gesten lesen, was oft genauso aufschlussreich ist wie die Worte, die sie benutzen.

Um Ihr Charisma zu steigern, müssen Sie lernen, sehr aufmerksam zu sein. Beobachten Sie die Grundhaltung, das Temperament, die Emotionen und die Gesten der Menschen, während Sie kommunizieren. Wenn Sie diese Eigenschaft nutzen, steigern Sie Ihr eigenes Selbstwertgefühl und das der anderen. Wenn Sie an dieser Eigenschaft arbeiten, werden Sie in der Lage sein, Menschen zu verstehen, auch wenn diese nicht mit Ihnen sprechen oder Ihnen sagen können, was sie bedrückt.

Auf der anderen Seite müssen Sie Ihre Körpersprache beherrschen und sie in Ihren Beziehungen und Interaktionen mit anderen angemessen einsetzen. Wenn Sie Ihre Körpersprache richtig einsetzen, können Sie mit Ihren Worten und Handlungen die gleiche Botschaft vermitteln, ohne sich zu widersprechen.

Achten Sie darauf, dass Ihre Kommunikation und Ihre Körpersprache konsistent sind, um kein Misstrauen in den Herzen Ihrer Mitmenschen zu säen. Achten Sie darauf, dass Ihre Worte und Handlungen in der Kommunikation übereinstimmen.

Bewahren Sie stets ein selbstbewusstes Auftreten. Die Menschen bewundern Sie, wenn Sie selbstbewusst sind, denn das ist eine Eigenschaft, die sich viele wünschen.

Merken Sie sich alles

Menschen wissen es zu schätzen, wenn Sie sich an frühere Interaktionen erinnern und diese bei späteren Treffen zur Sprache bringen. Dieser einfache Akt des Erinnerns steigert Ihr Charisma, denn er zeigt, wie sehr Sie die Interaktionen mit Ihren Gesprächspartnern schätzen, insbesondere die positiven. Es ist auch ein Mittel, das Ihnen mehr Respekt verschafft als vielen anderen. Deshalb sollten Sie sich vorrangig an Namen, freundliche Gesten, Loyalität, Ermutigung und Unterstützung von Menschen erinnern. Es kann auch notwendig sein, diese Dinge gelegentlich zu erwähnen, um die Wertschätzung für die betreffende Person auszudrücken.

Menschen freuen sich, wenn sie gewürdigt werden, und ein dankbares Herz zieht mehr Gefallen an. Ebenso schätzen es die Menschen, wenn Sie sich an ihren Namen erinnern, wenn Sie sie das nächste Mal sehen. Das gibt ihnen das Gefühl, geliebt und erwünscht zu sein und zeigt ihnen, dass Sie ihre Anwesenheit zu schätzen wissen.

Diese Art von aufmerksamen Gesten trägt dazu bei, starke Beziehungen aufzubauen, die wiederum Ihre Ausstrahlung stärken.

Vermeiden Sie Beschwerden

Jeder macht schwierige Zeiten durch, aber nur derjenige, der sie ans Licht bringt, wird als negativ abgestempelt. Wenn Sie neue Leute treffen, versuchen Sie, Ihre Sorgen und Bedenken so gut wie möglich zu verbergen. Es ist kein charismatischer Charakterzug, dafür bekannt zu sein, dass man sich ständig beschwert. Dieses ständige Klagen wird sich negativ auf Ihr Selbstvertrauen auswirken, und die Leute werden Sie meiden.

Vielleicht haben Sie einige enge Freunde, mit denen Sie Ihre Sorgen besprechen und kreative Lösungen entwickeln können. Bemühen Sie sich, sie in diesem Kreis zu halten und nicht darüber hinaus.

Bombardieren Sie Ihre Mitmenschen nicht ständig mit Ihren Sorgen. Das wird sie zermürben und Sie werden ihren Respekt verlieren. Denken Sie stattdessen über Lösungen für die Probleme nach und zeigen Sie den Menschen Ihren Wert und nicht Ihre Schwächen.

Halten Sie den Kopf hoch

Diese Handlung hätte eigentlich ganz oben auf unserer Liste stehen sollen, aber da sie wie ein Klischee klingt, haben wir beschlossen, sie jetzt zu erwähnen. In der Tat ist es ein nobler Akt, den Kopf hoch erhoben zu halten, während Sie die Straße entlanggehen, mit einem Fremden sprechen, eine Präsentation halten oder vor einem Publikum sprechen. Es ist das erste Zeichen eines selbstbewussten Menschen, der andere dazu bringt, Sie zu respektieren.

Wenn Sie Ihren Kopf hochhalten, können Sie den Blickkontakt mit anderen Menschen aufrechterhalten, während Sie mit ihnen kommunizieren. Das ist eine wertvolle Fähigkeit. Wenn Sie den Blickkontakt aufrechterhalten, demonstrieren Sie Ihr Selbstvertrauen, was Ihrem Gegenüber zeigt, dass er Ihnen vertrauen kann.

Wenn Ihr Gegenüber sieht, dass Sie selbstbewusst auftreten, ist es leicht, ihn zu überzeugen und manches unangenehme Thema kann akzeptiert werden, wenn es richtig dargestellt wird. Dies gehört zum unausgesprochenen Teil des Gesprächs und Sie tun gut daran, dies bei anderen zu bemerken, wenn Sie mit ihnen interagieren. Diese Handlung mag anfangs schwierig sein, aber wenn Sie es immer wieder tun, werden Sie es lernen und immer öfter tun können.

Machen Sie aufrichtige Komplimente

Üben Sie, anderen frei und aufrichtig ein Kompliment zu machen. Diese einfache Handlung mag unbedeutend erscheinen, aber sie steigert Ihr Charisma dramatisch. Komplimente sollten mit Enthusiasmus gemacht werden, denn sie stärken das Selbstwertgefühl Ihres Gesprächspartners.

Komplimente heben die Laune der Menschen. Ein Beispiel: Jemand kommt auf Sie zu, ist unsicher, wie er aussieht, weil er wahrscheinlich irgendwelche Probleme hat, und Sie sagen ihm sofort, wie schön oder gutaussehend er ist oder wie gut er gekleidet ist.

Das Erste, was Sie von einer solchen Person erwarten sollten, ist ein Lächeln, und Sie sollten sie dazu bringen können, sich zu entspannen und sich weniger Sorgen über das zu machen, womit sie gerade zu kämpfen hatte. Echte Komplimente zeigen anderen, wie viel Aufmerksamkeit Sie den Details über sie schenken.

Sprechen Sie über ihre Stimmungen, ihre Kleidung, ihr gutes Parfüm, ihr Make-up und ihren Gesichtsausdruck. Wenn die Menschen wissen, dass Sie diese Dinge bemerken, werden sie bei jedem Kontakt mit Ihnen begierig darauf sein, Ihre Gedanken zu hören. Dieses Verhalten macht Sie selbstbewusster, was Ihr Charisma steigert.

Wenn Sie Ihre Ausstrahlung steigern, kommen Sie schneller in die richtigen Kreise, als Sie es sonst tun würden. Wie in diesem Kapitel beschrieben, müssen Sie diese Fähigkeit erlernen und üben. Da es sich nicht um eine genetische Veranlagung handelt, können Sie sich selbst trainieren, um sympathischer zu wirken und davon in Ihren sozialen Interaktionen profitieren. Um dies zu erreichen, sollten Sie Ihrem Gegenüber immer zeigen, dass Sie anwesend sind, indem Sie ihm Ihre Aufmerksamkeit schenken. Konzentrieren Sie sich auf das Thema und vermeiden Sie Ablenkungen durch andere oder Ihre Geräte wie Telefone oder Computer. Um sich zu konzentrieren, sollten Sie diese ausschalten oder auf lautlos stellen. Machen Sie es sich bequem und demonstrieren Sie das bei jedem Gespräch. Die Menschen entspannen sich, wenn sie sehen, wie entspannt und wohl Sie sich fühlen, und das stärkt das Vertrauen in ihre Gesprächspartner. Zeigen Sie im Laufe des Gesprächs, dass Sie aufmerksam zuhören, indem Sie in Abständen wiederholen, was die Person gesagt hat. Stellen Sie relevante Fragen, die es dem Gesprächspartner ermöglichen, das Gesagte zu verdeutlichen, nicken Sie gelegentlich mit dem Kopf und setzen Sie so viel Körpersprache wie möglich ein, um dem Gesprächspartner zu zeigen, dass Sie voll und ganz bei der Sache sind. Lernen Sie, den Worten Ihres Gesprächspartners zuzuhören, anstatt nur auf sie zu reagieren. Um ein guter Zuhörer zu sein, müssen Sie in der Lage sein, sich einfühlsam in den Sprecher hineinzuversetzen und seine Worte ohne vorgefasste Meinungen oder Vorurteile zu bewerten. Wenn Sie an der Reihe sind zu sprechen, versuchen Sie, einige Augenblicke anzuhalten, bevor Sie sprechen. So haben Sie Zeit, Ihre Gedanken zu sammeln, bevor Sie antworten.

Strahlen Sie immer Selbstvertrauen aus, indem Sie sich mit erhobenem Kopf bewegen oder sprechen. Seien Sie immer smart und lassen Sie die Leute Ihre Begeisterung sehen. Halten Sie gelegentlich Blickkontakt und lächeln Sie immer. Lernen Sie, anderen großzügig und aufrichtig Komplimente zu machen. Die Menschen wollen wissen, dass Sie sich wirklich um ihr Wohlergehen sorgen. Das können Sie zeigen, indem Sie sie über das, was sie sagen, hinaus beobachten.

Anhand der Mimik, der Gestik beim Sprechen, der Grundhaltung und sogar der Art und Weise, wie sie ihre Emotionen ausdrücken, können Sie eine Menge über eine Person erfahren. Achten Sie auf diese Anzeichen und passen Sie Ihre Körpersprache dem an, was Sie sagen. Wenn Sie Ihren Zuhörern Vertrauen einflößen, werden sie sich voll und ganz für Sie und Ihre Sache einsetzen. Wenn Sie die Gelegenheit haben, Menschen wieder zu treffen, erinnern Sie sich an sie und sprechen Sie sie mit ihrem Namen an, erinnern Sie sie an frühere Gespräche oder bemerken Sie etwas Auffälliges an ihnen, das Ihnen bei Ihrem ersten Treffen aufgefallen ist. Dadurch fühlen sie sich von Ihnen geschätzt und gewürdigt. Finden Sie heraus, wie Sie die Stimmung mit ein paar gut getimten Witzen und einer guten Geschichte auflockern können.

Bei der Kommunikation mit anderen ist es wichtig zu wissen, was für die jeweilige Person oder Gruppe am besten funktioniert. Wenden Sie nicht bei jedem, den Sie treffen, dieselbe Strategie an, denn sie funktioniert nicht immer. Lernen Sie außerdem, andere nicht mit Nörgeleien zu belasten. Zum einen können sie Ihnen nicht helfen und gehen Ihnen vielleicht aus dem Weg. Ständiges Jammern lässt Sie unglücklich erscheinen, was Ihrer Ausstrahlung schadet. Tun Sie Ihr Bestes, um ein geschätzter Mensch zu sein und nicht jemand, der für sein Gejammer bekannt ist. Nehmen Sie sich die Zeit, diese Dinge zu studieren und in die Praxis umzusetzen. Sie mögen anfangs schwierig sein, aber je mehr Sie üben, desto einfacher werden sie und desto besser kommen Sie mit anderen Menschen zurecht.

Kapitel 6: 14 psychologische Tricks um andere zu beeinflussen

Haben Sie Schwierigkeiten, Menschen dazu zu bringen, das zu tun, was Sie wollen? Haben Sie das Gefühl, dass jeder Ihren Ideen und Vorschlägen gegenüber abweisend ist? Manchmal haben wir das Gefühl, dass der beste Weg, andere dazu zu bringen, uns zuzuhören oder zu tun, was wir wollen, darin besteht, sie auszutricksen. Was wäre, wenn Sie einige Tricks kennen würden, die es uns leichter machen, von anderen zu bekommen, was wir wollen? Es stellt sich heraus, dass es die gibt, allerdings nicht auf die Art und Weise, wie Sie vielleicht denken.

In der Welt der Werbung, des Brandings und des Marketings werden subtile Techniken eingesetzt, um Menschen zum Kauf eines Produkts oder einer Dienstleistung zu überreden. Diese psychologischen Tricks werden eingesetzt, um Menschen zu beeinflussen, indem sie an grundlegende Instinkte und menschliches Verhalten appellieren. Sie umgehen logische Abwehrmechanismen und machen sich universelle Schwächen der menschlichen Natur zunutze, wie z.B. irrationale Ängste, die Liebe zu Neuem und die Neigung, sozialen Normen zu folgen.

Es gibt einige Tipps und Tricks, die Ihnen helfen, die Aufmerksamkeit anderer zu gewinnen.[19]

Es klingt unethisch und hinterhältig, und manchmal ist es das auch. Aber in Wirklichkeit gibt es viele nützliche psychologische Tricks, die Menschen positiv beeinflussen. Auch Sie können diese Techniken (auf ethische Weise) erlernen, wenn Sie jemanden auf Ihre Seite bringen müssen. Dieses Kapitel befasst sich mit 14 verschiedenen Möglichkeiten, wie Sie die Psychologie einsetzen können, um andere Menschen zum Besseren zu beeinflussen, und wie psychologische Tricks tatsächlich funktionieren. Dies sind keine Manipulationstechniken - aber es sind Strategien, die jeder zu Hause oder am Arbeitsplatz mit hervorragenden Ergebnissen anwenden kann.

Was sind psychologische Tricks?

Psychologische Tricks sind eine Sammlung von Techniken, die eingesetzt werden können, um die Gedanken, Gefühle oder das Verhalten einer Person zu beeinflussen. Sie können in verschiedenen Situationen eingesetzt werden, z.B. um die Handlungen anderer zu beeinflussen oder um Ihr eigenes Verhalten und Denken zu ändern. Es gibt sie in vielen verschiedenen Formen. Bei einigen geht es um soziale Beeinflussung, z.B. um die Beeinflussung von Menschen durch Macht, Autorität oder Beliebtheit. Andere Tricks beruhen auf kognitiven Verzerrungen, wie z.B. der Verankerung und dem sozialen Beweis.

Psychologische Tricks können zu guten oder zu unlauteren Zwecken eingesetzt werden. Sie können von denjenigen eingesetzt werden, die

Gutes tun wollen, indem sie z.B. positives Verhalten fördern oder Menschen helfen, Widrigkeiten zu überwinden. Sie können aber auch von anderen eingesetzt werden, die vielleicht Schlechtes tun wollen, z.B. indem sie Menschen dazu manipulieren, etwas zu tun, was sie nicht tun wollen, oder indem sie sie dazu bringen, eine schlechte Entscheidung zu treffen, die zu negativen Konsequenzen führt.

Wenn Sie psychologische Tricks anwenden, müssen Sie sich genau überlegen, was Sie erreichen wollen und wie sich Ihre Handlungen auf andere auswirken könnten. Sie sollten sich auch darüber im Klaren sein, dass es keine Einheitslösung für die Beeinflussung anderer gibt - jede Situation ist anders, also müssen Sie Ihren Ansatz entsprechend anpassen.

Wie kann ich Menschen mit psychologischen Tricks dazu bringen, mich zu mögen?

Wenn Sie eine Person zum ersten Mal treffen, gibt es bestimmte Dinge, auf die Sie achten. Zum Beispiel, wie er aussieht und ob er interessant oder sympathisch wirkt. Genauso wollen wir alle sehen, was andere für uns empfinden. Hier kommt die Idee der Sympathie ins Spiel. Die Menschen wollen von anderen gemocht werden, weil sie sich dann gut fühlen und dazugehören. Beliebt ist man, wenn man so tut, als käme man gut miteinander aus und wenn man positive Emotionen wie Freude, Glück, Aufregung und Intelligenz zeigt. Was können Sie also tun, um sich sympathischer zu machen? Nun, mit psychologischen Tricks können Sie herausfinden, was Sie in jeder Situation tun müssen, genauer gesagt, wie Sie sich verhalten sollten. Lächeln Sie zum Beispiel öfter und nutzen Sie Ihre Körpersprache, um sich sympathischer zu machen. Oder zeigen Sie Ihre wahren Emotionen - das wird dazu beitragen, dass man Ihnen mehr vertraut und Sie schneller mag!

14 Psychologische Tricks zur Beeinflussung von Menschen

Psychologische Tricks zur Beeinflussung von Menschen zu kennen, ist eine gute Idee, denn sie können Ihnen helfen, überzeugender zu sein, wenn Sie versuchen, jemanden dazu zu bringen, das zu tun, was Sie wollen oder Sie zu mögen. Diese Art von Wissen kann Ihnen auch helfen, schlechte Entscheidungen zu vermeiden, die schwerwiegende Folgen haben könnten. Es gibt viele verschiedene Arten von psychologischen Tricks, die man nicht alle kennen kann. Sie können jedoch ein besseres Verständnis für die wichtigsten bekommen. So wissen Sie, worauf Sie im Umgang mit anderen achten müssen. Wenn Sie die wichtigsten Arten von psychologischen Tricks kennen, können Sie die

Kontrolle über die Situation gewinnen und ihre Auswirkungen auf Ihr Leben begrenzen.

1. Bauen Sie Vertrauen auf, bevor Sie Ihre Erwartungen offenbaren

Wenn Sie kein Vertrauen haben, ist es unwahrscheinlicher, dass die Menschen Ihren Bitten nachkommen.

- Eine Möglichkeit, Vertrauen aufzubauen, besteht darin, jemandem ein Geschenk machen oder einen Gefallen zu tun. Ein Geschenk kann so etwas Kleines sein wie eine Tasse Kaffee oder ein Stift. Mit einem Geschenk zeigen Sie, dass Sie vertrauenswürdig sind und dass Sie sich kümmern.
- Eine weitere Möglichkeit, Vertrauen zu schaffen, besteht darin, eine legitime Autorität einzusetzen. Ein Beispiel dafür ist, wenn jemand zum Arzt geht und um Rat fragt. Der Titel und der Beruf des Arztes schaffen Vertrauen.
- Eine weitere Möglichkeit, Vertrauen aufzubauen, besteht darin, die richtige Sprache zu verwenden. Wenn Sie jemanden überzeugen wollen, verwenden Sie den Namen der Person und sprechen Sie sie ausdrücklich an.

2. Verwenden Sie die Fuß-in-die-Tür-Technik

Mit dieser Technik fragen Sie nach einer kleinen Verbindlichkeit, bevor Sie um eine größere Verbindlichkeit bitten. Wenn Sie zum Beispiel etwas verkaufen wollen, bitten Sie zunächst um eine kleine Form der Zusage, z.B. die E-Mail-Adresse der Person. Nachdem Sie eine kleine Zusage erhalten haben, können Sie um eine größere Zusage bitten. Bevor Sie diese Bitte stellen, müssen Sie jedoch eine Gegenleistung erbringen. Sie müssen der Person das Gefühl geben, dass sie für ihr Engagement einen Wert erhalten hat. Wenn Sie Menschen dazu bringen wollen, für eine Sache zu spenden, müssen Sie sie dazu bringen, sich für einen Newsletter oder eine Mailingliste einzutragen. Wenn Sie möchten, dass jemand für jemanden stimmt, bringen Sie ihn dazu, zuerst einen Aufkleber auf sein Auto zu kleben oder ein T-Shirt zu tragen.

3. Nutzen Sie Reziprozität, um Zustimmung zu erzeugen

Reziprozität ist die Regel, dass Menschen sich verpflichtet fühlen, einen Gefallen zu erwidern. Wenn Sie möchten, dass jemand mit Ihrer Aussage oder Ihrer Bitte einverstanden ist, geben Sie ihm zuerst etwas. Die häufigste Art, diese Technik anzuwenden, ist, Menschen ein Geschenk zu machen, bevor Sie sie um etwas bitten. Ein Beispiel: Sie sind auf einem

Fachkongress. Sie sprechen eine Person an und bitten sie, Ihr Produkt auszuprobieren. Die Person lehnt Ihr Angebot ab. Sie können dieser Person ein Geschenk machen, z.B. einen Stift oder einen Schlüsselanhänger. Nach dem Geschenkaustausch können Sie die Person bitten, Ihr Produkt auszuprobieren. Manchmal muss man etwas geben, um etwas zu bekommen.

4. Nutzen Sie die Macht der Sprache und der Worte

Um jemanden zu überzeugen, müssen Sie eine Sprache verwenden, die die Emotionen der Person beeinflusst. Die mächtigsten Worte sind diejenigen, die starke Emotionen hervorrufen. Dazu gehören Wörter wie *kostenlos, neu, gewinnen, einfach, das Neueste* und *aufregend*. Wenn Sie jemanden überzeugen wollen, müssen Sie Wörter verwenden, die positive Emotionen hervorrufen. Wenn Sie einen überzeugenden Aufsatz schreiben müssen, müssen Sie überzeugende Wörter und Sätze verwenden. Sie müssen über die grundlegenden Worte hinausgehen und Wörter verwenden, die eine überzeugende Wirkung haben.

5. Behandeln Sie andere Menschen so, wie Sie selbst behandelt werden möchten

Die Theorie der Selbstbestätigung besagt, dass Menschen sich eher zu anderen hingezogen fühlen, die im Unterbewusstsein die gleichen Gefühle für sie hegen wie sie selbst.

Diese Theorie erklärt, warum Menschen sich unbewusst dafür entscheiden, ihre Überzeugungen zu bewahren und an ihren bestehenden Ansichten und Meinungen festzuhalten, ganz gleich, wie viele Beweise diesen Ansichten und Meinungen widersprechen.

Nehmen wir zum Beispiel an, Sie glauben, dass jeder recyceln sollte. In diesem Fall werden Sie eher nach Beweisen für Recycling im Umfeld suchen als jemand, der nicht recycelt. Wir suchen selektiv nach Informationen, die unsere Überzeugungen bestätigen, während wir widersprüchliche Beweise ignorieren.

Diese Theorie besagt auch, dass Menschen Informationen von anderen suchen, die ihre Überzeugungen und Wahrnehmungen bestätigen. Nehmen wir zum Beispiel an, eine Person glaubt, dass sie intelligent ist. In diesem Fall wird sie nach Informationen oder einer anderen Person suchen, die diese Überzeugung bestätigen, und Informationen vermeiden, die darauf hindeuten, dass sie es nicht sind. Ein Artikel, der 2021 in der University of California Press veröffentlicht wurde, legt nahe, dass die Selbstbestätigung funktioniert, weil wir eher bereit sind, jemandem zu vertrauen, der sich genauso verhält wie wir selbst.

6. Gemeinsame Werte schaffen

Die Betonung gemeinsamer Werte ist nicht nur eine nette Art zu sagen: „Wir sind uns ähnlich". Das Fehlen gemeinsamer Werte oder zumindest eine starke Meinungsverschiedenheit was Werte angeht, kann ein Hindernis dafür sein, andere Menschen dazu zu bringen, Sie zu mögen. Zudem sind schlechte Beziehungen einer der Hauptgründe dafür, dass Menschen nicht das bekommen, was sie von einem anderen Menschen wollen. In der National Library of Medicine veröffentlichte Forschungsergebnisse deuten darauf hin, dass gemeinsame Werte eine wichtige Rolle bei der Steuerung des Verhaltens spielen, weil sie eine Bindung schaffen. Aber Menschen mit unterschiedlichen Werten werden sich nicht darauf einigen, wie sie gemeinsame Ziele erreichen können. Sie können sogar gegensätzliche Ziele haben. Wenn dies oft genug vorkommt, kann dies zu einer toxischen Beziehung führen, die Zeit und Energie verschlingt, ohne zu Fortschritten zu führen.

Um ähnliche Werte zu schaffen, können Sie damit beginnen, herauszufinden, woran andere Menschen glauben und zu dem stehen, was sie am meisten schätzen. Fragen Sie sie dann, wie Sie ihnen helfen können, dieselben Werte zu verfolgen. Wenn Menschen Ihre Werte teilen, sind sie eher bereit, zuzuhören und neue Ideen von anderen zu akzeptieren. Auf diese Weise bauen sie Vertrauen und Respekt füreinander auf.

7. Führungspersönlichkeiten sind warmherzig und kompetent

Wie die Harvard Business Review hervorhebt, wird in den Schulungsprogrammen von Unternehmen und CEOs darauf hingewiesen, dass Wärme und Kompetenz helfen, das Vertrauen der Mitarbeiter zu gewinnen. Wenn Menschen freundlich und ansprechbar sind, fühlen sie sich wohl. Die Menschen vertrauen ihnen und wollen ihnen folgen.

Zu den üblichen Attributen dieser Eigenschaften gehören:

- Vertrauen aufbauen, indem man aufrichtig und authentisch ist.
- Sie sind sich darüber im Klaren, was sie wollen, und stellen sicher, dass jeder die Ziele und Erwartungen kennt.
- Sie sind ehrlich und offen und suchen immer nach Möglichkeiten, Dinge zu verbessern.

- Sie sind entschlossen und treffen Entscheidungen ohne zu zögern, sind aber auch in der Lage, sich an veränderte Situationen anzupassen, wenn diese entstehen.
- Sie verfügen über ein hohes Maß an Einfühlungsvermögen, verstehen, wie sich andere Menschen fühlen, und denken darüber nach, wie sich ihre Entscheidungen auf andere auswirken werden.
- Sie sind visionär, schauen immer voraus, was als Nächstes getan werden muss, antizipieren zukünftige Herausforderungen und finden Wege, diese zu bewältigen.

8. Seien Sie freundlich zu anderen, indem Sie ihnen Komplimente machen

Spontane Eigenschaftsübertragung bezieht sich auf die Übertragung der Charaktereigenschaften einer Person von einer Person auf eine andere. Es handelt sich dabei um eine Form der sozialen Beeinflussung, die zwischen Personen stattfinden kann, die sich in irgendeiner Weise nahestehen, wie z.B. Familienmitglieder oder Freunde. Die spontane Eigenschaftsübertragung wurde unter vielen Umständen beobachtet, darunter Adoption, gemeinsame Lebenssituationen und gemeinsamer Schulbesuch. Bei Personen mit ausgeprägten zwischenmenschlichen Fähigkeiten ist die Wahrscheinlichkeit höher, dass eine spontane Eigenschaftsübertragung auftritt, was darauf hindeutet, dass sie mit Empathie zusammenhängen könnte. Eine von Forschern der National Library of Medicine durchgeführte Studie, die sich mit dem Phänomen der spontanen Eigenschaftsübertragung befasste, bestätigte, dass spontane Eigenschaftsübertragung die unbewusste Tendenz einer Person ist, ihre Gefühle und Grundhaltungen auf die gleiche Weise auszudrücken wie bestimmte andere Menschen, die sie kennen. Mit anderen Worten, es handelt sich darum, dass jemand unbewusst die Eigenschaften einer anderen Person annimmt.

Um dies aus der Perspektive der Beeinflussung anderer Menschen zu betrachten. Wenn Sie sich gegenüber jemandem positiv ausdrücken, werden die gleichen positiven Eigenschaften von anderen Menschen in Ihnen gesehen. Wenn Sie z.B. jemandem ein Kompliment machen, überträgt derjenige die gleiche positive Einstellung auf Sie und gibt Ihnen damit das Gefühl, dass Sie der gleichen Komplimente würdig sind.

9. Seien Sie öfter in der Nähe der Person

Eine akademische Theorie besagt, dass der häufige Kontakt mit einem Objekt, einer Person, einer Aktivität oder einem Geräusch dazu führen kann, dass Menschen diesen Reiz als attraktiver empfinden. Dieser Effekt wird in BMC Psychology als *mere-exposure effect* bezeichnet. Der Mere-Exposure-Effekt ist ein psychologisches Phänomen, das sich auf die Tendenz von Menschen bezieht, Dinge mehr zu mögen, nachdem sie sie öfter gesehen haben. Der Mere-Exposure-Effekt kann in einer Reihe von Bereichen beobachtet werden, darunter Werbung und Musik. In der Musik zum Beispiel werden die Lieblingssongs der Menschen oft beliebter, nachdem ihre Lieblingskünstler sie in Fernsehshows oder im Radio gespielt haben.

Wenn man mehr Zeit mit jemandem verbringt, kann das dazu führen, dass man diese Person mag. Das ist eigentlich nicht überraschend. Schließlich sind wir soziale Tiere, und Zeit mit anderen zu verbringen ist eine der wichtigsten Möglichkeiten, unsere Überlebenschancen zu erhöhen. Wenn wir also mehr Zeit mit jemandem verbringen, entwickelt er wahrscheinlich ein stärkeres Gefühl der Vertrautheit und des Komforts in unserer Nähe. Dies kann schließlich zu Gefühlen der Sympathie im Gegenzug führen. Eine Möglichkeit, die Chancen dafür zu erhöhen, besteht darin, sich zu bemühen, regelmäßig Zeit mit Menschen zu verbringen. Sie müssen nicht jeden Abend etwas trinken gehen - sorgen Sie einfach dafür, dass Sie jeden Tag etwas Zeit mit anderen Menschen verbringen.

10. Zeigen Sie positive Emotionen

Positive Emotionen sind attraktiv und können Sie sympathischer machen. Dinge wie Freude, Aufregung, Glück und Begeisterung sind allesamt positive Emotionen. Wenn Sie diese Gefühle empfinden, zeigt sich das in Ihrer Körpersprache. Wenn Sie zum Beispiel lächeln, wenn Sie sich mit jemandem unterhalten, wird Ihr Gegenüber wahrscheinlich spüren, dass Sie glücklich und freundlich sind. Wenn Sie positive Emotionen empfinden, können Sie auch optimistischer in die Zukunft blicken. Dieser Optimismus kann Ihnen helfen, das Leben mit einem Gefühl der Freude und Positivität anzugehen. Wenn Sie positive Emotionen empfinden, zeigt sich das auch in Ihrer Körpersprache. Das steigert Ihr Selbstvertrauen und sorgt dafür, dass andere Menschen sich gerne in Ihrer Nähe aufhalten.

Die National Library of Medicine hat einen Artikel veröffentlicht, der die Rolle der positiven Emotionen in der Psychologie untersucht. Im Grunde genommen sind positive Emotionen ansteckend. Wenn Sie sich gut fühlen, fühlen sich auch andere gut. Seien Sie glücklich, lächeln und lachen Sie, damit auch andere lächeln und lachen. Ermutigen Sie Menschen mit positiven Worten wie *gute Arbeit* oder *schöne Frisur*, damit sie sich gut fühlen und Vertrauen aufbauen. Wenn Sie hingegen niedergeschlagen oder verärgert sind, ist es für andere schwer, diese Stimmung zu kompensieren. Wenn Sie also eine negative Bemerkung machen wollen, behalten Sie sie am besten für sich.

11. Gehen Sie offen mit Ihren Schwächen um

Die Offenlegung Ihrer Schwächen ist einer der besten Wege, damit man Sie mag. Wenn es den Menschen schwerfällt, eine Verbindung zu jemandem herzustellen - und sie dann die Schwächen dieser Person sehen -, sind sie vielleicht eher bereit, eine Chance zu ergreifen, denn Schwächen machen Sie zu einer echten und sympathischen Person. Außerdem werden sie eher Mitleid mit Ihnen haben und Ihnen in irgendeiner Weise helfen wollen. Das gilt besonders, wenn sie ähnliche Probleme haben. Außerdem kann es dazu führen, dass man Sie eher mag und Ihnen vertraut. Wenn Sie Ihre Schwächen offenbaren, bedeutet das allerdings nicht, dass jeder alles über Sie wissen muss. Sie können sich dafür entscheiden, nur bestimmte Dinge zu zeigen oder Dinge mit bestimmten Personen zu teilen. Wenn Sie zum Beispiel wissen, dass jemand bei der Arbeit mit etwas zu kämpfen hat, erwähnen Sie, dass auch Sie mit derselben Sache zu kämpfen haben. Das schafft ein Gefühl der Kameradschaft. Diese Technik ist besonders nützlich für diejenigen, die bereits eine Führungsrolle innehaben. In der Psychologie nennt man sie den Pratfall-Effekt. Es wurde festgestellt, dass hochkompetente Menschen sympathischer sind, wenn sie einen Fehler machen.

12. Seien Sie verletzlich

Wenn Sie verletzlich sind, macht Sie das sympathischer, denn es zeigt, dass Sie bereit sind, sich zu öffnen. Indem Sie Ihre Vergangenheit offenbaren, zeigen Sie auch, dass Sie Vertrauen und Einfühlungsvermögen für andere Menschen haben. Dadurch fühlen sich die Menschen mehr mit Ihnen verbunden und werden Sie eher mögen. Um verletzlich zu sein, müssen Sie ehrlich sein. Unwahrheiten werden bei anderen ein ungutes Gefühl hervorrufen, also vertrauen Sie am besten auf Ihr Bauchgefühl. Das kann anfangs schwer sein, aber mit etwas Übung wird es leichter. Um andere mit dieser Eigenschaft zu beeinflussen, seien Sie ehrlich und im Einklang mit Ihren Gefühlen. Zeigen Sie, dass Sie offen und ehrlich über Ihre Gefühle, Ängste und Sorgen sprechen können. Wenn Sie verletzlich sind, werden Sie mit größerer Wahrscheinlichkeit als sympathisch und vertrauenswürdig wahrgenommen.

13. Die Psychologie der Berührung

Es ist wirklich so einfach, wie es klingt. Wenn Sie jemanden berühren, zeigt das, dass Ihnen etwas an ihm liegt, und die Person fühlt sich wohler dabei, sich Ihnen zu öffnen. Tatsächlich sind Berührungen eine der effektivsten Methoden, um Menschen das Gefühl zu geben, Ihnen nahe zu sein und eine Verbindung aufzubauen. Das liegt daran, dass körperlicher Kontakt die Glücksbotenstoffe Serotonin, Oxytocin und Dopamin in Ihrem Gehirn freisetzt. Das kann so einfach sein wie ein sanfter Schulterklopfer oder ein Streichen über den Rücken. Es ist bekannt, dass unterschwellige Berührungen Gefühle von Ruhe, Entspannung und Wohlbefinden auslösen.

Es gibt zwar einige Situationen, in denen Berührungen unangebracht sind, wie z.B. bei der Arbeit im Büro oder im beruflichen Umfeld, aber im Allgemeinen ist es eine gute Möglichkeit, eine Beziehung zu anderen Menschen aufzubauen, aber denken Sie daran, dass Berührung nicht gleichbedeutend mit Anfassen ist! Es ist in Ordnung, leicht die Hand zu halten, Arme oder Schultern zu berühren oder jemandem die Hand auf den Rücken zu legen, um zu zeigen, dass Sie offen für ein Gespräch sind und dass Ihnen das Wohlbefinden der Person am Herzen liegt.

14. Spiegeln Sie andere

Unter Spiegeln versteht man in der Psychologie das bewusste Anpassen des Verhaltens, der Gedanken und der Gefühle einer anderen Person, um zu reflektieren, was die andere Person gerade tut oder fühlt. Es ist eine Form der emotionalen Ansteckung, bei der der emotionale Zustand einer Person die andere Person beeinflussen kann. Wenn wir eine andere Person spiegeln, nehmen wir ihre Signale auf und folgen ihr, indem wir tiefes Einfühlungsvermögen und Verständnis für ihre Gedanken und Gefühle zeigen. Indem wir andere spiegeln, lassen wir sie wissen, dass sie sie selbst sein können und zeigen ihnen, dass wir uns um sie kümmern. Dadurch kann ein Gefühl der Verbundenheit mit der Person entstehen, weshalb diese Methode häufig in der Therapie eingesetzt wird. Eine positive Interaktion, die beziehungsorientiert gespiegelt ist, kann zu gegenseitigem Verständnis, Nähe, Vertrauen und neuen Beziehungen führen.

Wenn Sie verstehen, wie Menschen ticken, können Sie verschiedene Techniken anwenden, um sie zu Handlungen zu bewegen, die sie andernfalls nur zögernd durchführen würden. Gewinnen Sie ihr Vertrauen, um den wahrgenommenen Wert von Ihnen oder Ihrer Idee zu steigern und die Unterstützung dafür zu erhöhen.

Der Einsatz psychologischer Tricks hat viele Vorteile, die über den Aufbau einer Beziehung zu Ihrem Publikum hinausgehen. Sie können Ihnen zum Beispiel helfen, Empathie zu entwickeln. Wenn Sie sich die Probleme anderer Menschen genauer ansehen, können Sie besser verstehen, warum sie sich für Sie oder Ihre Dienstleistung interessieren könnten. Gleichzeitig haben Sie die Möglichkeit, sich in die Lage der Betroffenen hineinzuversetzen und die Dinge aus ihrer Perspektive zu sehen. So fällt es Ihnen leichter, sich in die Menschen hineinzuversetzen und ihnen zu zeigen, dass Sie sich für sie interessieren.

Kapitel 7: Die Kunst des unvoreingenommenen Zuhörens

Wenn Sie die Fähigkeit des aufmerksamen Zuhörens beherrschen, werden Sie in vielen Bereichen des Lebens erfolgreich sein, von der Schule und der Arbeit bis hin zu Beziehungen und Freundschaften. In diesem Kapitel geht es um den Wert guter Zuhörfähigkeiten, um die Herausforderungen bei der Entwicklung solcher Fähigkeiten, um Strategien dafür und um Techniken, um mit voller Aufmerksamkeit zuzuhören. Sie werden auch lernen, wie Sie nicht wertendes Zuhören üben können.

Jeder, von Ihrem engsten Freundeskreis und Ihrer Familie bis hin zu Ihren Mitarbeitern und den Menschen, denen Sie auf der Straße begegnen, wird von einer klaren und effektiven Kommunikation profitieren. Es ist wichtig, konsequent zu sein, aber ebenso wichtig ist es, sich daran zu erinnern, dass Menschen unterschiedlich kommunizieren.

Ein aufmerksamer Zuhörer zu sein ist eine Fähigkeit, die Ihnen helfen wird, das Vertrauen anderer zu gewinnen.[20]

Zuhören, ohne zu urteilen, ist eine Fähigkeit, die Fachleute für psychische Gesundheit und Berater in ihrem Studium erlernen. Obwohl die Ausbildung in diesem Bereich in letzter Zeit auch auf psychosoziale Ersthelfer ausgeweitet wurde, wird es immer wichtiger, dass wir alle wissen, wie wir effektiv zuhören können, ohne zu urteilen.

Zu verstehen, wie wichtig es ist, wertfrei zuzuhören, ist sowohl in Notfällen (z.B. wenn Sie jemanden von seinen Selbstmordgedanken abbringen wollen) als auch im täglichen Umgang mit Menschen, die emotionale Schmerzen haben, unerlässlich.

Die Kunst des unvoreingenommenen Zuhörens kann verhindern, dass sich die psychische Krise einer Person verschlimmert, indem man ihr hilft, die Hilfe zu bekommen, die ihr Leben verändern könnte.

Aktives Zuhören: Was bedeutet das?

Aktives Zuhören will gelernt sein, denn es ist keine Selbstverständlichkeit. Die einzige Möglichkeit, es zu beherrschen, besteht darin, Zeit und Mühe zu investieren, um es zu lernen und es regelmäßig anzuwenden.

Wenn wir aktiv zuhören, achten wir genau darauf, was die andere Person sagt, und nehmen es auf, ohne uns eine eigene Meinung zu bilden.

Was ist wertefreies Zuhören?

Wertfreies Zuhören bedeutet, dass wir zuhören, ohne zu urteilen, und dass wir in der Lage sind, beim Zuhören unsere Gefühle von einem Thema zu trennen.

Jeder Mensch hat einen Bezugsrahmen - eine Reihe von mentalen Ankern, auf deren Grundlage wir Entscheidungen treffen. Der Ausdruck *Bezugsrahmen*, der erstmals von Aaron und Jacqui Schiff verwendet wurde, beschreibt die einzigartige Perspektive, durch die jeder von uns die Welt wahrnimmt.

Bildung, persönliche Erfahrungen und Ansichten sind nur einige der Komponenten, die Ihren einzigartigen Bezugsrahmen ausmachen.

Ohne sich dessen bewusst zu sein, prägt Ihr Bezugsrahmen die Art und Weise, wie Sie die Welt betrachten, und es kann schwierig sein, objektiv zu bleiben und Ihre Gedanken und Meinungen zu kontrollieren, wenn Sie mit etwas konfrontiert werden, das Ihren Grundüberzeugungen widerspricht.

Eines der wichtigsten Dinge, die wir tun können, um zu verstehen, wie wir mit Empathie zuhören können, ohne zu urteilen, ist zu lernen, wie wir uns von diesem Bezugsrahmen lösen können, damit wir uns frei und ehrlich auf die Person konzentrieren können, der wir zuhören.

Hürden für effektives und wertefreies Zuhören

Heutzutage ist es schwer, jemandem aufmerksam zuzuhören, ohne von etwas anderem abgelenkt zu werden - dem Fernseher, dem Radio, dem Geräusch des Automotors, dem Surren des Computerbildschirms oder anderen alltäglichen Dingen.

Selbst wenn wir versuchen zuzuhören, tun wir das oft gedankenlos und stimmen zu, ohne die Bedeutung der Worte zu verstehen.

Wenn jemand einen anderen Standpunkt vertritt als Sie, sind Sie vielleicht bereit, ein vorschnelles Urteil zu fällen. Sie könnten versuchen, die Diskussion zu dominieren, indem Sie über die andere Person hinweg sprechen oder Ihre Antwort planen, während diese noch spricht.

Aufgrund Ihrer Selbstversunkenheit neigen Sie dazu, sich auf Ihre eigenen Bedürfnisse und Ideen zu konzentrieren und dem Redner weniger Aufmerksamkeit zu schenken. Diese egozentrische Sichtweise könnte das Ergebnis von Voreingenommenheit, früheren Erfahrungen, versteckten Zielen oder inneren Dialogen sein.

Falsche Annahmen, Ratschläge oder Analysen, nach denen nicht gefragt wurde, Verleugnung und Gefühle von Angst, Gleichgültigkeit, Neid oder Abwehr können es schwierig machen, effektiv und ohne zu urteilen zuzuhören.

Die wesentlichen Elemente des urteilsfreien Zuhörens

Es gibt drei Dinge, die ein Zuhörer tun muss, um einen sicheren Raum zu schaffen, in dem sich der Sprecher wohl fühlt und sich öffnen kann. Der Sprecher könnte Schwierigkeiten haben, sich zu öffnen und mitzuteilen, was er zu sagen hat, wenn diese Voraussetzungen nicht gegeben sind.

Akzeptanz

Die größte Herausforderung bei der Reduzierung Ihres Bezugsrahmens besteht darin, Veränderungen zu akzeptieren. Selbst wenn sich die Ideen und Erfahrungen des Redners von den Ihren unterscheiden, müssen Sie in der Lage sein, diese zu akzeptieren, zu tolerieren und zu verstehen.

Einfühlungsvermögen

Um sich einfühlen zu können, müssen Sie der anderen Person zunächst aufmerksam zuhören, ohne Ihre Gedanken oder Gefühle zu unterbrechen. Der beste Weg, sich in jemanden einzufühlen, ist, sich in seine Lage zu versetzen, so dass Sie die Dinge aus seiner Sicht sehen und ein differenzierteres Verständnis für das Problem entwickeln können.

Aufrichtigkeit

Sie sollten die Körpersprache der anderen Person spiegeln, um Ihre Aufrichtigkeit zu vermitteln. Die Behauptung, Sie würden verstehen, während Sie eine verschlossene, gefühllose Körpersprache an den Tag legen, vermittelt die falsche Botschaft und zeigt nicht, dass Sie offen und urteilsfrei zuhören.

Was sind die allgemeinen Vorteile einer nicht wertenden Haltung?

Urteilsfreie Achtsamkeit bedeutet, dem gegenwärtigen Moment große Aufmerksamkeit zu schenken, ohne zu versuchen, ihn zu beeinflussen.

Das Gefühl der Befreiung und Ruhe, das sich aus der Verbindung mit dieser Erfahrung ergibt, ist es allemal wert. Dies hat auch einige Vorteile. Dazu gehören die folgenden:

Wenn Sie frei von Urteilen sind, können Sie die Pracht des Lebens wertschätzen

Wenn Sie etwas als normal bezeichnen, bedeutet das, dass es Ihre Zeit nicht wert ist. Wenn Sie jedoch das Etikett normal entfernen, öffnen Sie sich für die Möglichkeit, das Wunderbare und die Pracht in jeder Facette des Lebens zu sehen.

Wenn Sie einer Sache Ihre volle Aufmerksamkeit schenken, kann es sein, dass Sie so viel davon mitbekommen, dass es Ihre Sicht auf die Welt verändert.

Urteilsfreies Zuhören kann Ihnen helfen, sich von einer hedonistischen Haltung zu lösen

Das ständige Streben nach mehr ist eine bedeutende Quelle der Unzufriedenheit. Die Überzeugung, dass das, was Sie haben, unzureichend ist, treibt das Streben nach mehr an - sei es in Form von materiellen Gütern, sozialem Status oder einer anderen Art von Erfolg.

Wenn Sie dieses endlose Streben stoppen können, werden Sie in der Lage sein, die vielen Vorteile Ihrer derzeitigen Situation zu erkennen.

Es ist eine großartige Möglichkeit, Ihre Gedanken zu beruhigen

Sie können nur sich selbst die Schuld geben, wenn Sie sich über die unglücklichen Dinge sorgen, die Ihnen passiert sind oder die passieren könnten.

Wenn Sie das Etikett unglücklich ablegen können, sind Sie frei von den Ängsten, die entstehen, wenn Sie die Welt durch diese Brille sehen.

Es erlaubt Ihnen, die Dinge so zu sehen, wie sie sind

Sie nehmen die Welt nur so wahr, wie sie Ihnen erscheint, je nachdem, wie Sie auf Ihre vorgefassten Meinungen reagieren. Wenn Sie diese beiseitelegen, können Sie die Dinge so sehen, wie sie sind.

Warum ist urteilsfreies Zuhören so wichtig?

Da wir dazu neigen, die Welt durch die Linse unserer vorgefassten Meinungen zu sehen, erfordert es Zeit und Mühe, die Fähigkeit zu entwickeln, zuzuhören, ohne das Gehörte zu beurteilen.

Es hat jedoch viele Vorteile, die Fähigkeit des urteilsfreien Zuhörens zu entwickeln, wenn Sie versuchen, Menschen zu helfen und sie zu verstehen. Sie sind wie folgt:

- Es wird eine Atmosphäre geschaffen, in der sich die Menschen sicher genug fühlen, um ihre Gedanken und Gefühle frei

mitzuteilen.
- Es bietet einen sicheren Raum, in dem der Sprecher seine Emotionen und Ideen zu dem Thema erforschen und Einblicke gewinnen kann.
- Zuhören, ohne zu urteilen und Einfühlungsvermögen zu zeigen, verbessert die psychische Gesundheit einer Person, was sehr wichtig ist, da es dazu führen kann, dass sie die Hilfe bekommt, die sie braucht.

Wie können Sie sich darin üben, aufmerksamer zuzuhören?

Im Folgenden finden Sie einige Vorschläge, wie Sie Ihre Fähigkeiten zum effektiven Zuhören verbessern können:

Seien Sie aufmerksam

Sie treffen sich mit jemandem und unterhalten sich mit ihm? Versuchen Sie, körperlich und geistig anwesend zu sein, und achten Sie genau auf die Person, die spricht.

Wenn es sich um einen Video-Chat handelt, schließen oder entfernen Sie alle anderen Browser und schalten Sie Benachrichtigungen aus, damit Sie sich auf das Gespräch konzentrieren können. Schließen Sie die Tür, schalten Sie Ihr Telefon aus und lehnen Sie sich näher an Ihr Gegenüber heran.

Achten Sie auf nonverbale Anzeichen

Können Sie erkennen, ob Ihr Gesprächspartner glücklich ist? Wie präsentiert er sich? Was verrät Ihnen der Tonfall? Achten Sie auf solche Feinheiten, denn sie können das Gesprächserlebnis erheblich verbessern.

Genauso wie die Handlungen des Sprechers dazu beitragen, dass Sie sich wohl fühlen und eine echte Verbindung aufbauen, können auch Ihre Handlungen dazu beitragen (z. B. Blickkontakt halten, Mimik und Gestik oder Nicken, um Ihre Zustimmung zu signalisieren).

Vermeiden Sie Unterbrechungen

Unterbrechungen sind zweifelsohne der größte Feind des aufmerksamen Zuhörens. Sie zeigen, dass Sie dem Gesprächspartner nicht zuhören und dass Sie glauben, Ihre Meinung sei wertvoller. Außerdem hindern sie Sie daran, dem Gedankengang des Sprechers zu folgen und das besprochene Thema vollständig zu verstehen.

Bleiben Sie daher ruhig, hören Sie aufmerksam und geduldig zu und lassen Sie die andere Person ausreden, bevor Sie sprechen, auch wenn Sie glauben, dass Sie an der Reihe sind.

Stellen Sie Fragen

Es ist angebracht, Neugier zu zeigen, sich Klarheit zu verschaffen und die Diskussion in Gang zu halten, indem Sie Fragen stellen. Außerdem kann das Stellen der richtigen Fragen dazu beitragen, das Gespräch wieder auf den richtigen Kurs zu bringen, wenn es vom Thema abweicht.

Denken Sie daran, ihren Gesprächspartner nicht zu unterbrechen. Warten Sie auf eine Lücke im Gespräch, bevor Sie mit Ihren Fragen beginnen.

Fassen Sie zusammen

Sie zeigen nicht nur, dass Sie aufmerksam zugehört haben, sondern zitieren oder fassen wichtige Punkte des Gesprächs zusammen, damit Sie und Ihr Gesprächspartner prüfen können, ob Sie das Thema richtig interpretiert haben.

Sie können das Wesentliche hervorheben und konkrete nächste Schritte vorschlagen.

Wie können Sie die Kunst des unvoreingenommenen Zuhörens erlernen?

Es braucht etwas Zeit und Mühe, um die Fähigkeit des urteilsfreien Zuhörens zu entwickeln.

Hier sind einige Vorschläge, die Ihnen dabei helfen, Ihre Fähigkeit des urteilsfreien Zuhörens zu entwickeln:

Untersuchen Sie Ihre geistige Verfassung

Es ist wichtig, dass Sie in der richtigen Stimmung sind, um jemandem aktiv zuzuhören, damit Sie hören können, was er zu sagen hat.

Manchmal fällt es uns schwer, anderen zuzuhören, weil wir mit uns selbst unzufrieden sind oder weil kürzlich etwas Schlimmes passiert ist. Wenn Sie jemandem zuhören, sollten Sie Ihren Geist ruhig halten und Ihr Herz öffnen, damit Sie alle Informationen aufnehmen können.

Stellen Sie sicher, dass Sie die richtige Grundhaltung an den Tag legen

Akzeptanz, Authentizität und Einfühlungsvermögen sind die drei Säulen des urteilsfreien Zuhörens, und alle drei müssen für ein effektives einfühlsames Zuhören vorhanden sein.

Wenn Sie eine aufnahmebereite Haltung einnehmen, erkennen Sie die Perspektive des Sprechers an und schätzen sie, ohne die Realität seiner Gefühle, Erfahrungen oder Überzeugungen in Frage zu stellen.

Diese Haltung hilft Ihnen, sich in die Situation des Gesprächspartners hineinzuversetzen, was Sie authentischer und empathischer macht.

Nutzen Sie Ihre mündlichen Zuhörfähigkeiten

Wenn Sie auf subtile Weise Ihr Interesse an einem Gespräch zum Ausdruck bringen, verringert sich die Wahrscheinlichkeit, dass eine der beiden Parteien das Bedürfnis verspürt, das Gespräch zu unterbrechen.

Zu den wichtigsten Fähigkeiten des mündlichen Zuhörens gehören:

- Stellen Sie entscheidende Fragen, um Ihr Wissen zu bestätigen.
- Verwenden Sie Signale wie *Ja, sicher* und *Ich verstehe*.
- Geben Sie dem Gesprächspartner Zeit zum Nachdenken, bevor Sie fortfahren.
- Fassen Sie das Gesagte zusammen.
- Wiederholen Sie die Gefühle des Gesprächspartners.

Diese Gesten zeigen, dass Sie dem Gesprächspartner aufmerksam zuhören.

Nonverbale Zuhörfähigkeiten einsetzen

Sie können auch durch Ihr Verhalten zeigen, dass Sie zuhören können, ohne zu unterbrechen oder Ihre Meinung zu äußern.

Das Verständnis der Körpersprache ist für die nonverbale Kommunikation unerlässlich. Die Fähigkeit, Aufmerksamkeit durch Körpersprache zu demonstrieren, ist ein äußerst effektives Mittel. Ein Beispiel dafür ist, dass Sie es vermeiden sollten, die Arme zu verschränken, da dies den Eindruck erwecken könnte, dass Sie unfreundlich sind oder sich dem Gesagten verschließen.

Eine Möglichkeit, ein angenehmes körpersprachliches Signal zu geben, besteht darin, in respektvollem Abstand Blickkontakt zu Ihrem Gesprächspartner aufzunehmen. Sie sollten auch sitzen statt stehen, sich gegenseitig genügend persönlichen Freiraum lassen und Ihre Sitzplätze so arrangieren, dass Sie sich nicht genau gegenübersitzen.

Kleine Gesten, wie ein Kopfnicken, zeigen Ihrem Gesprächspartner, dass Sie ihm zuhören. Ein natürliches, beruhigendes Schweigen und unterstützende Freiräume können der Person einen Moment Zeit zum Nachdenken geben.

Verstehen Sie den Sprecher, aber weisen Sie ihn nicht ab

Nehmen wir an, Sie unterbrechen den Sprecher zu oft, beenden seine Sätze, geben irrelevante Kommentare ab oder übernehmen das Gespräch mit Geschichten über Ihr eigenes Leben. In diesem Fall lenken Sie von dem ab, was der Redner sagt, und verhindern, dass der Redner bereit ist, sich zu öffnen.

Wenn Sie in ein Gespräch gehen, ohne vorgefasste Meinungen darüber zu haben, was die andere Person sagen wird oder wie Sie antworten werden, fördern Sie eine offenere Atmosphäre. Seien Sie aufgeschlossen und lassen Sie der Person Zeit zum Reden.

Behalten Sie Ihre Meinungen und Erfahrungen für sich, bis das Gespräch so weit fortgeschritten ist, dass Sie Ihre Erfahrungen in angemessener Weise mitteilen können, um zu zeigen, dass Sie den Standpunkt des Sprechers verstehen.

Kulturelle Unterschiede müssen respektiert werden

Die Kultur spielt eine große Rolle bei der Interpretation von verbalen und nonverbalen Hinweisen, wie z.B. einer angemessenen Körpersprache und persönlichen Grenzen. Wenn Sie sicherstellen möchten, dass Sie sich klar ausdrücken, können Sie Ihr Gegenüber fragen, wann und mit wem er sich am wohlsten fühlt.

Das Verständnis kultureller Unterschiede kann Ihnen helfen, jemandem mit einer anderen ethnischen Herkunft oder einem anderen kulturellen Hintergrund zuzuhören, ohne ihn zu verurteilen.

Visualisieren Sie die Worte des Sprechers in Ihrem Kopf

Um besser zu verstehen, was Sie hören, sollten Sie Ihrem Geist etwas Zeit geben, um ein Bild in Ihrem Kopf zu entwickeln. Wenn Sie Ihren Geist klar und Ihre Sinne aktiv halten, wird Ihr Gehirn den Rest erledigen, egal ob Sie versuchen, ein Bild in Ihrem Kopf zu formen oder Ihre Gedanken zu ordnen.

Konzentrieren Sie sich auf wichtige Begriffe und Phrasen, während Sie jemandem zuhören, und prägen Sie sich diese ein. Es ist respektlos, wenn Sie Ihre Antwort geistig vorbereiten, während jemand anderes spricht, also stellen Sie Ihre Gedanken in den Hintergrund, wenn es Zeit ist, zuzuhören.

Erinnern Sie sich schließlich an das Gesagte, auch wenn es langweilig oder unbedeutend erscheint. Wenn Ihre Gedanken abschweifen, erinnern Sie sich daran, dass Sie sie zurückholen müssen.

Geben Sie Feedback

Zeigen Sie, dass Sie die Perspektive des Sprechers verstehen, indem Sie seine Gefühle widerspiegeln. Sie müssen nur mit dem Kopf nicken und zustimmende Laute von sich geben, um zu zeigen, dass Sie mit dem Gesagten einverstanden sind.

Der Sprecher muss sehen, dass Sie dem Gesagten Aufmerksamkeit schenken. In Fällen, in denen die Gefühle des Sprechers verborgen sind oder seine Worte zweideutig sind, kann es notwendig sein, ihn zu bitten, sich zu wiederholen, um sicherzustellen, dass Sie die ganze Bedeutung verstehen.

Seien Sie aufgeschlossen

Wenn Sie jemanden beurteilen, während er spricht, werden Sie ihm nicht helfen können. Hören Sie einfach zu, ohne sich eine Meinung zu bilden.

Wenn Ihnen das Gesagte Unbehagen bereitet, lassen Sie sich davon nicht in Ihrer Reaktion beeinflussen. Denken Sie daran, dass Sie versuchen, ein effektiver und hilfreicher Zuhörer zu sein, und nicht ein Richter und eine Jury, in der Sie eine Erwiderung formulieren oder Vergleiche zu anderen Menschen ziehen.

Hören Sie zu, ohne Vermutungen anzustellen. Denken Sie daran, dass die Person, die diese Bemerkungen macht, Ihnen wahrscheinlich ihre innersten Gedanken und Gefühle offenbaren wird.

Sie können solche Gefühle und Ideen nur durch Zuhören kennen lernen, da Sie keine Vorstellung davon haben.

Verbessern Sie Ihre Zuhörfähigkeiten durch Achtsamkeit

Achtsames Zuhören hilft uns, sensibler für die Absichten des Sprechers zu werden und dabei einen offenen Geist zu bewahren. Die Praxis der Achtsamkeit wird Ihnen helfen, ein besserer Zuhörer zu werden.

Was ist achtsames Zuhören?

Achtsamkeit bedeutet, auf eine bestimmte Weise aufmerksam zu sein: bewusst, im gegenwärtigen Moment und ohne zu urteilen. Es ist besonders effektiv, um romantische Beziehungen zu verbessern, da wir eher dazu neigen, instinktiv und emotional zu reagieren.

Wenn Sie Achtsamkeit üben, können Sie sich auf Ihre unmittelbare Umgebung einstellen, unnötige Gedanken und Gefühle loslassen und Ihre Reaktionen auf die Worte anderer besser regulieren. Ein Mangel an

Achtsamkeit kann Sie anfällig für Ihre eigenen Voreingenommenheit machen und Sie davon abhalten, dem, was der Sprecher sagt, Aufmerksamkeit zu schenken, indem er Sie von Ihrer Konzentration auf diese Dinge ablenkt.

Nach wenigen Augenblicken erinnert sich der durchschnittliche Mensch nur noch an fünfundzwanzig Prozent dessen, was in einer Rede gesagt wurde. Das Ziel des aufmerksamen Zuhörens besteht darin, nicht mehr an sich selbst zu denken, damit Sie das Gesagte Ihres Gesprächspartners vollständig verstehen können.

Wie Sie achtsam zuhören

Die folgenden Vorschläge können Ihnen dabei helfen, Achtsamkeit in Ihre täglichen Interaktionen einzubauen und Ihre Beziehungen zu anderen zu verbessern:

Achtsam zuhören

Wir nehmen routinemäßig an Aktivitäten teil und treten mit Menschen in Kontakt, ohne viel darüber nachzudenken.

Achtsamkeit zu praktizieren bedeutet, dem Sprecher ungeteilte Aufmerksamkeit zu schenken. Hierfür gibt es zahlreiche Ansätze:

- **Gönnen Sie sich eine Verschnaufpause:** Wenn Sie vor einer Besprechung einen Moment brauchen, um Ihre Gedanken zu sammeln, nehmen Sie sich Zeit. Scannen Sie mental Ihren Körper und entspannen Sie Ihre Muskeln, bevor Sie sich dem Gesprächspartner nähern.

- **Meditieren Sie:** Meditation ist eine Achtsamkeitspraxis, die Ihnen hilft, Ihren Geist darauf zu trainieren, dem gegenwärtigen Moment mehr Aufmerksamkeit zu schenken. Achtsamkeitstraining kann Sie dabei unterstützen, Ihre Gedanken zu ordnen und Platz für neue Ideen und Einsichten zu schaffen.

- Sie werden feststellen, dass die Meditation, wie auch andere Formen der körperlichen Betätigung, einfacher wird, je mehr Sie sie praktizieren. Es kann schwierig sein, Meditation in einen vollen Terminkalender einzubauen, aber schon ein paar Minuten pro Tag können helfen.

- **Vereinfachen Sie Ihr Umfeld:** Viele Menschen lassen sich bei der Arbeit durch ihr Telefon, ihren Laptop oder ihren Drucker ablenken. Halten Sie Ihren Arbeitsplatz frei und schalten Sie alle elektronischen Geräte aus.

Achten Sie auf Ihre Signale

Unsere emotionalen und physiologischen Reaktionen, wie z.B. Sorge oder Irritation, können uns als Signale dienen und uns dazu veranlassen, Ideen und Perspektiven, die uns nicht gefallen, zu ignorieren oder abzulehnen. Wenn Sie sich Ihrer Signale bewusst sind und sich entscheiden, sie zu ignorieren, werden Sie viel besser mit anderen kommunizieren können.

Wenn Sie jedoch Ihren Geist trainieren, präsent und bewusst zu sein, können Sie zuhören, ohne davon beeinflusst zu werden. Sie könnten zum Beispiel ein Ziehen in der Brust spüren, wenn der Sprecher etwas sagt, mit dem Sie nicht einverstanden sind. Ohne Achtsamkeit zu üben, könnten Sie auf diese beunruhigende Erfahrung reagieren und am Ende etwas sagen, das Sie bedauern.

Zuhören mit Empathie

Wir filtern die Realität oft durch die Linse unserer Vorurteile und Erfahrungen. Einer der Vorteile der Entwicklung von Empathie ist die Möglichkeit, Einblick in eine Situation aus der Sicht einer anderen Person zu erhalten.

Sie könnten zum Beispiel die Meinung der anderen Person legitimieren, indem Sie sie anerkennen. Sie müssen die Sichtweise der anderen Person nicht akzeptieren, um sie als gültig anzuerkennen; Sie müssen nur erkennen, dass sie sich von Ihrer eigenen unterscheidet.

Die oben beschriebenen Strategien sind im Privatleben und im Beruf gleichermaßen nützlich. Einige dieser Tipps mögen zu unterschiedlichen Zeiten besser anwendbar sein, aber insgesamt werden Sie durch ihre Anwendung zu einem konzentrierteren und zugänglicheren Menschen.

Deshalb ist es so wichtig, dass Sie den Kommunikationsmethoden anderer Menschen gegenüber aufgeschlossen sind. Denken Sie daran, dass die Menschen, mit denen Sie in Ihrem Berufs- und Privatleben zu tun haben, aus verschiedenen Gesellschaftsschichten kommen und unterschiedliche Lebenserfahrungen gemacht haben.

Die Fähigkeiten und Kenntnisse, die Sie in der Schule und im Beruf erwerben, sind ebenso wichtig wie zwischenmenschliche Fähigkeiten wie Respekt, Zuhören und Teamarbeit.

Kapitel 8: Stellen Sie die richtigen Fragen zur richtigen Zeit

Zuhören, ohne zu urteilen, ist zwar der richtige Ansatz, um Vertrauen aufzubauen, aber es ist nur der erste Schritt in der Persönlichkeitsentwicklung. Um Ihr Charisma zur Geltung zu bringen, müssen Sie die Kunst erlernen, die richtigen Fragen zur richtigen Zeit zu stellen. Zweifelsohne verbessern Fragen das Lernen und erleichtert den Austausch von Ideen. Eine neue Studie unter der Leitung von Psychologen zeigt, dass das Stellen von Fragen einen positiven Eindruck hinterlässt und die Kommunikationsfähigkeit fördert.

Lernen Sie, die richtigen Fragen zu stellen, um Menschen für sich zu gewinnen.[21]

Für manche Menschen ist es ganz natürlich, die richtigen Fragen zu stellen, weil sie über eine hohe emotionale Intelligenz, Neugierde und die Fähigkeit verfügen, Menschen zu lesen. Im Gegensatz dazu brauchen die meisten von uns Klarheit darüber, wo sie anfangen sollen. Im Folgenden erfahren Sie, was Sie wissen müssen, um die richtigen Fragen zu stellen und so Ihre fesselnde Persönlichkeit auszubauen.

Die Kunst, die richtige Frage zu stellen

Nur wenige Menschen wissen, was und wie sie fragen sollen. Es mag zwar einfach erscheinen, aber es erfordert Mühe und Zeit, um die Fähigkeit, gute Fragen zu stellen, zu perfektionieren. Vielleicht fragen Sie sich, ob Sie mit der richtigen Frage auch gleich die richtige Antwort bekommen. Wenn es sich um eine konkrete Information handelt, könnte dies durchaus der Fall sein.

In anderen Situationen müssen Sie jedoch möglicherweise mit relevanten Fragen nachhaken. Eine gute Frage bringt das Gespräch direkt auf den Punkt, denn sie ist anschaulich und prägnant und zeigt, dass die Person wirklich versteht, was Sie meinen. Bevor wir ins Detail gehen, lassen Sie uns kurz die drei Fragen durchgehen, die Sie verwenden können.

Offene Fragen

Diese Fragen regen die Gedanken des Zuhörers an und motivieren ihn zum Nachdenken und zu einer angemessenen Antwort. Auf diese Weise äußert der Zuhörer mehr von seinen Gedanken oder teilt seine Meinung zu der Frage mit.

Nachfassende Fragen

Diese Art von Fragen ist von grundlegender Bedeutung für die Durchführung eines Gesprächs. In der Regel folgen Folgefragen einem Format, bei dem die Fragen zum Thema oder Sachverhalt gestellt werden und am Ende zu spezifischeren Fragen übergehen.

Leitende Fragen

Leitende Fragen lenken das Gespräch mit größerer Wahrscheinlichkeit in die von Ihnen gewünschte Richtung. Mit ihnen erhalten Sie die Art von Antwort, die Sie wünschen. Sie erhalten jedoch keine genauen Informationen oder geben nicht genau das wieder, was der Zuhörer sagen möchte. Ein Beispiel: Sie möchten einen Freund nach seiner Meinung zu einem Buffet fragen, das Sie vor einer Woche besucht haben. Wenn Sie die Frage „Hey, was hältst du von dem tollen Essen, das wir letzte Woche am Buffet hatten?" stellen, erhalten Sie eine voreingenommene Antwort und schränken den Zuhörer ein, Ihnen seine Meinung zu sagen.

Je nach dem Zweck des Gesprächs und dem Kontext können diese drei Kategorien entsprechend eingesetzt werden, um effektive Ergebnisse zu erzielen.

Warum ist es notwendig, die richtigen Fragen zur richtigen Zeit zu stellen?

Die meisten Menschen halten an ihren Annahmen fest und hindern sich selbst am Lernen, da sie an ihren Überzeugungen festhalten und eine andere Perspektive oder Meinung zu einem bestimmten Thema nicht begrüßen. Dieses Verhalten schränkt ihre Fähigkeit ein, zu lernen und sich zu engagieren, und zeigt einen völligen Mangel an Neugierde. Ebenso fühlen sich manche Menschen bei Fragen unsicher, weil sie befürchten, dass die Fragen, die sie stellen, sie unwissend oder ungebildet wirken lassen könnten. Schauen Sie sich um, und Sie werden feststellen, dass alle großen Führungspersönlichkeiten immer Fragen stellen und immer bereit sind zu lernen. Die richtigen Fragen zur richtigen Zeit zu stellen, hilft Ihnen in mehrfacher Hinsicht, wie nachfolgend beschrieben.

- Ganz gleich, ob Sie mit einem Freund, einem Familienmitglied, einem Nachbarn oder einem Mitarbeiter sprechen: Wenn Sie Fragen stellen, bauen Sie ein Vertrauensverhältnis und Verständnis auf, ganz gleich, um welche Person es sich handelt. Es ermöglicht Ihnen, eine bedeutungsvolle Verbindung herzustellen.

- Fragen werden gestellt, um sinnvolle Einblicke zu gewinnen. Dieser Ansatz trägt dazu bei, ein tieferes Verständnis der Angelegenheit und der Probleme, die angesprochen werden müssen, zu entwickeln.

- Wenn Sie die richtigen Fragen stellen, wird sich Ihr Gegenüber automatisch auf das Gespräch einlassen und es als relevant ansehen. Er wird Sie als kompetente und verständnisvolle Person wahrnehmen und Ihnen gegenüber offener sein.

- Wenn Sie am Arbeitsplatz die richtigen Fragen zum richtigen Zeitpunkt stellen, entsteht ein Verantwortungsgefühl, bei dem der Arbeitnehmer seinen Beitrag überdenkt und das Problem schnell löst.

- Sie erhalten dadurch wertvolle Einblicke und können einen Problemlösungsansatz verfolgen, der sowohl Ihnen als auch dem Gesprächspartner zugutekommt.
- Fragen zum richtigen Zeitpunkt zu stellen, verringert die Gefahr von Fehlern, stärkt Ihr Verhandlungsgeschick und ermöglicht es Ihnen, potenzielle Situationen zu erkennen, die möglicherweise angesprochen werden müssen.

Der richtige Zeitpunkt für Ihre Fragen ist von entscheidender Bedeutung. Wenn Sie eine Diskussion in einem unpassenden Umfeld beginnen, wird Ihr Gesprächspartner Ihnen nicht gerne zuhören, Ihnen vielleicht keine Aufmerksamkeit schenken und sogar ignorieren, was Sie fragen. Fragen Sie sich daher je nach Situation, ob es der richtige Zeitpunkt ist, eine Frage zu stellen, oder ob Sie warten und zu einem anderen, besseren Zeitpunkt auf die Person zugehen sollten.

Effektive Fragen sind kraftvoll und regen zum Nachdenken an, da die Fragen offen formuliert sind. Verschiedene Arten von Fragen können dazu führen, dass Ihr Gegenüber abwehrend reagiert und nicht bereit ist, zu antworten. Die Fragen sollten also zum Nachdenken anregen und hilfreich sein, um den richtigen Ansatz zu finden. Wenn Sie zum Beispiel an einem Arbeitsplatz ein Problem lösen müssen, fragen Sie, was die mögliche Lösung sein könnte, anstatt davon auszugehen, dass die Mitarbeiter über das Thema Bescheid wissen.

Das Lösen von Problemen, das Lernen, der Aufbau von Beziehungen, die Beeinflussung anderer und die Forschung - all das kann durch effektives Fragen erreicht werden.

Wie bringe ich Menschen durch das Stellen angemessener Fragen, mich zu mögen?

Wenn Menschen in geselliger Runde oder bei öffentlichen Treffen nichts Interessantes zu erzählen haben, konzentrieren sie sich auf die andere Person und beginnen, Fragen zu stellen, was manchmal etwas unangenehm werden kann. Eine im Journal of Personality and Social Psychology veröffentlichte Studie zeigt, dass die meisten Menschen eher dazu neigen, ihre Probleme zu lösen, als aufgeschlossen und bereit zu sein, zuzuhören. Wenn Sie jedoch den Fokus auf Ihr Gegenüber lenken und mit sachdienlichen Fragen an das Gespräch herantreten, wird sich das positiv auf Ihren Gesprächspartner auswirken und es wird Sie als kompetent und zuverlässig erleben. Im Folgenden finden Sie eine Schritt-für-Schritt-Anleitung, wie Sie ein bedeutungsvolles Gespräch führen und

Ihr Gegenüber dazu bringen, Ihre Persönlichkeit zu bewundern.

Erste Schritte

Die richtige Frage zu stellen, hängt von zwei wichtigen Faktoren ab: dem richtigen Zeitpunkt und der Relevanz der Frage. Was Sie fragen, muss subtil sein und darf nicht nur eine weitere Möglichkeit sein, ein Gespräch zu beginnen. Auch wenn zahlreiche Studien belegen, dass offene Fragen für eine bessere Konversation hilfreich sind, ist es unerlässlich, eine relevante Frage zu stellen, um die Beziehung in die richtige Richtung zu lenken.

Auch der Zeitpunkt der Frage ist entscheidend. Nehmen wir an, die andere Person ist bereits in ihre eigenen Gedanken oder Probleme vertieft. In diesem Fall ist es sehr wahrscheinlich, dass das Gespräch ohne fruchtbare Ergebnisse endet. Achten Sie also darauf, dass Sie den richtigen Zeitpunkt für eine Frage wählen.

Wenn Sie außerdem das Gefühl haben, dass Ihr Gesprächspartner eine Frage stellen möchte, seien Sie offen, hören Sie ihm zuerst zu und seien Sie so hilfreich wie möglich. Das wird Ihren Geist von Gedanken befreien, die ihre Denkfähigkeit vernebeln. Wenn Sie Ihrem Gesprächspartner nicht zuhören und keine Fragen stellen, werden Sie nichts erreichen.

Um einen positiven Eindruck zu hinterlassen, konzentrieren Sie sich darauf, zu fragen, anstatt zu belehren, zu erzählen oder eine direkte Frage zu stellen. Wenn Sie jemandem etwas sagen, wird er vielleicht zuhören, es akzeptieren oder das Gespräch völlig ignorieren. Ihr Gehirn wird sie jedoch dazu zwingen, zu antworten, wenn Sie sie nach ihrer Meinung zu der Frage fragen. Dies zeigt den Einfluss einer Frage im Gegensatz zu einer direkten Anweisung, was die Leute tun sollen. Schauen wir uns verschiedene Ansätze an, die Sie anwenden können, um bessere Fragen mit bedeutungsvollen Ergebnissen zu stellen.

Finden Sie heraus, was Sie wissen wollen

Bevor Sie eine Frage stellen, sollten Sie die richtige Formulierung wählen und auf Meinungen, Ratschläge oder Fakten abzielen. Überlegen Sie zunächst, was Sie wissen wollen. Relevante und subtile Fragen sind entscheidend, da sie zu einer spezifischeren Antwort führen. Auf diese Weise wecken Sie das Interesse Ihres Gesprächspartners und versetzen ihn in eine komfortable Lage, in der er für das Gespräch offen ist. Wenn Sie Fragen stellen, die Ihr Gegenüber vielleicht nicht beantworten möchte, kann das Gespräch schnell ins Stocken geraten.

Die richtige Person für Ihre Fragen auswählen

Je nachdem, was Sie fragen möchten, wählen Sie die Person entsprechend aus. Drängen Sie sich nicht mit Fragen auf. Fragen Sie stattdessen höflich, ob die Person bereit ist, einige Fragen zu beantworten. Wenn die Person zustimmt, ist dies der beste Zeitpunkt, um zu fragen, denn dann ist sie eher bereit, Ihnen zuzuhören und zu verstehen, was Sie zu sagen haben. Außerdem führt das Gespräch mit der richtigen Person zu fruchtbaren Ergebnissen in Form eines besseren Engagements.

Auf eine Antwort warten

Bleiben Sie ruhig, wenn ein Gespräch im Gange ist, und vermeiden Sie es, zu drängen, nachdem Sie Fragen gestellt haben. Geben Sie der Person ausreichend Zeit, um zu antworten. Auch wenn Sie ein gutes Gespräch führen wollen: Wenn Sie mit Folgefragen hereinplatzen, ohne sich die Antworten anzuhören, wird Ihr Gesprächspartner denken, dass Sie seine Perspektive nicht zu schätzen wissen. Nachdem die Person geantwortet hat, können Sie ein weiteres Gespräch mit Folgefragen führen, um die Angelegenheit zu klären. Aktives Zuhören ist von Vorteil und hinterlässt einen positiven Eindruck.

Nachfassen mit Fragen

Es ist am besten, das Gespräch fortzusetzen und Anschlussfragen zu stellen. Wenn Sie nicht auf der Suche nach Fakten sind, könnte die Frage, die Sie stellen, von Annahmen beeinflusst sein. Daher hilft eine Folgefrage, mehr über die Situation zu erfahren und ein positives Bild zu vermitteln. Entscheidend ist jedoch, dass Sie in einem freundlichen Ton fragen und dabei sehr sachbezogen und spezifisch bleiben. Eine Studie, die im Journal of Personality and Social Psychology veröffentlicht wurde, ergab, dass das Stellen geeigneter Folgefragen die zwischenmenschliche Bindung zu der Person, die die Frage stellt, verbessert. Wenn Sie die falschen Fragen stellen, wird Ihr Gesprächspartner abwehrend reagieren. Wenn Sie hingegen freundlich bleiben und die richtigen Fragen stellen, zeigt dies, dass Sie über die Situation informiert sein wollen.

Achten Sie darauf, dass die Fragen, die Sie stellen, Ihre Neugier und Bereitschaft zeigen, mehr über das Thema zu erfahren. Diese Folgefragen können bohrende Fragen sein, die die andere Person automatisch tiefer in die Diskussion einbeziehen. Fragen wie diese wecken die Neugier, fördern das kritische Denken und ermöglichen es Ihnen, echtes Feedback von der Person zu erhalten, wie sie über ein bestimmtes Thema denkt.

Bedanken Sie sich bei der Person

Beenden Sie das Gespräch, indem Sie dem Gesprächspartner für seine Antwort und seine Zeit danken. Achten Sie darauf, dass Ihre Körpersprache und die Art und Weise, wie Sie das Gespräch führen, Ihre Wertschätzung für die Person zum Ausdruck bringen. Dankbarkeit zu zeigen, stärkt die Beziehung und ermöglicht es Ihnen, bei Bedarf um Hilfe, Unterstützung oder Anleitung zu bitten. Diese Vorgehensweise funktioniert zwar in fast jedem Szenario, Sie sollten sie jedoch je nach den Umständen und dem Schweregrad der Situation anpassen. Ein Beispiel: Ein zwangloses Gespräch mit Ihrem Kollegen unterscheidet sich von nischenspezifischen Fragen in einer Firmenbesprechung.

Tipps für das Stellen der richtigen Fragen

Vermeiden Sie rhetorische Fragen

Das Stellen von irrelevanten oder rhetorischen Fragen, nur um ein Gespräch in Gang zu halten oder ein bestimmtes Thema zu betonen, sollte unbedingt vermieden werden. Entwickeln Sie eine schnelle Strategie oder denken Sie an relevante Fragen, die Sie stellen können, um die gewünschten Informationen zu erhalten und gleichzeitig auf dem richtigen Weg zu bleiben.

Seien Sie offen und verständnisvoll

Überlegen Sie genau, was Sie Ihrem Gesprächspartner fragen, und bemühen Sie sich, seine Denkweise und seine Fähigkeit zu antworten zu verstehen. Es ist keine gute Idee, Fragen zu stellen, die die Person in eine unangenehme Lage bringen. Achten Sie außerdem darauf, dass Sie die Fragen in der richtigen Umgebung stellen. Auf diese Weise erhalten Sie die Antwort, die Sie sich von dem Gespräch erhoffen.

Aktives Zuhören üben

Wenden Sie an, was Sie in den vorangegangenen Kapiteln gelernt haben, z.B. eine positive Grundhaltung zu bewahren, zu lächeln, zu nicken und durch Blickkontakt Engagement zu zeigen. Um Missverständnisse auszuräumen, stellen Sie bohrende Fragen und umschreiben Sie höflich die Antwort des Gesprächspartners, nachdem dieser bestätigt hat, was Sie gehört haben.

Innehalten und Stille nutzen

Es ist wichtig, geduldig zu sein und die Stille zu nutzen, anstatt unnötige Fragen zu stellen. Pausen zwischen den Fragen ermöglichen es Ihrem Gesprächspartner, sich zu entspannen und sich wohl zu fühlen, während er sich mit Ihnen beschäftigt. Beginnen Sie damit, dass Sie sich selbst und die andere Person in Ihre Komfortzone begeben, eine Frage stellen und dann auf die Antwort der anderen Person warten. Hören Sie Ihrem Gesprächspartner aufmerksam zu, wenn er spricht, und warten Sie noch etwas, bevor Sie Folgefragen stellen. Wenn Sie dem Gesprächspartner genügend Zeit geben, ist die Wahrscheinlichkeit groß, dass er Ihnen mehr Informationen geben wird.

Vermeiden Sie Unterbrechungen

Unterbrechen Sie niemals eine Person, die mit Ihnen spricht. Das erweckt den negativen Eindruck, dass Sie die Meinung der Person nicht zu schätzen wissen und ihre Aussagen ablehnen. Wenn Sie den Gesprächspartner unterbrechen, lenken Sie das Gespräch vielleicht in die von Ihnen gewünschte Richtung, aber es wird nie so verlaufen, wie Sie es sich vorgestellt haben. Wenn die Zeit jedoch begrenzt ist, können Sie das Gespräch unterbrechen, wenn die andere Person vom Thema abschweift. Seien Sie dennoch höflich und zeigen Sie Respekt, während Sie das Gespräch mit einer relevanten Frage weiterführen.

Fragen Sie so, wie Sie selbst gefragt werden möchten

Denken Sie darüber nach, wie Sie es gerne hätten, wenn andere auf Sie zugehen würden und verhalten Sie sich so, wie Sie es erwarten würden. Wenn Sie diese Einstellung beibehalten, können Sie Fragen aussieben und solche vermeiden, die zu einem Problem führen könnten.

Einen klaren Verstand haben

Hypothesen können die Gedanken einer Person beeinflussen und zu einer anderen Schlussfolgerung führen als die, die sie beabsichtigt hat. Halten Sie sich von Annahmen fern und seien Sie unvoreingenommen, um die größtmögliche Wirkung zu erzielen.

Vermeiden Sie es, binäre Fragen zu stellen

Achten Sie darauf, dass Sie keine Frage stellen, deren Antwort ein einfaches Ja oder Nein ist. Sie können diesen Ansatz verwenden, wenn Sie ein Gespräch abschließen wollen, aber er sollte ansonsten immer vermieden werden, insbesondere wenn die Diskussion bereits begonnen hat. Wenn Sie mit einer binären Frage beginnen, benötigen Sie mehr Informationen. Vermeiden Sie die Ausdrücke *würde*, *sollte*, *ist* und *sind* in Fragen. Wechseln Sie stattdessen zu *wer*, *wo*, *wann* und *wie*, um Ihre Gesprächspartner zum Nachdenken anzuregen und relevante Informationen zu liefern.

Sprechen Sie die richtige Sprache

Bereiten Sie Ihre Fragen in einem Brainstorming vor und stellen Sie sicher, dass Sie Fragen stellen, die die Person leicht verstehen kann. Berücksichtigen Sie bei Ihren Fragen den Bezugsrahmen des Gesprächspartners und wählen Sie vertraute Wörter oder Ausdrücke, die leicht verständlich sind. Wenn Sie zum Beispiel branchenspezifische Terminologie verwenden, werden Sie bei jemandem, der nicht in Ihrer Branche tätig ist, nicht weit kommen. Achten Sie außerdem auf eine neutrale Formulierung.

Halten Sie sich an das Wesentliche

Wenn Sie die Antwort bereits kennen und wissen, was Sie erwarten, sollten Sie es vermeiden, die Frage zu stellen. So sparen Sie Zeit. Denken Sie daran, eine Reihe von Fragen zu stellen, angefangen bei allgemeinen Fragen um dann zu spezifischen Fragen überzugehen.

Immer nur eine Frage nach der anderen stellen

Stellen Sie in einem Gespräch immer nur eine Frage, anstatt mehrere Fragen zu stellen. Wenn Sie sich an diese Strategie halten, wird die Kommunikation klar und verständlich sein. Sie präsentieren sich damit als jemand, der logisch an die Sache herangeht und ein tiefes Verständnis hat. Im Folgenden erfahren Sie, wie Sie sich darauf beschränken können, jeweils nur eine Frage zu stellen.

- Wenn es sich um ein wichtiges Ereignis wie ein Meeting handelt, schreiben Sie die Fragen auf, die Sie stellen werden, damit Sie sich daran erinnern.
- Seien Sie geduldig, hören Sie Ihrem Gesprächspartner zu und fügen Sie eine Folgefrage hinzu, wenn es angebracht ist.

Um die richtigen Fragen zu stellen, brauchen Sie Zeit, den richtigen Ansatz und viel Übung. Es ist nie garantiert, dass Ihre Fragen Sie Ihren Zielen näher bringen. Der einfachste Weg, gut im Stellen von Fragen zu werden, ist, mit dem Fragen anzufangen. Mit der Zeit und viel Übung wird sich Ihre Fähigkeit verbessern. Denken Sie daran, dass Sie nur dann erfolgreich sein können, wenn Sie gute Fragen stellen.

Kapitel 9: Zwölf Wege, interessanter zu wirken

Es ist keine Überraschung, dass faszinierende Menschen im Allgemeinen beliebt sind. Ein interessanter Mensch zu sein ist eine angeborene Eigenschaft - sie fällt denjenigen, die sie besitzen, leicht und mühelos. Für andere ist es jedoch nicht so einfach, eine interessante Person zu sein. Glücklicherweise gibt es einige Dinge, die Sie tun können, um interessanter und ansprechender zu wirken.

In diesem Kapitel erfahren Sie, weshalb es sich lohnt, interessant zu sein und wie diese Eigenschaft Ihnen einen Vorteil verschafft. Sie werden auch eine Liste von Dingen finden, die Sie tun können, um diese Eigenschaft zu entwickeln.

Vorteile des Interessant-Seins

Bevor wir uns damit befassen, wie Sie ein interessanterer Mensch werden können, lassen Sie uns einige der Vorteile eines solchen Menschen erkunden. Mit interessierten Menschen macht es im Allgemeinen Spaß, Zeit zu verbringen. Wenn Sie interessiert sind, werden die Menschen gerne Zeit mit Ihnen verbringen. In der Nähe von faszinierenden Menschen gibt es nie einen langweiligen oder unangenehmen Moment.

Faszinierende Menschen ziehen von Natur aus die Aufmerksamkeit der anderen auf sich. Sie fallen leicht auf und heben sich von anderen ab. Interessant zu sein kann Ihnen auch helfen, leichter einen Job zu bekommen. Interessante Menschen sind in der Regel abenteuerlustig, erfahren und authentisch. Sie teilen ihre Entdeckungen gerne mit anderen, hören nie auf zu lernen und tun nicht gerne Dinge, nur weil alle anderen sie tun. Neben Fachkenntnissen, Qualifikationen und Expertise stehen diese Eigenschaften auf der Liste der idealen Kandidaten eines jeden Arbeitgebers. Mit interessanten Menschen macht es nicht nur Spaß und es ist einfach, zu arbeiten, sie haben auch immer neue und frische Ideen. Sie sind eine Bereicherung für das Unternehmen und tragen dazu bei, die Kultur im Unternehmen zu bereichern.

Interessante Menschen lassen sich keine Gelegenheiten und Erfahrungen entgehen und schrecken nicht vor Herausforderungen zurück. Die Angst vor Versagen oder Ablehnung bremst sie nur selten. Die Art und Weise, wie sie sich bei jeder Gelegenheit selbstbewusst präsentieren, trägt zu ihrem Erfolg bei und verhilft ihnen im Beruf zu besseren Positionen. Diese Risikofreudigkeit hilft ihnen auch, mehr Geld zu verdienen. Sympathische Menschen müssen nicht lügen, um andere zu beeindrucken. Außerdem haben sie in der Regel mehr vom Leben gesehen als andere, so dass sie die Dinge verstehen, die wirklich wichtig sind. Deshalb sind sie in der Regel sehr bescheiden, freundlich und bodenständig und wissen, dass sie ihr Ego nicht zu sehr in den Vordergrund stellen sollten. Das macht sie vertrauenswürdiger und ehrlicher und hilft ihnen, gesunde und erfüllende Beziehungen aufzubauen.

Faszinierende Menschen sind schwer zu vergessen. Sie hinterlassen immer einen einzigartigen und fesselnden Eindruck bei anderen, was dazu führt, dass sie über ein großes berufliches und soziales Netzwerk verfügen und sich bei Vorstellungsgesprächen einen Vorteil verschaffen. Am wichtigsten ist jedoch, dass interessante Menschen Sie glücklicher und gesünder machen. Es fällt schwer, geistig, emotional und körperlich nicht zu florieren, wenn Sie den Schlüssel zur Verbesserung der persönlichen, sozialen und beruflichen Aspekte Ihres Lebens haben.

Wie Sie interessanter werden

1. Lernen Sie eine neue Fähigkeit

Das Erlernen einer neuen Fähigkeit ist eine Möglichkeit, um sich für andere attraktiver zu machen. Sie müssen nicht lernen, wie man einen Hubschrauber fliegt, um interessant zu wirken (obwohl Sie es auf jeden Fall versuchen sollten, wenn es das ist, was Sie tun wollen). Ihre neue Fähigkeit kann so einfach sein wie das Erlernen einer neuen Sprache oder einer neuen Sportart. Sie können auch einen Einführungskurs in ein

Thema belegen, das Sie interessiert, wie z.B. Psychologie, Handel mit NFTs, Modedesign oder digitales Marketing, und sich weiterbilden, wenn Sie es für richtig halten.

Die Fähigkeiten, die Sie entwickeln wollen, müssen nicht unbedingt mit Ihrem derzeitigen Studium oder Ihrer Branche zu tun haben. Machen Sie eine Liste der Dinge, die Sie schon immer einmal ausprobieren wollten, selbst als Kind, und fangen Sie damit an. Setzen Sie sich ein Ziel und entwerfen Sie einen Plan, wie Sie es erreichen können. Wenn Sie sich für eine Sportart entscheiden, suchen Sie nach Empfehlungen für Trainer in Ihrer Nähe. Schauen Sie sich Trainingseinheiten an und fragen Sie den Lehrer, was Sie als Anfänger zu erwarten haben, wie lang die durchschnittliche Lernkurve ist und so weiter.

Wenn Sie einen Sprach- oder einen anderen Bildungskurs belegen, entscheiden Sie, ob Sie sich für einen Präsenz- oder einen Online-Kurs einschreiben wollen. Wägen Sie die Vor- und Nachteile jeder Alternative ab, bevor Sie eine Entscheidung treffen.

Wenn Sie mit dem Lernen beginnen, fühlen Sie sich vielleicht gezwungen, mehr Informationen aufzunehmen oder ein höheres Tempo zu wählen, als Sie eigentlich sollten. Effektives Lernen kann jedoch auch durch kleine und stetige Schritte nach vorne erreicht werden. Denken Sie an die 80/20-Regel: 80 % der Ergebnisse ergeben sich aus 20 % des Inputs. Mit anderen Worten: Unterschätzen Sie nicht den Aufwand, den Sie betreiben, auch wenn er noch so gering erscheint.

Um eine neue Fähigkeit zu entwickeln, müssen Sie eine Reihe von Teilfähigkeiten erlernen. Nehmen wir an, Sie beschließen, Reiten als Sport zu betreiben. Während Sie lernen, wie man Pferde reitet und vielleicht sogar über Hindernisse springt, werden Sie feststellen, dass sich Ihre Körperkoordination, Ihr kritisches und schnelles Denken, Ihr Gedächtnis und Ihre Entscheidungsfähigkeit mit der Zeit verbessern. Reiten wird auch mit Selbstvertrauen, Mitgefühl und ausgezeichneten nonverbalen Kommunikationsfähigkeiten in Verbindung gebracht. Wenn Sie Kunstunterricht nehmen, verbessern sich Ihre Hand-Augen-Koordination, Ihre Kreativität, Ihre Vorstellungskraft und Ihre motorischen Fähigkeiten.

2. Bleiben Sie neugierig und hören Sie nicht auf, Fragen zu stellen

Es gibt nichts Interessantes an passiven Menschen, die die Welt um sich herum für selbstverständlich halten. Wenn Sie Ihre Umgebung nicht beobachten, keine Fragen stellen und nicht aktiv nach Antworten suchen, existieren Sie lediglich. Anstatt mit dem Universum zu interagieren, akzeptieren Sie alles, was es Ihnen zuwirft. Das ist ein todsicherer Weg, um Ihre eigene Stimme zum Schweigen zu bringen und mit allen um Sie herum konform zu gehen.

Neugierde ist die Essenz der Kreativität. Neue Ideen kommen uns nicht aus heiterem Himmel, auch wenn es manchmal so aussieht. Wir können uns nicht von etwas inspirieren lassen, das wir noch nicht gesehen oder erkannt haben. Wenn Sie nicht neugierig sind, werden Ihnen wahrscheinlich viele Ideen entgehen, weil Sie Ihren Verstand nicht darauf trainiert haben, sie zu erkennen.

Neugierde eröffnet Ihnen neue Möglichkeiten, die Sie sonst nicht wahrnehmen würden. Sie sorgt auch für Abwechslung in einem von Routine geprägten Leben. Neugierige Menschen finden Abenteuer, wenn man es am wenigsten erwarten würde.

Um Ihre Neugier zu nähren, müssen Sie offen dafür sein, neue Dinge zu lernen und Ihre Denkweise über bestimmte Dinge zu ändern. Neugierige Menschen haben keine Angst davor, zu entdecken, dass einige ihrer Überzeugungen und Kenntnisse falsch sein könnten. Sie versuchen ständig, tiefer in die Welt einzutauchen und zu verstehen, warum die Dinge so sind, wie sie sind. Sie zögern nicht, so viele Fragen zu stellen, wie nötig sind, um die Informationen zu bekommen, die sie suchen. Diese Fragen führen Sie vielleicht zu neuen Erfahrungen und dienen als interessante Gesprächseinstiegsmöglichkeiten. Als neugieriger Mensch eignen Sie sich ein umfangreiches Allgemeinwissen an, das ziemlich beeindruckend sein kann.

3. Seien Sie ein großartiger Geschichtenerzähler

Tolle Erlebnisse, Gelegenheiten und neugierige Entdeckungen sind zwar wichtig, wenn Sie interessant sein wollen, aber Sie werden es nicht schaffen, die Aufmerksamkeit anderer Menschen zu erregen und den gewünschten Eindruck zu hinterlassen, wenn es Ihnen an der Fähigkeit fehlt, Geschichten zu erzählen. Die Art und Weise, wie Sie Ihre Geschichten erzählen, muss einnehmend und fesselnd sein.

Gute Geschichtenerzähler sind organisiert und kommen direkt auf den Punkt. Stellen Sie sich vor, jemand erzählt Ihnen von seiner Reise zum Mond - ganz schön interessant, oder? Aber aus irgendeinem Grund schwafelt die Person davon, dass sie nicht wusste, was sie in ihre Tasche packen sollte. Die Person geht bis ins kleinste Detail auf ihre Reise zur Raumstation ein. Gerade als sie Ihnen endlich erzählen wollte, wie es im

Inneren des Shuttles aussah, sagt sie: „Oh! Nein, tut mir leid, so ist es nicht gewesen. Ich musste noch eine Besorgung machen, bevor es zur Station ging ..." Sie verbringen so viel Zeit damit, auf unnötige Details einzugehen, dass Sie das Interesse an einer potenziell fesselnden Geschichte verlieren.

Geschickte Erzähler wissen, welche Details sie hervorheben und welche sie weglassen sollten. Sie wissen, wie sie eine Geschichte fesselnder klingen lassen können, als sie tatsächlich ist, ohne sich irgendwelche Details ausdenken zu müssen. Sie sind anschaulich, können Emotionen hervorrufen und wissen, wie man in verschiedenen Tonlagen und Geschwindigkeiten spricht, um die Aufmerksamkeit des Zuhörers zu fesseln und zu halten.

4. Teilen Sie Ihre Leidenschaften mit anderen

Viele Menschen vermeiden es, über Dinge zu sprechen, die ihnen am Herzen liegen, vor allem, wenn sie nicht zum Mainstream gehören. Vielleicht hat man ihnen gesagt, dass sich niemand dafür interessiert oder dass sie zu viel reden. Leidenschaftliche Menschen ziehen jedoch die Aufmerksamkeit anderer auf sich. Es spielt keine Rolle, was Sie mögen - wenn Sie sich für ein bestimmtes Thema interessieren und sich dafür begeistern, Ihr Wissen und Ihre Erfahrungen mit anderen zu teilen, werden Sie von anderen als interessant empfunden.

So kontraintuitiv es auch klingen mag, Sie bekommen Extrapunkte, wenn Sie sich für etwas begeistern, das nicht so häufig oder populär ist. Während Mainstream- oder gewöhnliche Interessen tiefe Gespräche auslösen und große Bindungen mit anderen schaffen können, machen unkonventionelle Interessen die Menschen neugierig. Sie werden mehr über das Thema erfahren und verstehen wollen, warum Sie sich so sehr dafür begeistern. Leidenschaften, Hobbys und Talente machen Sie unverwechselbar.

5. Seien Sie ehrlich und freimütig

Interessante Menschen schwimmen nicht gerne mit dem Strom. Sie übernehmen niemals Überzeugungen oder Ideen, die nicht mit ihren Vorstellungen und Werten übereinstimmen. Es macht ihnen nichts aus, ihre Gedanken und Ideen mitzuteilen, auch wenn sie anders sind als die ihrer Umgebung. Seien Sie freimütig, wenn Sie das Bedürfnis dazu haben. Das bedeutet nicht, dass Sie mit jedem streiten sollten, der eine andere Meinung vertritt, sondern es bedeutet einfach, dass Sie sich nie davor scheuen sollten, Ihre Meinung authentisch zu vertreten. Selbst diejenigen, die nicht mit Ihnen übereinstimmen, werden Ihre Offenheit respektieren.

6. Kümmern Sie sich nicht um die Meinung der anderen

Sie sollten sich nie Gedanken darüber machen, was andere Menschen von Ihnen denken. Zwar fühlt sich jeder Mensch manchmal gezwungen, bestimmte Teile seiner Persönlichkeit zu verbergen oder so zu tun, als ob er Dinge mag oder nicht mag, um die Zustimmung anderer zu gewinnen, aber niemand sollte diesem Drang auf Dauer nachgeben. Unsere einzigartigen Unterschiede sind es, die uns interessant machen. Vor allem aber ist es die Art und Weise, wie eine Person ihr wahres Ich annimmt und sich weigert, irgendeinen Aspekt ihres Wesens zu verbergen, die sie am faszinierendsten macht.

Halten Sie sich nicht zurück oder fürchten Sie sich davor, Ihre Meinungen und Überzeugungen zu äußern, nur weil Sie befürchten, dass sie jemandem nicht gefallen könnten. Die Menschen werden immer etwas finden, das sie kritisieren oder nicht mögen - Sie werden nie für alle perfekt sein. Die interessantesten Menschen sind diejenigen, die sich ihre Authentizität bewahren, unabhängig davon, mit wem sie zusammen sind, wo sie sich befinden oder was sie gerade tun.

7. Hören Sie nie auf zu lernen

Wissen ist unendlich - man kann nie genug davon haben. Menschen, die die zahllosen Möglichkeiten des Universums erkennen und ihrer Neugier die Führung überlassen, sind die spannendsten Menschen. Als jemand, der gerne grenzenlose Fragen stellt, geben Sie Anlass zu anregenden Gesprächen, die jeden mitreißen. Wenn Sie sich in einem nicht enden wollenden Zustand des Staunens befinden, können Sie Ihr Wissen erweitern und den Menschen den Eindruck vermitteln, dass Sie hochintelligent sind und sich in verschiedenen Bereichen gut auskennen.

Das Bildungssystem hat uns darauf konditioniert, das Lernen als einen mühsamen Prozess zu betrachten. Wenn Sie an dieser Überzeugung festhalten, werden Sie niemals den Drang verspüren, sich in ein Thema zu vertiefen, selbst wenn es Sie interessiert. Wenn Sie Lernen mit etwas verbinden, das Spaß macht und Vorteile bringt, werden Sie ganz natürlich versuchen, mehr über eine Vielzahl von Themen zu lernen. Es ist nicht einfach, Ihre Einstellung zum Lernen über Nacht zu ändern. Es hilft, das Lernen als einen neutralen Prozess zu betrachten, der es uns ermöglicht, nützliches Wissen zu erlangen, bevor wir es als eine unterhaltsame und erfüllende Erfahrung betrachten können.

8. Teilen Sie, was Sie lernen

Interessante Menschen zeichnen sich durch diese Eigenschaft aus, weil sie das, was sie lernen, gerne mit anderen teilen. Sie sprechen nicht über ihre Erfahrungen, weil sie selbstsüchtig sind, sondern weil sie möchten, dass andere sich an ihren Entdeckungen erfreuen und daraus lernen. Sie sprechen gerne darüber, warum ein bestimmtes Thema ihr Interesse geweckt hat und was sie im Laufe der Zeit darüber gelernt haben.

9. Seien Sie ein guter Zuhörer

Menschen, die nicht gut zuhören können, wirken oft egozentrisch und uninteressiert an ihrem Umfeld. Menschen, die sich nur um sich selbst kümmern und nicht zuhören, was andere sagen, sind alles andere als fesselnd. Sie sollten zwar ein guter Gesprächspartner sein und versuchen, Ihr Wissen mit anderen zu teilen, aber Sie müssen auch die richtige Balance zwischen sprechen und zuhören finden.

Nur wenige Menschen wissen, dass Zuhören eine wichtige Komponente der Kommunikationsfähigkeit ist. Sie können kein effektives Argument aufbauen oder Ihren Standpunkt vermitteln, wenn Sie den Standpunkt Ihres Gegenübers nicht vollständig verstehen. Wenn Sie einer Person zuhören, nehmen Sie sich die Zeit, ihre Worte aufzunehmen und zu verarbeiten. Denken Sie über das Gesagte nach und wiederholen Sie es mit Ihren eigenen Worten. Das zeigt anderen, dass Sie sich für das interessieren, was sie sagen, und dass Sie ein Gespräch in beide Richtungen führen. Indem Sie aktiv zuhören, können andere feststellen, ob Ihre Ausführungen echt sind oder nur ein Vorwand, um mit Ihren Leistungen zu prahlen.

10. Priorisieren Sie die Selbstentwicklung

Nichts ist attraktiver als eine Person, die Wachstum und Entwicklung in den Vordergrund stellt. Setzen Sie sich ein Ziel, das Sie erreichen möchten, und entwickeln Sie eine Strategie, mit der Sie darauf hinarbeiten können. Visualisierungstechniken können Ihnen helfen, sich von ungünstigen Denkmustern zu lösen. Wenn Sie sich Ihr Leben vor Augen führen, nachdem Sie alles erreicht haben, was Sie sich vorgenommen haben, hilft Ihnen das, motiviert und zielstrebig zu bleiben.

Wenn Sie auf Ihre Selbstentwicklung hinarbeiten, sollten Sie versuchen, positiv zu bleiben. Verfolgen Sie alle Ihre Gedanken und achten Sie darauf, wenn sich aufdringliche Gedanken ihren Weg in Ihren Kopf bahnen. Meditieren Sie, stellen Sie sich vor, wie sich die negativen Gedanken in Luft auflösen, oder versuchen Sie eine andere Form der

Ablenkung. Das Wichtigste ist, dass Sie diese Gedanken ausschalten, bevor sie überhandnehmen.

Schon fünf Minuten Meditation und Achtsamkeitstechniken pro Tag können sich als sehr effektiv erweisen, wenn Sie mit negativen Situationen umgehen müssen. Mit diesen Übungen können Sie lernen, Ihre Atmung zu regulieren und Ihren Geist und die Gedanken, die durch ihn wandern, unter Kontrolle zu bringen.

Auf Ihrem Weg zur Selbstverwirklichung werden Sie wahrscheinlich zahlreiche Rückschläge erleben. Erinnern Sie sich selbst daran, dass Sie sich von diesen Unannehmlichkeiten nicht entmutigen lassen sollten, weiterzumachen. Betrachten Sie sie stattdessen als weitere Gelegenheiten zum Lernen und Wachsen. Feiern Sie und belohnen Sie sich jedes Mal, wenn Sie eine kleine Hürde überwunden haben.

11. Seien Sie Ihr einziger Konkurrent

Die unattraktivsten Menschen sind diejenigen, die alle anderen als Bedrohung ansehen. Wenn Sie ständig mit anderen konkurrieren, können Sie sich nicht über deren Erfolge freuen, selbst wenn es sich um Ihre engsten Freunde handelt. Das führt langsam zu Grollgefühlen und kann dazu führen, dass Sie viele Menschen in Ihrem sozialen Umfeld verlieren. Toxischer Wettbewerb kann sich nachteilig auf Ihre körperliche, emotionale und geistige Gesundheit auswirken. Deshalb sollte Ihr einziger Konkurrent Sie selbst sein.

Wir alle haben unterschiedliche Chancen und Lernkurven. Außerdem hat jeder von uns auf seinem Weg eine Reihe von Hindernissen und Herausforderungen zu bewältigen. Es ist unmöglich, mit anderen zu konkurrieren, da Sie alle unter anderen Umständen leben und in einem anderen Umfeld agieren. Konzentrieren Sie sich auf Ihr eigenes Ziel und vergleichen Sie Ihre Steigerung mit Ihrer bisherigen Leistung. Sie sind die einzige Person, die sagen kann, ob Sie auf dem richtigen Weg sind.

Es wird Zeiten geben, in denen Sie hinterherhinken. Geben Sie nicht auf, streben Sie ein gleichmäßiges Tempo an und erinnern Sie sich an das große Ganze und daran, warum Sie überhaupt angefangen haben, auf Ihr Ziel hinzuarbeiten. Je mehr Sie diese Denkweise verstärken, desto leichter werden Sie diese Grundhaltung in Ihre Persönlichkeit einbauen können. Vergessen Sie nicht, die kleinen Erfolge auf dem Weg zu feiern.

Es gibt nichts, was Menschen inspirierender und interessanter finden als eine Person, die ein einziges Ziel verfolgt und sich nicht die Mühe macht, sich mit anderen zu messen. Dieses Verhalten ist ein Indikator für

Selbstvertrauen und Bewusstsein.

12. Lassen Sie toxische Grundhaltungen an der Tür

Wenn Sie möchten, dass man sich in Ihrer Gesellschaft wohl fühlt, müssen Sie wissen, welche Grundhaltungen Sie loslassen müssen. Übermäßig negative Menschen sind Energievampire. Niemand ist gerne mit einer Person zusammen, die ständig das Schlimmste erwartet und nur über die negativen Aspekte ihres Lebens spricht.

Menschen, die darauf warten, dass ihnen der Erfolg auf dem Silbertablett serviert wird, sind ebenfalls wenig inspirierend. Passive Menschen, die nicht aktiv auf ihre Ziele zugehen, werden immer zurückbleiben und sich wahrscheinlich darüber beschweren.

Sie sollten negatives und selbstabwertendes Gerede vermeiden. Sagen Sie sich nicht, dass Sie Ihre Ziele niemals erreichen oder erfolgreich sein werden. Unser Unterbewusstsein nimmt die Gedanken und Worte auf, mit denen wir uns füttern, und deshalb werden sie oft zur Realität. Tägliches Wiederholen von Affirmationen kann Ihnen helfen, Ihre Gedanken neu zu ordnen und optimistischer zu werden.

Anziehende Menschen stehen zu ihren Fehlern und übernehmen die volle Verantwortung für ihr Verhalten und ihre Handlungen. Sie wissen, dass Fehler ihren Selbstwert nicht schmälern, weshalb sie immer selbstbewusst auftreten. Vermeiden Sie es, anderen die Schuld für schlechte Umstände zu geben, in denen Sie sich befinden.

Selbstbewusste Menschen wissen auch, dass es keine Schwäche ist, andere um Hilfe zu bitten, weshalb es ihnen nichts ausmacht, andere um Unterstützung zu bitten. Sie wissen, dass zu viel Stolz ihre Erfolgschancen schmälern kann.

Was macht eine interessante Person aus?

Nachdem Sie nun die Vorteile des Interessant-Seins kennengelernt und Tipps erhalten haben, wie Sie eine faszinierende Person werden können, lassen Sie uns nun einige der Eigenschaften untersuchen, die eine interessante Person von einer uninteressanten unterscheiden.

Ein interessanter Mensch ist:

- selbstbewusst
- durchsetzungsfähig
- hat ein starkes Selbstbewusstsein
- hat ein hohes Maß an Selbsterkenntnis

- unabhängig
- leidenschaftlich
- kreativ
- risikofreudig
- hört nie auf zu lernen
- Selbsterfahrung und -entwicklung haben für ihn Priorität
- authentisch
- ausdrucksstark
- verliert seine Bestimmung nicht aus den Augen
- hat Ziele
- hat eine Lebensaufgabe

Eine uninteressante Person ist:

- egozentrisch
- arrogant oder egoistisch
- engstirnig
- nicht offen für neue Erfahrungen
- fixiert auf bestimmte Ideologien und Überzeugungen
- nicht bereit, zu akzeptieren, dass sie falsch liegen könnten
- ein schlechter Kommunikator
- neigen dazu, sich selbst zu ernst zu nehmen
- unflexibel
- nicht anpassungsfähig
- äußerst berechenbar
- uninteressiert an seinem Umfeld

Eine interessante Persönlichkeit zu sein, kann Ihnen helfen, starke Beziehungen und berufliche Netzwerke aufzubauen. Es kann Ihnen einen großen Vorteil verschaffen und Ihnen helfen, weiterzukommen. Manche Menschen sind von Natur aus interessant, aber Sie können diese Eigenschaft auch erwerben, indem Sie authentisch, zielorientiert, leidenschaftlich, offen und neugierig sind.

Kapitel 10: Tipps und Tricks, wenn es darum geht, gemocht zu werden

Manche Menschen scheinen mit einem sympathischen Charakter geboren zu sein. Diesen Menschen fällt es leicht, sich unter Fremde zu mischen, und Gelegenheiten werden ihnen scheinbar ohne weiteres geboten. Möglicherweise haben sie diese Eigenschaften schon als Kinder mitbekommen, ohne sich dessen bewusst zu sein. Die gute Nachricht ist, dass Sie diese Eigenschaften kultivieren können, um sich selbst noch attraktiver zu machen.

Im Familien- und Freundeskreis können Sie ganz Sie selbst sein und unbesorgt all Ihre Schwächen zur Schau stellen, und man wird Sie trotzdem lieben. Im Laufe Ihres Lebens werden Sie Tausende von Menschen treffen und mit ihnen interagieren. Einige davon in der Schule, andere bei der Arbeit oder bei gesellschaftlichen Anlässen.

Wenn Sie von anderen gemocht werden, insbesondere von denen, zu denen Sie eine enge Beziehung haben, kann Ihnen das Türen zu neuen Möglichkeiten öffnen. Ihre Freunde werden Sie gerne über alles informieren, weil sie sich dadurch wohl und geschätzt fühlen. Ihre Kollegen werden gerne mit Ihnen zusammenarbeiten, weil es die beste Option ist, und Ihr Chef wird Sie vielleicht sogar befördern, um Ihren Fähigkeiten besser gerecht zu werden. All dies ist möglich, wenn Sie beliebt sind.

Um starke Beziehungen zu anderen aufzubauen, müssen Sie über soziale Intelligenz verfügen. Die in diesem Kapitel beschriebenen Eigenschaften, die Sie sympathisch machen, werden Ihnen dabei helfen, starke Beziehungen zu Menschen aus den verschiedensten Bereichen des Lebens aufzubauen. Fast alles, was die Interaktion mit anderen betrifft, erfordert eine Prise soziale Intelligenz.

Meistens sind es die Dinge, die Sie wissentlich oder unwissentlich falsch machen, die dazu führen, dass man Sie nicht mag. Ihre Freunde und Ihre Familie sind die einzigen Menschen, die Sie so akzeptieren, wie Sie sind, weil sie Sie schon lange genug kennen, um zu verstehen, wofür Sie stehen. Dies ist jedoch eine kleine Gruppe von Menschen, wenn man sie mit dem Rest Ihrer Beziehungen vergleicht.

In diesem Kapitel erfahren Sie, welche Fehler Sie möglicherweise gemacht haben, die Ihren Beziehungen zu anderen geschadet haben. Nicht jeder wird Sie mögen, aber wenn Sie eine sympathische Persönlichkeit haben, wird es jedem leichtfallen, Sie zu schätzen. Daher sollten Sie ganz bewusst Eigenschaften kultivieren, die dazu führen, dass man Sie mag. Dieses Kapitel enthält einen umfassenden Leitfaden, wie Sie Ihre ideale Persönlichkeit erreichen können.

Was Sie tun können, damit man Sie mag

Menschen wollen das Gefühl haben, dass sie Ihnen sensible Informationen und Aufgaben anvertrauen können. Diese Tipps werden Ihnen helfen, die Liebe und Sympathie der Menschen zu gewinnen, aber Sie sollten nicht zu viel erwarten, denn nicht jeder wird Sie mögen - so ist das Leben nun einmal. Hier sind einige Tipps, die Sie befolgen sollten:

Es ist in Ordnung, Ihre Schwächen anzuerkennen

Ob Sie es nun zugeben wollen oder nicht, die Menschen werden Sie durchschauen. Niemand möchte mit einem Lügner in Verbindung gebracht werden, und wenn Sie Ihre Schwächen leugnen, erscheinen Sie als jemand, der etwas zu verbergen hat und dem man daher nicht trauen kann. Ihre Verletzlichkeit mitzuteilen oder anzuerkennen bedeutet nicht, dass Sie Ihre Probleme von den Dächern schreien oder dass Sie sich hilflos verhalten sollten, um die Sympathie der Menschen zu gewinnen. Es bedeutet, dass Sie wissen müssen, wann der richtige Zeitpunkt gekommen ist, um Informationen preiszugeben, und dass Sie in allem, was Sie tun, ehrlich sein müssen. Andernfalls könnten Sie die Dinge am Ende noch mehr ruinieren.

Sie können einen Fehler, den Sie aus Unwissenheit begangen haben, zugeben, wenn Sie unter Freunden sind. Zum Beispiel: „Bitte entschuldige, ich hatte es eilig und dachte, deine Hausschuhe würden mir passen, aber am Ende habe ich sie kaputt gemacht." Dieser Freund hat vielleicht schon gewusst, was Sie getan haben, und hat darauf gewartet, dass Sie es ihm sagen. Hätten Sie Ihr Fehlverhalten jedoch geleugnet, hätte Sie das als lügnerischen Feigling dargestellt, und infolgedessen würde man Sie in Zukunft meiden.

Wenn Sie mit einem Team zusammenarbeiten, können Sie sich verletzlich zeigen, indem Sie mitteilen, was Sie als Herausforderung empfinden und um Hilfe bitten, damit alle gewinnen können. Diese Strategie führt dazu, dass sich alle Zuhörer mit ihren eigenen Schwächen wohler fühlen. Sie werden Sie positiv und wahrscheinlich bewundernd wahrnehmen, weil Sie es gewagt haben, Ihre Schwächen zuzugeben. Sie werden anfangen, Ihnen mehr Möglichkeiten und Informationen anzuvertrauen. Wenn Sie Ihre Schwächen zugeben, werden Ihnen andere vielleicht Hilfe, Trost und Unterstützung anbieten. Entscheiden Sie sich dafür, Ihre Schwächen anzunehmen und darüber zu sprechen, anstatt sie vor anderen zu verbergen; schließlich hören wir nie auf, uns zu verbessern.

Vermeiden Sie es, aufdringlich zu sein

Die meisten Menschen haben bereits eine Menge um die Ohren, und Sie sollten nicht noch mehr dazu beitragen. Nicht aufdringlich zu sein ist eine schwierige Eigenschaft, aber es ist machbar. Flexibel zu sein bedeutet auch, nicht aufdringlich zu sein. Sie werden auf Menschen oder Situationen stoßen, die sich dem widersetzen, was Sie tolerieren können, aber versuchen Sie in solchen Fällen, Kompromisse zu schließen. Wenn Sie harte Entscheidungen treffen, führt das oft dazu, dass nur einige Ihre Präferenzen annehmen.

Ein Beispiel: Sie lernen einen neuen Freund kennen, der gerne tanzt und in Vergnügungsparks geht, aber Sie möchten lieber die Ruhe in Ihrer Umgebung genießen, als an einen lauten, fröhlichen Ort zu gehen. Wenn Sie jetzt an Ihren Vorlieben festhalten, wird Ihr neuer Freund Sie nicht mögen, aber Sie können seine Gunst gewinnen, wenn Sie sich ein wenig an seine Vorlieben anpassen.

Das bedeutet nicht, dass Sie aufgeben sollten, was Sie glücklich macht! Finden Sie vielmehr ein Gleichgewicht zwischen dem, was Sie wollen, und der Anpassung an die Vorlieben anderer Menschen. Sie können Ihren neuen Freunden sagen, was Sie von lauten Orten halten, und ihnen sagen, dass Sie wegen ihnen bereit sind, es zu probieren. Wenn Sie penetrant und verklemmt sind, werden Ihnen die Leute davonlaufen, denn entweder müssen sie Sie akzeptieren oder Sie verlassen.

Verbessern Sie Ihre Laune

Es ist schwierig, Ihre Stimmung zu verbessern, wenn Sie schwierige Zeiten durchmachen. Vielleicht haben Sie in Ihrem Leben viel um die Ohren und müssen darüber nachdenken. Welche guten Gründe Sie auch immer dafür haben mögen, dass Sie introvertiert und von Ihren Gefühlen gefangen sind, es wäre egoistisch von Ihnen, sie anderen aufzudrängen. Es wäre ermüdend, wenn Sie mit Kollegen zusammen wären und nur über Ihre Probleme nachdenken und diskutieren würden!

Jeder hat Probleme, aber wenn Sie in der Lage sind, diese Probleme beiseite zu schieben und sich auf die Gegenwart zu konzentrieren, werden die Menschen Sie mögen. Sympathische Menschen gehen selbstlos mit ihren Emotionen um; sie wissen, wann sie ihre Gefühle in den Hintergrund stellen müssen. Angenehme Menschen sind immer fröhlich, und ihr Lächeln erhellt die Umgebung. Suchen Sie nach Erledigung Ihrer Aufgaben Trost bei Ihren Freunden, die Ihre Gefühle verstehen und Ihnen bei der Suche nach einer Lösung behilflich sein werden.

Lachen Sie so oft wie möglich

Haben Sie sich jemals gefragt, warum manche Menschen einen Raum betreten und sofort Dinge sagen oder tun, die alle zum Lachen bringen? Menschen sehnen sich nach Freude und fühlen sich zu jedem hingezogen, der sie leicht zum Lachen bringen kann. Sympathische Menschen haben eine unbekümmerte Grundhaltung zum Leben.

Sie sind vielleicht nicht der Typ, der Witze macht, was auch in Ordnung ist, aber Sie können offener für Humor werden. Seien Sie die Person, die einen Witz als das erkennt, was er ist und darüber lacht. Personen, die Ihnen nahestehen oder solche, die Sie nicht gut kennen, bevorzugen eine unbekümmerte Person, die leicht lächeln und lachen kann. Nicht jede Äußerung oder jeder Witz ist als Beleidigung gedacht, und wenn Sie sich an dem stören, was die Leute um Sie herum sagen, kann das dazu führen, dass sie Sie meiden. Setzen Sie ein fröhliches Gesicht auf und machen Sie es den Leuten leicht, auf Sie zuzugehen.

Sie können nicht alles wissen - und je eher Sie es zugeben, desto besser

Werden Sie nicht zum Besserwisser. Diese Menschen gibt es am Arbeitsplatz, in der Schule, in der Familie, im Freundeskreis und überall sonst. Wenn Sie ein Besserwisser sind, wird man Sie höchstwahrscheinlich meiden. Die Menschen gehen davon aus, dass sie alles wissen, möglicherweise weil ihnen in ihren ersten Lebensjahren keine Unterstützung angeboten wurde, so dass sie gezwungen waren, alles zu lernen, was sie zum Überleben brauchen. Aber die sozialen Folgen sind schmerzhaft. Wenn Sie also diese Neigung haben, sollten Sie an sich arbeiten, um entgegenkommender zu werden.

Diese Gruppe glaubt fälschlicherweise, dass sie zu viel Zeit und Geld in ihre Fähigkeiten investiert hat und sich nicht irren kann. Sie wollen, dass jeder glaubt, dass das, was sie sagen, das Optimum ist. Diese Grundhaltung ist unattraktiv und wird dazu führen, dass man Sie nicht mag. Der Charakterzug der Besserwisserei ist bei Führungskräften in verschiedenen Positionen weit verbreitet, die jedem ihre Meinung aufzwingen wollen. Sie können aber auch entgegenkommender sein, um die Gunst der Menschen zu gewinnen.

Kümmern Sie sich aufrichtig um andere

Es kann schwierig sein, eine fürsorgliche Seite zu entwickeln, besonders wenn Sie das Gefühl haben, dass Ihre Bemühungen wahrgenommen werden müssen. Wir leben in einer Zeit, in der die meisten Menschen glauben, dass die Welt und alles in ihr ihnen etwas schuldig ist. Wenn Sie gemocht werden wollen, müssen Sie manchmal Ihre Interessen und Ziele zurückstellen, um anderen bei der Lösung ihrer Probleme zu helfen. Es erfordert ein erhebliches Maß an Arbeit, sich um andere zu kümmern.

Um andere glücklich zu machen, müssen Sie wertvolle Ressourcen wie Zeit oder Geld opfern. Um Schuldgefühle wegen Ihrer guten Tat zu vermeiden, helfen Sie nur und erwarten Sie keine Gegenleistung. Die Menschen werden Sie mehr mögen, wenn sie merken, dass Ihre Hilfe nicht durch Eigeninteresse motiviert ist.

Wenn Sie anderen Menschen helfen und dafür eine Gegenleistung erwarten, werden Ihre Chancen, gemocht zu werden, entweder zunichtegemacht oder die Bewunderung wird vorgetäuscht. Es ist ein häufiger Trend in den sozialen Medien, dass beliebte Personen Geschenke verteilen, aber wenig oder gar keine Hilfe erhalten, wenn sie in Not sind. Man fragt sich, was aus all der Online-Liebe geworden ist, die stets so offensichtlich war, wenn es ein Geschenk zu verteilen gab. Menschen können ihre Gefühle vortäuschen, um weiterhin etwas von Ihnen zu erhalten. Um dies zu überwinden und mehr Anhänger zu gewinnen, sollten Sie sich ohne Erwartungen um andere kümmern.

Seien Sie ein guter Zuhörer

Wenn Sie viel Interessantes zu sagen haben, ist es verlockend, das Gespräch zu beherrschen. Das ist gut und schön, aber Sie sollten eine Pause einlegen, damit andere etwas beitragen können. Wenn Sie anderen die Möglichkeit geben, sich einzubringen, wird man Sie mehr mögen.

Kommunikation ist eine zweiseitige Angelegenheit, bei der eine Person spricht und die andere zuhört. Wenn Sie abgelenkt sind, während jemand mit Ihnen spricht, werden Sie keine neuen Freundschaften oder Bekanntschaften gewinnen. Selbst wenn Sie nicht gerne viel reden, können Sie das zuhörende Ohr sein, das andere ermutigt, ihr Herz auszuschütten, solange diese wissen, dass Sie zuhören und antworten werden. Die Menschen werden Sie mehr mögen, wenn Sie sich ihre Meinung anhören und weniger voreingenommen sind. Wenn Sie derjenige sind, der spricht, versuchen Sie, anderen Raum zu geben, um zu antworten und ihre Gedanken mitzuteilen.

Opfern Sie Ihre Zeit

Bescheidenheit und Zurückhaltung können Ihnen viele Türen öffnen, aber knüpfen Sie keine Bedingungen daran. Es ist ganz natürlich, jemanden zu bewundern, der sich Mühe gibt, anderen zu helfen, auch wenn er es nicht muss. Menschen, die manipulativ sind und vermeintlich geben, ohne eine Gegenleistung zu erwarten, zeigen bald ihr wahres Gesicht, wenn sie einen Weg finden, all die Gefallen, die Sie erhalten haben, zurückzahlen zu müssen. Die Menschen werden Sie mehr mögen, wenn Sie aufrichtig sind und Ihre Zeit opfern. Wenn Sie mehr Zeit mit Menschen verbringen, entsteht Vertrautheit - und Menschen mögen Menschen, mit denen sie vertraut sind.

Seien Sie freimütig

In einem sozialen Umfeld müssen Sie sich klar ausdrücken. Erwarten Sie nicht, dass jemand Ihre Gedanken liest und Ihre Absichten errät. Sprechen Sie so viel wie nötig, wenn Sie Ihre Gefühle und Argumente mitteilen wollen. Als Geschäftsinhaber müssen Sie immer Klartext reden, damit Ihre Kunden Sie verstehen und fundierte Entscheidungen treffen können. Viel zu reden ist eine starke Eigenschaft, die Sie bei Bedarf einsetzen sollten. Vermeiden Sie es, eine geschwätzige Person zu sein, die Unterhaltungen unterbricht. Lassen Sie sich nie eine Gelegenheit entgehen, sich zu äußern, egal wie unbedeutend Sie glauben, dass die Auswirkungen sein werden. Ihre Rede könnte die Lösung sein, auf die jemand gewartet hat, und Ihnen mehr Gunst verschaffen.

Stellen Sie Fragen

Die Menschen werden Sie mehr mögen, wenn Sie ihnen die Freiheit geben, Ihnen alles zu sagen, was sie wissen. Indem Sie Ihrem Gesprächspartner erlauben, Ihnen zu helfen, geben Sie ihm das Gefühl, wichtig zu sein und erhöhen die Wahrscheinlichkeit, dass er Sie mag. Menschen werden sich schneller mit Ihnen anfreunden, wenn Sie ihnen erlauben, ihr Wissen zu teilen.

Spiegeln Sie die andere Person

Das Spiegeln hat schon vielen Menschen geholfen, Spannungen zwischen Fremden abzubauen. Diese Strategie besteht darin, die Mimik, Gestik und Körpersprache der anderen Person zu imitieren. Seien Sie aufmerksam und nehmen Sie diese Details innerhalb der ersten Minuten Ihres Gesprächs auf und spielen Sie sie dann nach. Indem Sie das Verhalten anderer nachahmen, können Sie sich schneller beliebt machen.

Machen Sie anderen ein Kompliment

Wenn Sie anderen ein Kompliment machen, kostet Sie das nichts. *Ihre Haare sehen toll aus* oder *Sie haben ein wunderschönes Lächeln* können viel dazu beitragen, dass man Sie mag. Menschen, denen Sie ein Kompliment machen, werden unbewusst beginnen, diese Eigenschaften in Ihnen zu sehen, auch wenn Sie sie nicht haben. Wenn Sie nette Dinge über andere sagen, werden diese anfangen, nette Dinge über Sie zu denken. Versuchen Sie, sparsam damit umzugehen. Wichtig ist, dass Sie es maßvoll und aufrichtig tun.

Strahlen Sie Positivität aus

Wenn Sie ständig wütend und unglücklich sind, könnten alle um Sie herum unglücklich werden. Schlechte Laune verbreitet sich wie ein Lauffeuer. Positive Energie hingegen strahlt aus, und die Menschen werden Ihre Gesellschaft genießen. Verbreiten Sie positive Schwingungen, um sich sympathisch zu machen. Betrachten Sie das Leben immer von der positiven Seite und suchen Sie nach Gründen, um zufrieden zu sein. Sorgen haben noch nie ein Problem gelöst.

Seien Sie ein kompetenter und herzlicher Mensch

Die Menschen werden Sie eher mögen, wenn Sie am Arbeitsplatz oder bei anderen gesellschaftlichen Anlässen freundlich und nicht konkurrierend sind. Niemand mag Dramen, deshalb fühlen sich die Menschen zu warmherzigen und einladenden Menschen hingezogen.

Man wird Sie mehr mögen und respektieren, wenn Sie freundlich sind und einen hohen Bildungs- oder wirtschaftlichen Status haben. Es wäre hilfreich, wenn Sie die Menschen kennenlernen würden, bevor Sie Ihr Fachwissen unter Beweis stellen. Dieser Punkt ist vor allem im Geschäftsleben von Bedeutung, wo Wettbewerb unvermeidlich ist. Wenn Sie sich zuerst mit Ihren Qualifikationen brüsten, kann das einige Leute abschrecken oder sie einschüchtern, so dass es für sie schwierig wird, mit Ihnen in Kontakt zu treten.

Betonen Sie die gemeinsamen Werte

Sie werden gemocht, wenn man sich mit dem, wofür Sie stehen, identifizieren kann. Wer ähnliche Werte hat, wird eher gemocht als jemand, der sie nicht hat. Diese Eigenschaft wird vor allem von Menschen genutzt, die um Gunst oder öffentliche Akzeptanz bemüht sind. Sie werden Geschichten darüber hören, wie sie in einer ähnlichen Gegend wie Sie gelebt und das Leben auf die gleiche Weise erlebt haben wie Sie, damit Sie sie kennen und mögen. Obwohl manche Menschen diese Taktik böswillig anwenden, können Sie sie nutzen, um von den Gemeinsamkeiten zu profitieren, die Sie mit anderen teilen.

Teilen Sie ein Geheimnis

Die Menschen werden Sie mehr mögen, wenn Sie verletzlich sind. Wenn Sie ein Geheimnis mit jemandem teilen, hat dieser das Gefühl, ein Teil Ihres Lebens zu sein. Sie können jemandem das Gefühl geben, etwas Besonderes zu sein und Sie zu mögen, wenn Sie sich ihm anvertrauen. Auf diese Weise lernen Sie jemanden schnell kennen, aber geben Sie sensible Informationen nicht zu früh preis, insbesondere wenn Sie der Person nicht vertrauen, dass sie sie nicht weitergibt.

Seien Sie vertrauenswürdig

Die Bedeutung des Austauschs von Geheimnissen beim Aufbau einer Freundschaft wurde bereits erörtert, aber als Zuhörer werden Sie mehr gemocht, wenn Sie die Ihnen anvertrauten Geheimnisse bewahren können. Vertrauenswürdig zu sein bedeutet, dass Sie loyal, verlässlich und wahrheitsgemäß sind. Die Menschen werden Sie schnell mögen, wenn Sie über diese Eigenschaften verfügen.

Was Sie vermeiden sollten, damit man Sie mag

Es ist möglich, dass Sie Ihre Mitmenschen ungewollt verärgern. Die nachfolgenden Punkte sollten Sie vermeiden, wenn Sie eine gute Beziehung aufbauen wollen:

Wenn Sie so tun, als würden Sie jemanden nicht mögen

Es wäre hilfreich, Ihre Körpersprache zu kontrollieren, um nicht die falsche Botschaft zu vermitteln. Niemand wird Sie mögen, wenn Sie so tun, als ob Sie ihn bereits nicht mögen.

Nicht lächeln

Nur wenige Menschen haben ein freundliches, lächelndes Gesicht, aber Sie werden niemanden dazu bringen, Sie zu mögen, wenn Ihr Gesicht Sie unnahbar erscheinen lässt. Es würde helfen, wenn Sie sich bemühen würden, zu lächeln und einladende Gesten zu machen.

Sie sind zu nervös

Die Menschen bewundern Selbstvertrauen und Tapferkeit. Man schreibt Nervosität negative Eigenschaften zu, die Sie unsympathisch machen.

Zu viel Prahlerei

Sie mögen gut sein in dem, was Sie tun, aber versuchen Sie, sich nicht selbst überzubewerten, besonders nicht vor Fremden.

Sie sind zu nett

Wenn Sie übermäßig nett sind, kann der Eindruck entstehen, dass Sie sich verstellen. Da niemand immer nett ist, verschafft es Ihnen mehr Glaubwürdigkeit, wenn Sie ab und zu Nein sagen.

Sie verstecken Ihre Emotionen

Man kann Sie nicht mögen, wenn man Sie nicht sieht und Sie nicht verletzlich sind. Wenn Sie allmächtig und autonom erscheinen, macht Sie das nicht sympathisch.

Nichts über sich selbst sagen, aber versuchen, mehr über eine andere Person zu erfahren

Sie können keine gute Beziehung aufbauen, wenn Sie alles über sich selbst verbergen. Im Gegenzug für all die persönlichen Informationen, die der andere Ihnen gibt, müssen Sie einen kleinen Teil von sich preisgeben.

Sie teilen schon früh in Ihrer Beziehung tiefe persönliche Informationen

Bevor Sie zu viele Informationen mit jemandem teilen, sollten Sie wissen, wie viel er vertragen kann. Andernfalls riskieren Sie, ihn zu vergraulen.

Sie wollen immer die Kontrolle haben

Wenn Sie versuchen, alles um sich herum zu kontrollieren, und anderen nicht erlauben, die Verantwortung für etwas zu übernehmen, werden Sie sich nicht beliebt machen. Geben Sie den Menschen eine Chance, Ihnen zu zeigen, was sie tun können.

Sie regen sich leicht auf

Wenn Sie sich leicht aufregen und reizen lassen, wirken Sie unzugänglich und werden gemieden.

Sie reden von oben herab

Wer will schon mit jemandem zusammen sein, der nichts Gutes in ihm sieht? Niemand. Anstatt Ihre Mitmenschen zu kritisieren, bleiben Sie positiv und ermutigen Sie sie.

Sie sind schnell mit Schuldzuweisungen

Wenn Sie die Motivation hinter einer Handlung verstehen, sind Sie weniger voreingenommen. Suchen Sie nach den Ursachen, bevor Sie die Schuld zuweisen.

Sie sind zu aufrichtig

Ehrlichkeit ist zwar eine Tugend, aber es gibt Zeiten, in denen man besser schweigt, um niemanden zu gefährden.

Entscheidend ist, dass man Sie mag, auch wenn es nicht jedermann ist. Um solide soziale Kontakte zu knüpfen, brauchen Sie eine gesunde Portion Wertschätzung von anderen. Wenn Sie beliebt sind, werden sich Ihnen viele Möglichkeiten bieten.

Versuchen Sie, einen guten ersten Eindruck zu machen, wenn Sie Fremden zum ersten Mal begegnen. Wenn die Leute Sie bei der ersten Begegnung missverstehen, wird es lange dauern, bis sie ihre Meinung über Sie ändern. Achten Sie auf eine angemessene Körpersprache, um Ihre Botschaft zu vermitteln. Es sind die kleinen Dinge, die wir ganz natürlich tun, die uns sympathisch machen. Wie bereits erwähnt, werden die Menschen Sie respektieren, wenn Sie selbstbewusst und kompetent sind, und dieses Buch erklärt, wie Sie dieses Niveau erreichen können.

Charismatisch zu sein bedeutet, dass Sie selbstbewusst Ihre Persönlichkeit zeigen. Wenn Sie sich mit Würde und Courage präsentieren, werden Sie bewundert. Wo immer Sie hingehen, werden Sie viel Aufmerksamkeit auf sich ziehen, und man kann gar nicht anders, als Sie zu mögen. Seien Sie anderen gegenüber weniger voreingenommen und denken Sie daran, dass jeder Mensch in irgendeiner Weise fehlerhaft ist. Stellen Sie die richtigen Fragen und vermeiden Sie es, Grenzen zu überschreiten. Sie werden interessanter und sympathischer wirken, wenn Sie die Tipps in diesem Buch befolgen.

Die folgende Übung wird Ihnen dabei helfen, alles, was Sie in diesem Buch gelernt haben, anzuwenden. Finden Sie die passenden Antworten, um die Lücken zu füllen.

Nennen Sie fünf Möglichkeiten, wie der erste Eindruck Ihnen hilft, gute soziale Beziehungen aufzubauen.

1._____
2._____
3._____
4._____
5._____

Nennen Sie drei körpersprachliche Hinweise, die Sie einsetzen sollten, um Ihr Charisma zur Geltung zu bringen.

1._____
2._____
3._____

Nennen Sie vier psychologische Tricks, die Sie gelernt haben, um Menschen dazu zu bringen, Sie zu mögen.

1._____
2._____
3._____
4_____

Schreiben Sie auf, wie Sie Ihre Zuhörfähigkeiten verbessern können.

_____

Welche Aspekte Ihrer Grundhaltung gegenüber anderen Menschen sollten Sie ändern, um interessanter zu erscheinen?

1._____
2._____
3._____
4._____
5._____

6._____
7._____
8._____
9._____
10._____

Manchmal müssen Sie erst herausfinden, warum Sie jemanden so sehr mögen. Vielleicht hat die Person alle Voraussetzungen erfüllt, um sympathisch zu sein, doch Sie haben es nicht bedacht. Ihre Motivation könnte darin liegen, dass Sie sich in der Gegenwart solcher Menschen wohl fühlen. Jemanden zu mögen ist ein psychologischer Trick, den viele Menschen unwissentlich anwenden. Er ist mit viel Aufwand verbunden, aber er ist es wert. In diesem Kapitel haben wir Ihnen Tipps und Tricks vorgestellt, die Ihnen helfen, bessere Beziehungen aufzubauen.

Fazit

Ist Ihnen bewusst, wie wichtig es ist, dass Sie gemocht werden? Dieses Buch enthält einen detaillierten Leitfaden und Erklärungen, die Ihnen helfen, Ihr Ziel zu erreichen. Sie müssen bestimmte Verhaltensweisen weiterentwickeln oder an ihnen feilen, wenn Sie sie bereits haben.

Manchmal haben Sie nur ein paar Minuten Zeit, um einen Eindruck bei einem Fremden zu hinterlassen. Ihr erster Eindruck hat einen großen Einfluss auf das Ergebnis des Treffens. Sie können die Atmosphäre positiv gestalten, selbst wenn Ihr Gegenüber Sie nicht willkommen heißt. Wenn man Sie mag, können Sie andere leicht beeinflussen. Die Menschen werden Ihnen gegenüber rücksichtsvoll und einladend sein, weil sie Sie mögen. Fremde werden Ihnen einen Gefallen tun, wenn sie Sie interessant finden.

Üben Sie die in diesem Buch beschriebenen Tipps sorgfältig und wenden Sie sie an. Die Anleitungen sind in einfachen Worten geschrieben und leicht zu verstehen. Studieren und beherrschen Sie die Gesten, die Ihrer Botschaft entsprechen, die Sie vermitteln wollen.

Es ist eine ernste Angelegenheit, Menschen dazu zu bringen, Sie zu mögen, und sollte auch als solche behandelt werden. Machen Sie das Beste aus Ihrem ersten Eindruck, indem Sie Fremden einen Grund geben, Sie wiedersehen zu wollen. Seien Sie derjenige, der einen düsteren Raum mit einem Lächeln oder einem interessanten Gespräch aufhellt, wenn Sie ihn betreten. Sie könnten mit jedem im Raum ein lockeres Gespräch beginnen, um alle aus ihrer düsteren Stimmung zu wecken, bevor Sie sie dann zum Lachen oder Lächeln bringen. Seien Sie eine ansprechbare, einfühlsame und vertrauenswürdige Person, die andere um Rat fragen können.

Menschen bewundern charismatische Menschen. Man kann mit Sicherheit sagen, dass es der einfachste Weg ist, für andere da zu sein, um ihre Gunst zu gewinnen. Tragen Sie so viel wie möglich bei und beteiligen Sie sich an den kleinen Aufgaben, die anstehen. Sie müssen Ihr Selbstvertrauen stärken, damit Sie jedem Ihren Wert vermitteln können, unabhängig von seinem wirtschaftlichen Status.

Gehen Sie nicht davon aus, dass Sie alles wissen; stellen Sie Fragen, wenn Sie sich nicht sicher sind. Fragen zu stellen bedeutet nicht, dass Sie Menschen dazu bringen, sich bis zum Überdruss zu wiederholen. Bitten Sie nur dann um Erläuterungen, wenn es nötig ist, und achten Sie darauf, wenn jemand mit Ihnen spricht.

Eine weitere Eigenschaft, die Sie bei anderen beliebt machen kann, ist Ihre Fähigkeit, zuzuhören. Die Menschen werden glauben, dass Sie sich wirklich für sie interessieren, weil Sie an allem interessiert zu sein scheinen, was sie sagen. Nutzen Sie diese Emotionen zu Ihrem Vorteil. Es mag zunächst den Anschein haben, dass Sie ausschließlich für andere da sind oder dass Sie sich sehr um sie kümmern, aber lassen Sie sich davon nicht entmutigen. Seien Sie freundlich, ohne eine Gegenleistung zu erwarten. Bewahren Sie sich jederzeit absolute Ehrlichkeit.

Hier ist ein weiteres Buch von Andy Gardner, das Ihnen gefallen könnte

Referenzen

Frost, A. (24. Juli 2019). The ultimate guide to small talk: Conversation starters, powerful questions, & more. HubSpot. https://blog.hubspot.com/sales/small-talk-guide

Gregory, M. (22. Mai 2020). 10 chance meetings that changed the world. Mental Floss. https://www.mentalfloss.com/article/624374/chance-meetings-changed-world

Luda, Z. (6. Juli 2018). 5 Main principles of Small Talk. Language Learning with Preply Blog. https://preply.com/en/blog/5-main-principles-of-small-talk/

Sandstrom, G. M., & Dunn, E. W. (2014). Is efficiency overrated? Minimal social interactions lead to belonging and positive affect. Social Psychological and Personality Science, 5(4), 437–442. https://doi.org/10.1177/1948550613502990

Waber, B., Magnolfi, J., & Lindsay, G. (2014). Workspaces that move people. Harvard Business Review, 92(10), 68–77, 121. https://hbr.org/2014/10/workspaces-that-move-people

Wuench, J. (21. Juni 2021). Why small talk is anything but small. Forbes. https://www.forbes.com/sites/juliawuench/2021/06/21/why-small-talk-is-anything-but-small/?sh=37d1b97078b0

Cohen, L. (15. November 2017). Social anxiety and small talk: The nuts and bolts of making conversation. National Social Anxiety Center. https://nationalsocialanxietycenter.com/2017/11/15/social-anxiety-small-talk-nuts-bolts-making-conversation/

Denworth, L. (Von Lydia Denworth on 21. September 2021). Making eye contact signals a new turn in a conversation. Scientific American. https://www.scientificamerican.com/article/making-eye-contact-signals-a-new-turn-in-a-conversation/

Murphy, A. (26. April 2022). 20 ways to overcome low self-esteem in 2023. Declutter The Mind. https://declutterthemind.com/blog/how-to-overcome-low-self-esteem/

Okusaga, O. (21. April 2022). How to master small talk as an introvert. Introvertdear.com; Introvert, Dear. https://introvertdear.com/news/how-to-master-small-talk-as-an-introvert/

Social anxiety disorder: Symptoms, tests, causes & treatments. (n.d.). Cleveland Clinic. https://my.clevelandclinic.org/health/diseases/22709-social-anxiety

Social anxiety (social phobia). (k.D.). Nhs.uk. https://www.nhs.uk/mental-health/conditions/social-anxiety/

The basics: Anxiety. (15. Dezember 2016).

Therapists, L. H. G. (11. April 2022). Tips for small talk when you have social anxiety. Sacramento Relationship Therapy | Midtown Therapists | Love Heal Grow Counseling; Love Heal Grow Counseling. https://www.lovehealgrow.com/tips-small-talk-social-anxiety/

Ultimate guide to social skills: The art of Talking to anyone. (2015, October 20). I Will Teach You To Be Rich. https://www.iwillteachyoutoberich.com/guides/ultimate-guide-to-social-skills/

Victor, K. (29 November 2017). Tips for how introverts can make small talk less painful. Linkedin.com. https://www.linkedin.com/pulse/tips-how-introverts-can-make-small-talk-less-painful-kristy-victor/

Website, N. H. S. (k.D.). Raising low self-esteem. Nhs.uk. https://www.nhs.uk/mental-health/self-help/tips-and-support/raise-low-self-esteem/

(k.D.). Blinkist.com. https://www.blinkist.com/magazine/posts/how-to-improve-social-skills

Cuncic, A. (9 Dezember 2000). How to socialize when you have social anxiety disorder. Verywell Mind. https://www.verywellmind.com/talk-people-social-anxiety-disorder-3024390

Macapinlac, M. (24. December 2021). How to make small talk for introverts. Social Confidence Mastery. https://socialconfidencemastery.com/small-talk-for-introverts/

Okusaga, O. (21. April 2022). How to master small talk as an introvert. Introvertdear.com; Introvert, Dear. https://introvertdear.com/news/how-to-master-small-talk-as-an-introvert/

Park, C. (30. März 2015). An introvert's guide to small talk: Eight painless tips. Forbes. https://www.forbes.com/sites/christinapark/2015/03/30/an-introverts-guide-to-small-talk-eight-painless-tips/?sh=57177f5a574a

Venable, M. (9. Mai 2022). Back to life, back to reality: How to master the art of small talk (in case you forgot). Shondaland. https://www.shondaland.com/live/family/a39929200/how-to-master-the-art-of-small-talk/

Waters, S. (k.D.-a). 8 types of nonverbal communication that can help to improve your speech. Betterup.com. https://www.betterup.com/blog/types-of-nonverbal-communication

Waters, S. (k.D.-b). How to carry a conversation – the art of making connections. Betterup.com. https://www.betterup.com/blog/how-to-carry-a-conversation

Cherry, K. (28. Januar 2019). 8 Tips for Starting a Conversation. Verywell Mind. https://www.verywellmind.com/how-to-start-a-conversation-4582339

Cuncic, A. (5. August 2010). Small Talk Topics. Verywell Mind. https://www.verywellmind.com/small-talk-topics-3024421

Frost, A. (24. Juli 2019). The ultimate guide to small talk: Conversation starters, powerful questions, & more. HubSpot. https://blog.hubspot.com/sales/small-talk-guide

Kim. (15. Juli 2020). Small talk topics and questions ⬥ keep the conversation going in English. English with Kim. https://englishwithkim.com/small-talk-topics-questions/

Parr, M. (26. Mai 2020). 10 best small talk topics & conversation starters (+ examples). Language Learning with Preply Blog. https://preply.com/en/blog/small-talk-topics/

(k.D.). Indeed.com. https://ca.indeed.com/career-advice/career-development/small-talk-topics

Cuncic, A. (5. August 2010). Small Talk Topics. Verywell Mind. https://www.verywellmind.com/small-talk-topics-3024421

Topics to avoid in English small talk. (15. Februar 2015). EF English Live. https://englishlive.ef.com/blog/english-in-the-real-world/topics-avoid-english-small-talk/

(k.D.-c). Inc.com https://www.inc.com/laura-garnett/if-you-hate-small-talk-use-these-20-questions-as-a-conversation-starter-instead.html

Marr, B. (27. October 2014). How to start a conversation with absolutely anyone. Linkedin.com. https://www.linkedin.com/pulse/20141027073838-64875646-how-to-start-a-conversation-with-absolutely-anyone

Perry, E. (k.D.). How to start conversations with strangers: Befriending everyone. Betterup.com. https://www.betterup.com/blog/how-to-start-conversation-with-strangers

Waters, S. (k.D.). How to carry a conversation – the art of making connections. Betterup.com. https://www.betterup.com/blog/how-to-carry-a-conversation?hsLang=en

(k.D.-a). Inc.com. https://www.inc.com/minda-zetlin/10-foolproof-ways-to-start-a-conversation-with-absolutely-anyone.html

(k.D.-b). Indeed.com. https://www.indeed.com/career-advice/career-development/how-to-start-conversation-with-strangers

"11 Foolproof Ways to Start a Conversation With Absolutely Anyone" https://incafrica.com/library/minda-zetlin-10-foolproof-ways-to-start-a-conversation-with-absolutely-anyone

"48 Questions That'll Make Small Talk Easier | The Muse" https://www.themuse.com/amp/advice/48-questions-thatll-make-awkward-small-talk-so-much-easier

"Master Small Talk With These 10 Tips (with Examples) | SuaveWay" https://suaveway.com/blog/master-small-talk/

Bradberry, T. (18. Juni 2019). 8 great tricks for reading people's body language. Linkedin.com. https://www.linkedin.com/pulse/8-great-tricks-reading-peoples-body-language-dr-travis-bradberry

Fontanella, C. (9. Mai 2022). 13 body language tips that can make or break your customer service. HubSpot. https://blog.hubspot.com/service/body-language-in-customer-service

Herz, S. (16. Juli 2020). 10 quick body language hacks from Steve Jobs – and a surgeon – to boost likability and trust. CNBC. https://www.cnbc.com/2020/07/16/steve-jobs-surgeon-body-language-hacks-to-make-you-more-likable-respected-trustworthy.html

Stenstrom, J. (22. Mai 2015). 11 body language tricks to make you successful in life. Lifehack. https://www.lifehack.org/articles/communication/11-body-language-tricks-make-you-successful-life.html

Thair, R. (11. August 2022). 5 body language hacks to boost your communication. Happiful Magazine. 5 body language hacks to boost your communication (happiful.com)

(k.D.). Inc.com. https://www.inc.com/melanie-curtin/7-body-language-hacks-that-immediately-make-you-more-likable.html

Cooks-Campbell, A. (k.D.). How to improve social skills: 10 tips to be more social. Betterup.com. https://www.betterup.com/blog/how-to-improve-social-skills

Gunnarson, V. (10. Juli 2015). 10 small talk tips that'll make you forget you ever had to rely on "so, how about that weather?" The Muse. https://www.themuse.com/advice/10-small-talk-tips-thatll-make-you-forget-you-ever-had-to-rely-on-so-how-about-that-weather

Lamothe, C. (15. Juli 2019). 10 ways to be more social, even if you're an introvert. Healthline. https://www.healthline.com/health/how-to-be-more-social

Morin, A. (31. Dezember 2013). 12 ways to improve social skills and make you sociable anytime - Amy Morin, LCSW. Amy Morin, LCSW. https://amymorinlcsw.com/12-ways-to-improve-social-skills-and-make-you-sociable-anytime/

(N.d.). Indeed.com. https://www.indeed.com/career-advice/career-development/measure-progress

Cherry, K. (27. Juli 2017). Understanding body language and facial expressions. Verywell Mind. How to Understand Body Language and Facial Expressions (verywellmind.com)

Kim, L. (2016, November 21). 14 things that will make people like you (heck, even love you). Mission.org. https://medium.com/the-mission/14-things-that-will-make-people-like-you-heck-even-love-you-e0562f5bd72a

Kassel, G., & Jones, A. (2020, April 15). 10 signs you're in an intimate relationship, according to experts. Women's Health. https://www.womenshealthmag.com/sex-and-love/a32007484/intimate-relationship/

Katherine, C. (2022, April 5). Social connectedness and mental health benefits. Bright Futures Psychiatry. https://www.brightfuturespsychiatry.com/social-connectedness-and-mental-health-benefits/

Komer, R. (2021, February 21). Building relational connections. The Center for Family Transformation. https://www.familytransformation.com/2021/02/21/building-relational-connections/

MSD. (2018). Social connectedness and wellbeing - Ministry of Social Development. https://www.msd.govt.nz/about-msd-and-our-work/publications-resources/literature-reviews/social-connectedness-and-wellbeing.html

Komar, M. (2016, June 29). Signs you're making A bad first impression. Bustle. https://www.bustle.com/articles/169879-11-signs-youre-making-a-bad-first-impression-how-to-fix-the-problem

Taylor, R. A. (2022). Making a Great First Impression: The ultimate guide to making a great first impression. Independently Published.

Waggoner, S. C. (1983). First impressions. Child Care Quarterly, 12(4), 247–257. https://doi.org/10.1007/bf01115467

Waters, S. (n.d.). How to make a good first impression: Expert tips and tricks. Betterup.com. https://www.betterup.com/blog/how-to-make-a-good-first-impression

Zenn, J. (2022, September 21). How to make a good first impression: 14 tips to try. HubSpot. https://blog.hubspot.com/marketing/first-impression-tips

10 positive body language techniques to help you succeed. (2021, June 17). Udemy Blog. https://blog.udemy.com/positive-body-language/

Facial expression. (2016, September 30). Facial Palsy UK. https://www.facialpalsy.org.uk/support/patient-guides/facial-expression/

Nonverbal communication: body language and tone of voice. (2020, October 22). Raising Children Network. https://raisingchildren.net.au/toddlers/connecting-communicating/communicating/nonverbal-communication

Positive Body Language - Quick Guide. (n.d.). Tutorialspoint.com. https://www.tutorialspoint.com/positive_body_language/positive_body_language_quick_guide.htm

(N.d.-a). Indeed.com. https://www.indeed.com/career-advice/career-development/body-language-examples

(N.d.-b). Toppr.com. https://www.toppr.com/ask/question/facial-expressions-gestures-eye-contact-nodding-the-head-and-physical-appearances-are-the-form-of/

25 killer actions to boost your self-confidence. (2007, December 10). Zen Habits. https://zenhabits.net/25-killer-actions-to-boost-your-self-confidence/

Khan, S. A. (2020, September 18). Examples of showing respect to others & why it's important? Legacy Business Cultures. https://legacycultures.com/examples-of-showing-respect-to-others-and-its-importance-in-life/

Kloppers, M. (n.d.). 9 clever ways to gain confidence. Mentalhelp.net. https://www.mentalhelp.net/blogs/9-clever-ways-to-gain-confidence/

Notebook, A. (2018, June 28). Three benefits of self-esteem during social interactions. Alison's Notebook - Inspiring The Better You. https://alisonsnotebook.com/why-self-esteem-advantage/

Website, N. H. S. (n.d.). Raising low self-esteem. Nhs.uk. https://www.nhs.uk/mental-health/self-help/tips-and-support/raise-low-self-esteem/

(N.d.). Inc.com. https://www.inc.com/business-insider/how-to-become-more-charasmatic-according-to-psychological-research.html

Brown, J. (2015, June 10). Seven ways to increase your charisma. Entrepreneur. https://www.entrepreneur.com/leadership/ways-to-increase-your-charisma/247075

McKay, K. (2021, November 28). The three elements of charisma: Presence. The Art of Manliness; Art of Manliness. https://www.artofmanliness.com/people/social-skills/the-3-elements-of-charisma-presence/

Business Insider. (2019, March 1). Here are 16 psychological tricks to immediately make people like you more. ScienceAlert. https://www.sciencealert.com/here-are-16-psychological-tricks-to-immediately-make-people-like-you-more

Cherry, K. (2005, November 4). Psychological Persuasion Techniques. Verywell Mind. https://www.verywellmind.com/how-to-become-a-master-of-persuasion-2795901

Clerke, A. S., & Heerey, E. A. (2021). The influence of similarity and mimicry on decisions to trust. Collabra. Psychology, 7(1), 23441. https://doi.org/10.1525/collabra.23441

Cuddy, A. J. C., Kohut, M., & Neffinger, J. (2013). Connect, then lead. Harvard Business Review, 91(7-8), 54-61, 132. https://hbr.org/2013/07/connect-then-lead

Buggy, P. (2017, August 11). Non-Judgment: What is it? And Why Does it Matter? (4 Benefits). Mindful Ambition. https://mindfulambition.net/non-judgment/

Harris, D. W. (2022, March 31). The art of listening in six simple steps. Canadian Mental Health Association. https://www.mentalhealthweek.ca/the-art-of-listening-in-six-steps/

Sutton, J. (2016, July 21). Active listening: The art of empathetic conversation. Positivepsychology.com. https://positivepsychology.com/active-listening/

The fine art of listening can transform the quality of your communication and relationships. (n.d.). Mentalhelp.net. https://www.mentalhelp.net/relationships/listening/

03-26-, U. (2016, March 26). Ten tips for asking good questions. Dummies. https://www.dummies.com/article/business-careers-money/careers/job-searches/ten-tips-for-asking-good-questions-172698/

Dahl, M. (2017, June 14). People will like you more if you ask them questions. The Cut. https://www.thecut.com/2017/06/people-will-like-you-more-if-you-ask-them-questions.html

Hsieh, C., Andrews, T., & Varina, R. (2019, November 20). 100 questions that'll help you *really* get to know someone. Cosmopolitan. https://www.cosmopolitan.com/sex-love/a29774929/questions-to-get-to-know-someone/

Martel, M. (2013, June 5). How to be amazingly good at asking questions. Lifehack. https://www.lifehack.org/articles/communication/how-amazingly-good-asking-questions.html

Musselwhite, C., & Plouffe, T. (2012, November 12). To have the most impact, ask the right questions. Harvard Business Review. https://hbr.org/2012/11/to-have-the-most-impact-ask-qu

Scuderi, R. (2013, April 10). 11 tips to help improve your active listening skills. Lifehack. https://www.lifehack.org/articles/communication/active-listening-a-skill-that-everyone-should-master.html

Corporativa, I. (2021, April 22). Personal development: unleash your full potential and achieve your goals. Iberdrola.

https://www.iberdrola.com/talent/personal-development-tips

Cuncic, A. (2013, August 30). How to be a better storyteller when you are socially anxious. Verywell Mind. https://www.verywellmind.com/how-to-be-a-better-storyteller-3024850

Cuncic, A. (2022, August 31). How to be more interesting. Verywell Mind. https://www.verywellmind.com/how-to-be-more-interesting-6455914

Latumahina, D. (2007, November 14). 4 reasons why curiosity is important and how to develop it. Lifehack. https://www.lifehack.org/articles/productivity/4-reasons-why-curiosity-is-important-and-how-to-develop-it.html

(N.d.-a). Inc.com. https://www.inc.com/travis-bradberry/8-habits-of-incredibly-interesting-people.html

(N.d.-b). Indeed.com. https://www.indeed.com/career-advice/career-development/learn-new-skills

Brandon, J. (2014, May 29). 10 simple ways to make people like you more. Time. https://time.com/135945/make-people-like-you/

Lebowitz, S. (2020, October 19). 15 psychological tricks to make people like you immediately. Independent. https://www.independent.co.uk/life-style/sixteen-psychological-tricks-people-like-you-a7967861.html

Perry, E. (n.d.). How to make people like you: 10 tips to make new friends. Betterup.com. https://www.betterup.com/blog/how-to-make-people-like-you

Lebowitz, S. (2019, March 21). 14 things you're doing that make people instantly dislike you. Business Insider. https://africa.businessinsider.com/strategy/14-things-youre-doing-that-make-people-instantly-dislike-you/rp4xfnf#article

Dawson, K. (2021, February 18). 10 dos and don'ts of starting a new relationship. Brides. https://www.brides.com/starting-a-new-relationship-5105367

Davenport, B. (2021, August 11). Wondering „why don't people like me?" 21 reasons and solutions. Live Bold and Bloom; Barrie Davenport. https://liveboldandbloom.com/08/self-awareness/why-people-dont-like-me

Bildquellen

[1] https://unsplash.com/photos/erCPgvXNlto
[2] https://unsplash.com/photos/kFEb8vigiuQ
[3] https://unsplash.com/photos/rXrMv7mXUEs
[4] https://unsplash.com/photos/M4MHtHVVS1E
[5] https://unsplash.com/photos/ZDN-G1xBWHY
[6] https://unsplash.com/photos/xxHDLWmc1wE
[7] https://www.pexels.com/photo/woman-wearing-teal-dress-sitting-on-chair-talking-to-man-2422280/
[8] https://www.pexels.com/photo/photo-of-people-talking-to-each-other-3182765/
[9] https://www.pexels.com/photo/young-diverse-colleagues-working-remotely-together-4049960/
[10] https://www.pexels.com/photo/happy-multiethnic-friends-sitting-in-park-3776808/
[11] https://www.pexels.com/photo/group-of-people-drinking-beer-and-having-fun-3009773/
[12] https://www.pexels.com/photo/group-of-friends-singing-while-sitting-on-beach-sand-7149165/
[13] https://www.pexels.com/photo/group-of-friends-sitting-near-lifeguard-post-7148441/
[14] https://unsplash.com/photos/9cd8qOgeNIY
[15] https://unsplash.com/photos/otjiUhq5Zcw
[16] https://unsplash.com/photos/mSzCl0H4beY
[17] https://unsplash.com/photos/hQP5mWcM84c
[18] https://unsplash.com/photos/RNiBLv7aHck
[19] https://unsplash.com/photos/LQ1t-8Ms5PY
[20] https://unsplash.com/photos/Sp1uQo368fA
[21] https://www.pexels.com/photo/two-women-holding-pen-601170/